加油！jiā yóu
Chinese for the Global Community
Instructor's Resource Manual 2

许嘉璐 主编
XU Jialu

陈绂　　王若江　　朱瑞平
CHEN Fu　WANG Ruojiang　ZHU Ruiping

娄毅　　杨丽姣　　李凌艳　　Pedro ACOSTA
LOU Yi　YANG Lijiao　LI Lingyan

Printed in China

孔子学院总部赠送
Donated by Confucius Institute Headquarters

Chinese for the Global Community
Instructor's Resource Manual 2 with Audio CD and CD-ROM

北京师范大学出版集团
BEIJING NORMAL UNIVERSITY PUBLISHING GROUP
北京师范大学出版社

Publishing Director and Product Director, CLT: Paul Tan
Product Manager (U.S.): Mei Yun Loh
Senior Development Editor: Lan Zhao
Associate Development Editor: Coco Koh
Product Manager (Asia): Joyce Tan
Senior Account Manager (China): Caroline Ma
Account Manager (China): Arthur Sun
CLT Coordinator (China): Mana Wu
Senior Publishing Executive: Gemaine Goh

Executive Editors: Fan Yang, Lili Yin
Graphic Designer: Baofen Li
Illustrator: Hai Bo
Proofreader: Han Li
Sound Engineers: Guangying Feng, Wei Wang, Shuai Wang
Sound Editor: Zhangji Wei

Cover and Layout Design: Redbean De Pte Ltd
Photos: Getty Images, unless otherwise stated

© 2008 Cengage Learning Asia Pte Ltd and
Beijing Normal University Press

Printed in Singapore
2 3 4 5 6 7 8 9 10 — 12 11 10 09

ISBN: 978-981-4221-66-5 (International)
ISBN: 978-7-303-09025-9 (Mainland China)

ALL RIGHTS RESERVED.
No part of this work covered by the copyright herein may be reproduced, transmitted, stored or used in any form or by any means—graphic, electronic, or mechanical, including but not limited to photocopying, recording, scanning, digitalizing, taping, Web distribution, information networks, or information storage and retrieval systems—without the prior written permission of the publisher.

For product information and orders, contact your local Cengage Learning or BNUP sales representatives.
Or visit our Websites at
www.cengageasia.com or **www.bnup.com.cn**
For permission to use material from this text or product, email to
asia.publishing@cengage.com

Cengage Learning products are represented in Canada by Nelson Education, Ltd.

CENGAGE LEARNING

Asia Head Office (Singapore)
Cengage Learning Asia Pte Ltd
5 Shenton Way #01-01
UIC Building
Singapore 068808
Tel: (65) 6410 1200
Fax: (65) 6410 1208
Email: asia.info@cengage.com

United States
Heinle - Cengage Learning
25 Thomson Place
Boston, MA 02210
Tel: (1) 800 354 9706
    (1) 617 757 7900
Fax: (1) 800 487 8488

China
Cengage Learning Asia Pte Ltd
(Beijing Rep Office)
Room 1201, South Tower, Building C
Raycom Info Tech Park
No. 2, Kexueyuan South Road
Haidian District, Beijing, China 100080
Tel: (86) 10 8286 2096
Fax: (86) 10 8286 2089
Email: asia.infochina@cengage.com

Beijing Normal University Press

China
No. 19 Xinjiekouwai Street
Beijing, China 100875
Tel: (86) 10 5880 2833
Fax: (86) 10 5880 6196
Email: yll@bnup.com.cn
       fan@bnup.com.cn

Author's Message

Jia You! Chinese for the Global Community is specially written for anyone who seeks to learn about the Chinese culture and people, and to use this knowledge in the context of the global community.

The most important aim of learning another language is to be able to exchange ideas with people of another culture. In order to achieve this, you need to learn about the culture of the people you wish to communicate with. From this perspective, a good textbook should contain rich cultural content. It should also provide the learner with a variety of exercises and reference materials so that they can get more practice in using the language.

It was in accordance with the above principles that we wrote this textbook series. It was created by a team of distinguished Chinese and American scholars who are experts in both Chinese language teaching, and subjects such as educational psychology, Chinese history, and culture.

If you already have some knowledge of Chinese and would like to go on learning, then this textbook series is definitely suitable for you. We hope it will inspire you to lifelong learning about the Chinese language and people.

We are keen to hear feedback from students and teachers who use this textbook series. This will be of great help to us, and will also help in strengthening friendship between the Chinese and American people.

Xu Jialu

PRINCIPAL
College of Chinese Language and Culture
Beijing Normal University, China

Acknowledgments

We would like to express our most sincere gratitude to Cengage Learning and Beijing Normal University Press Publishers, for their vision and leadership in the development of quality Chinese language materials. Our thanks to all the editorial and production staff for their hard and meticulous work, enthusiasm, and commitment to the success of this project.

Our deepest appreciation to our colleagues, whose ideas and suggestions at the initial stages helped shaped the development of this program.

Richard Chi, *Utah State University, Utah*
Tao-chung Yao, *University of Hawaii*
Yu-Lan Lin, *Boston Public Schools, Massachusetts*
Lucy Lee, *Livingston High School, New Jersey*
Feng Ye, *Punahou High School, Hawaii*
Qinru Zhou, *Harvard Westlake High School, California*

Jianhua Bai, *Kenyon College, Ohio*
Zhaoming Pan, *South Seas Arts Center, USA; Peking University*
Xiaolin Chang, *Lowell High School, California*
Carol Chen-Lin, *Choate Rosemary Hall, Connecticut*
Shuqiang Zhang, *University of Hawaii*

Special thanks to Mr. Gaston Caperton (President), Mr. Thomas Matts and Ms. Selena Cantor from the College Board for their help and hospitality during our study tour in the United States. Our thanks also go to Ms. Xu Lin (Director, Office of Chinese Language Council International) and her colleagues for their support of this project.

We are deeply grateful to all reviewers for their constructive comments and suggestions. Your contribution enriched the *Jia You!* program with your wealth of expertise and experience.

Miao-fen Tseng, *University of Virginia*
Xiaolin Chang, *Lowell High School, California*
Xiaohong Wen, *University of Houston, Texas*
Jinghui Liu, *California State University, Fullerton*
Pifeng Esther Hsiao, *The Bishop's School, California*
Xiaohua Yu, *Piedmont High School, California*

Baocai Paul Jia, *Cupertino High School, California*
Bih-Yuan Yang, *Mira Loma High School, California*
Chao-mei Shen, *Rice University, Texas*
Xing King, *The Bishop's School, California*
Yangyang Qin Daniell, *Lawrenceville School, New Jersey*
Yumei Chu, *Saratoga Community Chinese School, California*

Our gratitude also goes to Prof. Guohua Chen, Beijing Foreign Studies University, who helped us a great deal with the English translation.

We are indebted to PhD candidates Xiangping Jiang, Yun Lu, Xiang Chen, Xin Tian, Yanxin Bu, Yan Liu and MA students Lina Tang, Manrong Wu, Xiaoye Dai, Ying Zhao at the School of Chinese Language and Culture, Beijing Normal University, MA students Lihua Li and Qing Li at the Foreign Language Department of Beijing Normal University, and MA student Yan Zhang at Beijing University for their assistance and support during the compilation of this book.

Finally, we are grateful to everyone who chooses to use our textbooks. We look forward to your comments and feedback.

Preface

Jia You! Chinese for the Global Community presents a stimulating gateway to Chinese language and culture. It was developed to meet the needs of students and instructors of different backgrounds and levels of experience. Packed with stimulating content and with a rich array of teaching resources, *Jia You!* empowers instructors to engage and inspire their students.

"I believe in integrating the teaching of language and culture."

Jia You! places a great emphasis on communication through cultural understanding. Readings are infused with rich linguistic and cultural content. Each unit features full-color, authentic photographs of people and their activities to immerse students in the color and life of Chinese speaking communities. Students are frequently encouraged to contemplate their own cultural heritage in comparison to that of the Chinese-speaking world. Students also learn to communicate appropriately in different social and cultural settings through active participation in a broad range of communicative activities.

"My students come from different backgrounds and have varied levels of Chinese proficiency."

Jia You! presents simplified and traditional characters side-by-side throughout the Textbook and Workbook to accommodate students interested in learning either form. Vocabulary definitions are supplemented with multiple examples of proper usage. Writing and speaking tasks are broken down into their parts, and prompts are provided to guide students through each step of the process. Supplementary readings are provided at the end of each lesson for advanced students; Questions placed alongside the supplementary texts help train students to make educated guesses via contextual cues.

"To keep my students interested and motivated, I spend a lot of time supplementing my current textbook."

One of the highlights of *Jia You!* is its compelling topics and stimulating readings. The texts are all relevant to the theme of each unit, but present a range of perspectives and a variety of text types. The program also offers additional cultural materials for every lesson in the Instructor's Resource Manual. Also available are a video program that can be used in class, and a companion website that features helpful Chinese learning software tools and web resources.

"I need to adequately prepare my students for the new AP Chinese Language and Culture Exam."

The *Jia You!* program systematically integrates the 5Cs of the *National Standards for Foreign Language Education* – Communication, Cultures, Comparisons, Connections, and Communities. The Textbook interweaves rich, high-interest cultural content. The Workbook is modeled after the question types in the AP Chinese Language and Culture exam. Students who are sitting for the AP Chinese Language and Culture Exam can get extensive practice of this the exam format.

"My teachers have varied levels of experience. I need materials to efficiently train and support them."

The structure of the Textbook presents a logical pedagogical sequence, made easy for both novice and expert instructors to follow. The Instructor's Resource Manual explains the goals of each unit and provides notes on the 5Cs. It also includes practical tips for teaching the four language skills, sample lesson plans, and expanded notes on vocabulary terms, sentence patterns, and expressions. Additional classroom activities expand on the exercises found in the main text to address the needs of mixed-ability classes. Instructors are also provided with a rich bank of authoritative and accurate cultural information. The Instructor's Resource Manual also contains answer keys to Workbook exercises and tests. The bound-in CD-ROM features midterm and final exams in PDF formats and supplementary materials for optional use in class or as homework. A separate Audio CD, also bound-in, contains the recordings for the listening comprehension sections of the midterm and final exams.

Organization of Textbook

The unit begins with full-color photos and warm-up questions.

Simplified and traditional character versions are presented side-by-side throughout the Textbook.

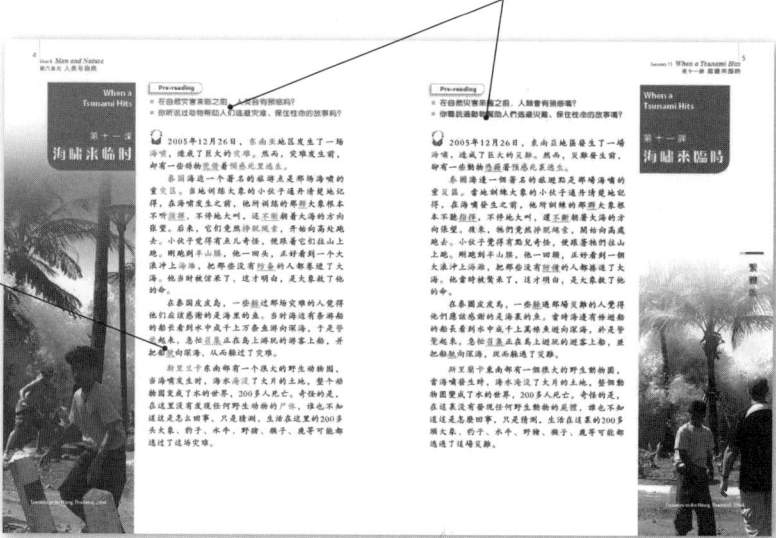

The main text is infused with cultural content. Vocabulary terms are highlighted in the text.

The vocabulary gives both simplified and traditional forms, *pinyin* pronunciation, grammatical function, English and Chinese definitions, and multiple examples of usage of each item.

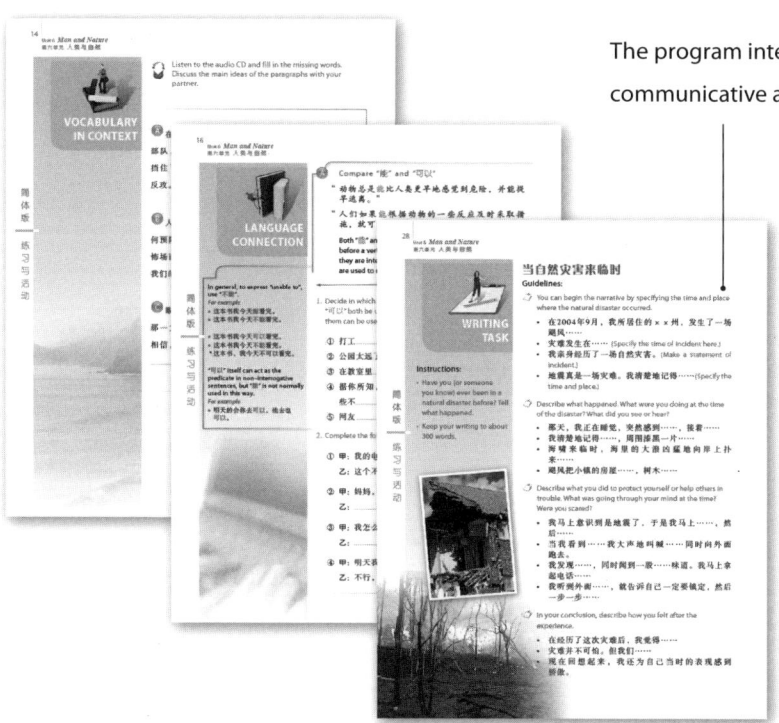

The program integrates a mix of traditional and communicative activities.

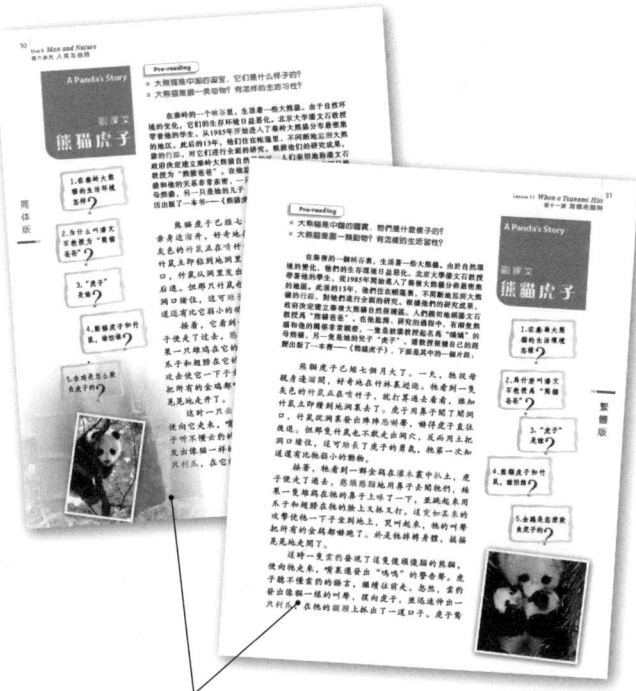

The supplementary practice text is carefully chosen to complement the theme of each lesson. Questions alongside the text help train students to make educated guesses via contextual clues.

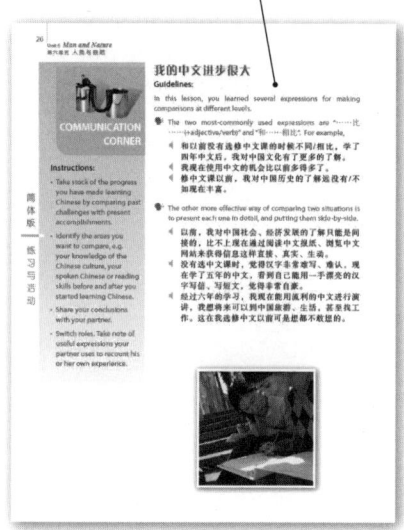

Guided communicative activities allow students to apply what they have learned to daily life situations.

Scope and Sequence

UNIT 6:
MAN AND NATURE 人类与自然

COMMUNICATIVE GOALS

- Make appropriate comparisons, and explain the comparison process and results
- Describe in detail an extraordinary experience

CHINESE TEXTS

Lesson 11: When a Tsunami Hits 海啸来临时 A Panda's Story 熊猫虎子	Lesson 12: Where Will We Live Tomorrow? 明天我们住在哪儿？ Riding on the Qinghai-Tibet Railway 我眼中的青藏铁路
• Compare "能" and "可以" • Compare "有点儿" and "一点儿" • Compare "刚" and "刚才" • Indefinite Pronoun (e.g. 谁, 什么, 哪儿) • Compare "变……了" and "变成了……"	• 大伙儿 (everyone) • Multiple Attributes (e.g. 舒适、美丽、快乐的新家园) • 不是……就是…… (either…or…) • Approximate Numbers (e.g. 三四种, 20号左右) • 每……都…… (each time when…)

LANGUAGE CONNECTION

CULTURAL INFORMATION

- World overpopulation and its effects on housing and the environment
- Giant panda and the threats to their survival
- Qinghai-Tibet railway

UNIT 7:
PEOPLE AND SOCIETY 民族与社会

COMMUNICATIVE GOALS	<ul><li>Express disbelief and surprise</li><li>Relate a different cultural practice or a social phenomenon</li><li>Express regret for things that happened (or didn't happen) in the past</li></ul>	
CHINESE TEXTS	**Lesson 13:** **The Hospitable Southwest** 远方的客人请你留下来 The Kazak Girl's Chase "姑娘追"	**Lesson 14:** **Moving into a Modern Apartment** 搬家手记 "Pushing Hands" 老年人的烦恼
LANGUAGE CONNECTION	<ul><li>Split Verb (*e.g.* 跳个舞, 担着心)</li><li>V + 在 + noun of place (*e.g.* 放在门外)</li><li>Writing Conventions on an Envelope</li><li>V + 得 + another element (*e.g.* 举得高高的)</li></ul>	<ul><li>Prepositions "从" and "离"</li><li>A比不上B (A is not as good as B)</li><li>"Object + Complement" Construction (*e.g.* 请老邻居来家里吃饭)</li><li>V₁的V₁, V₂的V₂ (*e.g.* 跳舞的跳舞, 唱歌的唱歌)</li><li>Demonstrative Pronoun (*e.g.* 这, 那, 这儿, 那儿)</li><li>Prefix and Suffix (*e.g.* 老, 小, 子, 儿, 头, 者)</li></ul>
CULTURAL INFORMATION	<ul><li>Chinese ethnic minorities (e.g. Bai, Dai, Tibetan, Kazak) and their cultural practices</li><li>Types of residences in China: courtyard house, shared dormitory housing and apartment</li><li>"Pushing Hands", a film directed by Ang Lee that explores the clash of eastern and western family values</li></ul>	

UNIT 8:
CHINESE LANGUAGE AND CHARACTERS 语言与文字

COMMUNICATIVE GOALS	<ul><li>Express agreement (complete or partial) with someone else's opinions</li><li>Talk about a given topic, incorporating accurate and specific details</li><li>Ask appropriate, focused and content-related questions to promote discussion</li></ul>	
CHINESE TEXTS	**Lesson 15:** **Characters Relating to Animals** 汉字与动物 Amazing Chinese Characters 汉字的故事	**Lesson 16:** **"Prosperity Has Arrived!"** "福到了！" Anecdotes of Learning Chinese 学汉语的趣事
LANGUAGE CONNECTION	<ul><li>Parenthesis (*e.g.* 当然了, 看起来)</li><li>Usage of Numerals (*e.g.* 五花八门, 三言两语)</li><li>倒是 (It's true that…but…)</li><li>由/用……组成 (consist of…)</li><li>Repeated Numeral-Classifier Phrase (*e.g.* 一个一个, 一群群)</li></ul>	<ul><li>Double Negation (*e.g.* 无处不在)</li><li>The Inductive Method of Narration</li><li>Self-Introduced Question and Answer</li><li>甚至 (even)</li><li>Sentence with a Subject-Predicate Construction as the Object</li></ul>
CULTURAL INFORMATION	<ul><li>Oracle bone script (Jiaguwen), the earliest form of Chinese writing</li><li>Cangjie, legendary figure credited with the invention of the Chinese writing system</li><li>Evolution of Chinese characters</li><li>Chinese symbols and their hidden meanings</li></ul>	

UNIT 9:
FAMOUS PEOPLE AND HISTORY 名人与历史

COMMUNICATIVE GOALS

- Explain an idea by including examples and relevant details
- Describe admirable characteristics of a person
- Summarize key points

CHINESE TEXTS

Lesson 17:	Lesson 18:
Who Was Confucius? 孔子是谁?	**China Highlights** 我知道的中国历史和文化
Father of Modern China 参观中山陵	The Silk Road 丝绸之路

LANGUAGE CONNECTION

- Rhetorical Question
- 难怪 (no wonder)
- Quasi-Prefix (e.g. 可, 不)
- The Conjuction "而"

- 既然……就…… (since/as…)
- 大都 (almost all)
- 所谓 (so-called)
- 从……起 (since)
- 由/通过…… + V (by which something is done)

CULTURAL INFORMATION

- Confucius, the famous Chinese thinker and social philosopher
- Dr Sun Yat-Sen, the founder of modern China
- China's two major rivers and five sacred mountains
- China's seven ancient capitals
- The Silk Road and trade in Chinese history during the Han and Tang dynasties
- Fuwa, the official mascots of the Beijing 2008 Olympic Games

UNIT 10:
LITERATURE AND ARTS 文学与艺术

COMMUNICATIVE GOALS	• Discuss problems and seek others' advice or opinions amicably and cooperatively • Describe the process of making something (physical object)	
CHINESE TEXTS	**Lesson 19:** "To Borrow Arrows with Thatched Boats" 草船借箭 The "Peach-Blossom" Face 人面桃花	**Lesson 20:** Chinese Papercutting 中国剪纸 The Butterfly Lovers 小提琴协奏曲梁祝
LANGUAGE CONNECTION	• 未必 (not necessarily; maybe not) • Existential Sentence (e.g. 江面上起了大雾) • Directional Adjunct (e.g. 借回来十万支箭) • Extended Usage of Directional Adjuncts • The Adverb "一向" (always, usually) • Compare "沿着" and "顺着"	• The Deductive Method of Narration • 为……所…… (a passive construction) • V₁ + 什么 + 就 + V₂ + 什么 (e.g. 唱什么就剪什么) • Quasi-Suffix (e.g. 力, 感, 化, 吧) • Parallelism
CULTURAL INFORMATION	• *Romance of the Three Kingdoms*, one of the Four Great Classical Novels of Chinese literature • *Book of Songs*, the earliest existing collection of Chinese poems • Chinese Papercutting • Butterfly Lovers' Violin Concerto, one of the most famous works of Chinese music outside of China	

Contents

AUTHOR'S MESSAGE i   ACKNOWLEDGMENTS iii   PREFACE iv
ORGANIZATION OF TEXTBOOK vi   SCOPE AND SEQUENCE viii

UNIT 6 MAN AND NATURE — 人類與自然

L11 When a Tsunami Hits — 海嘯來臨時 2
   A Panda's Story — 熊貓虎子

L12 Where Will We Live Tomorrow? — 明天我們住在哪兒? 25
   Riding on the Qinghai-Tibet Railway — 我眼中的青藏鐵路

UNIT 7 PEOPLE AND SOCIETY — 民族與社會

L13 The Hospitable Southwest — 遠方的客人請你留下來 50
   The Kazak Girl's Chase — "姑娘追"

L14 Moving into a Modern Apartment — 搬家手記 73
   "Pushing Hands" — 老年人的煩惱

UNIT 8 CHINESE LANGUAGE AND CHARACTERS — 語言與文字

L15 Characters Relating to Animals — 漢字與動物 96
   Amazing Chinese Characters — 漢字的故事

L16 "Prosperity Has Arrived!" — "福到了!" 121
   Anecdotes of Learning Chinese — 學漢語的趣事

UNIT 9 FAMOUS PEOPLE AND HISTORY — 名人與歷史

L17 Who Was Confucius? — 孔子是誰? 144
   Father of Modern China — 參觀中山陵

L18 China Highlights — 我知道的中國歷史和文化 164
   The Silk Road — 絲綢之路

UNIT 10 LITERATURE AND ARTS — 文學與藝術

L19 "To Borrow Arrows with Thatched Boats" — 草船借箭 186
   The "Peach-Blossom" Face — 人面桃花

L20 Chinese Papercutting — 中國剪紙 208
   The Butterfly Lovers — 小提琴協奏曲梁祝

APPENDIX I   MID-TERM TEST   230   APPENDIX II   MID-TERM TEST—ANSWERS   248
APPENDIX III   END-OF-TERM TEST   257   APPENDIX IV   END-OF-TERM TEST—ANSWERS   275

UNIT 6 Man and Nature 人類與自然

單元教學目標

一、溝通

1. 掌握本單元所涉及的人類與自然這一話題相關的重點詞語及語言點，並學會將這些語言知識運用於日常交際之中。理解一般性詞語。
2. 學會準確、恰當地進行比較，得體地表達比較的過程和結果。
3. 學習如何清楚、完整地描述某次特殊經歷。

二、比較

比較不同國家在人類與自然關係方面的不同觀念及做法，並通過這種比較得出自己的觀點或建議。

三、文化

了解中國對待自然資源的歷史與現狀，以及從中反映出的中國人的文化理念和世界觀。

四、貫連

與生物、地理等課程相貫連，比較不同國家在自然資源、環境保護方面的基本情況。

五、實踐活動

運用所學的與本單元話題相關的漢語和文化知識進行實際交流，表達觀點、提出建議。

單元導入活動說明

人類與自然的關係通常是青少年非常關注的話題。在學習這個單元之前，可以引導學生通過對環保熱點問題的討論，調動他們已有的語言積累進入本單元的學習。具體思考題如下：

1. 環境污染是全球共同關注的問題，你知道哪些非常嚴重的環境污染案例？它們發生在什麼地方？這些案例如何影響了動物或植物的生存？發生的主要原因是什麼？人們現在已經採取了哪些補救措施？
2. 全球變暖的速度加快是近些年來困擾世界各地區的突出問題，你知道近些年來全球變暖有哪些具體表現嗎？

Unit 6 *Man and Nature*
第六單元 人類與自然

第十一課 When a Tsunami Hits
海嘯來臨時

一、本課教學重點
讓學生理解並運用所學的詞語與表達方式準確恰當地進行比較，包括比較不同事物間以及同一事物的不同階段、不同方面的情況。

二、本課的難點
(一) 詞語：注意"不斷—繼續""及時—準時"這兩組詞的辨析。
(二) 語言點："能"和"可以"、"有點兒"和"一點兒"、"剛"和"剛才"、"變……了"和"變成了……"在用法上的異同是學生掌握的難點，請老師引導學生在實際運用中體會其意義。

三、有用的教學資源
(一) 有關中國珍稀動物（如熊貓、白鰭豚、東北虎、金絲猴等）的圖片。
(二) 從網絡上下載的一些重大災害的資料或圖片。
(三) 由中國科學院地理科學與資源研究所和中國地理學會主辦的《中國國家地理》雜誌，網絡上可瀏覽其數字版。

四、教學安排導引
針對不同學習內容，各教學模塊及其教學設計和參考課時索引見下表。

教學模塊		交際模式	可選用的教學活動設計		課時建議
新課學習	課文閱讀與理解	理解詮釋 人際互動	教學設計1 教學設計2 教學設計3 (可選)	教學設計分爲必選和可選兩種，可選的活動以"可選"標明，其實施順序請老師根據本班學生實際情況自定。	5—7課時
	詞語講解與練習	理解詮釋 表達演示	教學設計4 教學設計5 (可選) 教學設計6		
	語言點講解與練習	人際互動 表達演示	教學設計7 教學設計8		
交際活動		人際互動 表達演示	教學設計9 教學設計10 (可選)		1課時
寫作訓練		表達演示	教學設計11 教學設計12 (可選)		1課時
綜合考試訓練		綜合	教學設計13		1—2課時

注：寫作訓練活動可根據本班實際情況選做；綜合測試題應根據本班實際情況在課堂上選做或讓學生課外完成。

教師手冊

五、具體教學活動設計的建議

教學模塊 1 —— 新課學習

(一) 課文閱讀與理解

🗣 **教學設計1**

內容：主課文導入。

目的：以提問的方式引導學生講述自己已有的相關經驗與老師和其他同學分享，爲課文的學習與討論做鋪墊。

步驟：

第一步： 以圖片、幻燈片的形式，展現近年來或歷史上某些重大自然災害（如東南亞海嘯、龐貝古城的火山爆發）的情景，引發學生的興趣和思考。在影像呈現時，可以提出下列問題：
① 知道圖片中反映的是哪次自然災害嗎？
② 你了解這次災害中人員傷亡的大致情況嗎？
③ 你聽說過哪些關於這次災害的故事？

第二步： 通過對圖片中所反映的自然災害的初步討論，教師進一步提問：在自然災害來臨之前，人類能不能有預感，請談談你的看法。請學生利用已有的經驗或信息展開討論，並舉例證明自己的觀點。

第三步： 在上述討論的基礎上，進一步追問：你聽說過動物幫助人類逃避災難、保住性命的故事嗎？

第四步： 在全班圍繞教師的問題進行了一段時間的討論後，教師做出小結，並以此導入主課文的學習。

組織要點： 對相關問題的討論是新課學習導入環節中常用而又非常有效的方法。爲了提高其討論效率，增強學生課前準備及參與討論的意識和習慣，可以在新課學習前，布置學生查找相關資料及信息。

🗣 **教學設計2**

內容：課文的聽與讀。

目的：

1. 讓學生理解課文內容，掌握本課新詞語在課文中的含義，並理解本課語言點的基本用法。
2. 討論人類與自然的關係，比如人爲或非人爲因素所造成的自然災害對人類及動物的影響。
3. 讓學生理解課文中用比較及對照的方式所描述的事實及作者所表達的觀點。比如：人與動物感知能力的比較；野生動物和家養動物不同預感能力的比較等。

步驟：

第一步： 聽課文大意。教師讓學生看着課本，聽錄音了解課文大意，同時把下列問題寫在黑板上，請學生聽後回答：
① 什麼樣的自然災害叫海嘯？
② 海嘯來臨時，動物和人的表現有什麼不同？
③ 爲什麼有些動物感知自然災害的能力會下降？

Unit 6 Man and Nature
第六單元 人類與自然

第二步： 分段學習課文。
  · 總體教學建議
  ① 老師把閱讀問題寫在黑板上；
  ② 讓學生帶著問題分段閱讀；
  ③ 隨文講解課文的生詞和學生不懂的語言現象；
  ④ 分段討論老師提出的問題，分小組進行討論，鼓勵學生提問題。
  · 具體教學建議
  　建議教師在指導閱讀時將課文分三個部分處理：首先是在最近發生的海嘯事件中，動物與人的不同表現（第1-4自然段）；然後是在歷史事件中動物與人面對自然災害時的不同表現（第5自然段），最後是相關原因探討（第6-7自然段）。

各部分具體問題
第一部分：第1-4自然段（注意第2、第3自然段與第4自然段關於不同人群命運的描寫正好形成一個對照，要讓學生在閱讀中細加體會。） ① 爲什麼說大象救了馴象人的性命呢？ ② 船長爲什麼會警覺起來？請想象一下當時的情景，並詳細加以描述。 ③ 爲什麼動物園裏沒有發現野生動物的屍體？請說出你的推測和理由。 ④ 你覺得爲什麼這場海嘯會導致野生動物園裏的200多人喪生呢？
第二部分：第5自然段 ① 人類最早如何認識到動物與人在感知自然災害能力方面的差異？ ② 1991年日本大地震時，人們觀察到金魚有什麼樣的表現？ ③ 根據本文，日本人是如何預測地震的？
第三部分：第6-7自然段 ① 你覺得爲什麼東南亞海嘯後，會發現許多人工飼養的動物的屍體？ ② 作者對於人類感知自然災害的能力是怎麼看的？ ③ 作者對於人類預防自然災害有何建議？

第三步： 擴展討論。教師在課文提供的話題基礎上，提出下列問題，引導學生結合自己熟悉和喜愛的內容討論本單元人類與自然這一主題。
  ① 你知道哪些自然災害是人類無法避免的，而哪些自然災害和人爲因素有關？
  ② 你還能舉出哪些例子說明動物能比人更早地知道危險？
  ③ 請你舉例說明自然災害對人和動物的影響。
  ④ 人類如何預防和逃避自然災害，請說說你的看法。

組織要點：
1. 總體來看，本文中的很多說法，作者並沒有給出定論，教學中要注意把握相關細節，引發學生對課文主題進行探索，進而組織討論。
2. 對整篇課文的學習，可以先理解課文大意，再分段閱讀、理解、討論，最後進行擴展討論。這一教學設計需要分開用幾個課時完成。

教學設計3（可選）

內容：課文改說。

目的：讓學生嘗試用簡單、直敘的方式表達課文的主要內容。

步驟：

第一步： 帶領學生逐段精讀課文，找出課文中的疑難字詞和長句、複雜句。

第二步： 討論所找出的這些句子的內在含義，試着用自己的語言把它們的意思表述出來。

第三步： 全班以小組為單位，練習用直敘的方式把課文的主要內容、所描述的事件過程完整地表達出來。小組內可以以段落為單位，每個人負責其中一段，大家相互提示、補充。

組織要點：雖然本課的主題是大多數學生比較熟悉和感興趣的，但是要讓學生用自己的話對課文的內容進行改說，並且把它清楚、完整地敘述出來，這是活動組織中的難點，教師可以在小組討論時給學生提示。

(二) 詞語講解與練習

教學設計4

內容：新詞語的講解與學習。

目的：讓學生熟悉掌握詞的意義和使用語境，並在練習中反復使用，為閱讀掃清障礙；了解部分生詞構成語素的構詞能力，複習並擴展出新詞語。

重點提示：

1. 教師帶領學生進行精讀的過程中，注意強調含有掌握詞"憑借""群""指揮""不斷""防備""躲""召集""駛""是否""及時""措施"的句子，並且造更多相關的句子，讓學生熟悉重點詞使用的語境。

2. 本課副詞比較集中，包括表示語氣的副詞"難怪"，表示頻率的副詞"再次""不斷"，以及表示疑問的副詞"是否"，時間副詞"及時"等，要儘量聯繫學生此前學過的副詞，和這些副詞進行對比。

3. 讓學生練習用"災""索""防""警""覺""召""集""缸"等構詞語素組成新詞，從而擴展學習新詞語。比如可以做以下活動：

    ① 給出目標詞（如"防護"）中兩個語素（"防""護"）的基本意思，讓學生猜出整個詞的意思。

    ② 小組比賽。要求學生就教材中重點提示的語素組成新詞語，組成的新詞語多、正確率高的小組獲勝。

教學設計5（可選）

內容：説一説。

目的：通過對掌握詞的反復運用，加深對詞語的理解。

步驟：

第一步： 找出課文中含掌握詞的句子，反復仔細閱讀，體會它們在句子中的具體含義和實際用法。

第二步： 以組為單位，選擇掌握詞中的任意三個說出一段話。

第三步： 各組派出代表說出準備好的語段。比比看哪個小組的最精彩。

組織要點：完全憑課文的掌握詞連成有意思的語段對於學生來說比較難，教師在組間巡視時，要根據學生的需要補充有用的詞語和表達式。

Unit 6 *Man and Nature*
第六單元 人類與自然

● 教學設計6

內容：聽錄音，完成填空。

目的：讓學生在理解意義的基礎上，嘗試在不同語境下運用本課的掌握詞。

步驟：請參考學生用書中本課的詞語練習（VOCABULARY IN CONTEXT）。詞語的詳細講解請教師參考後文"六（一）"中的相關內容。

可能出現的問題：

通常情況下這是個難度較低的活動。但是，本練習中三個段落的情景都不是學生生活中常見的，這就增加了難度。教師可以根據本班學生的實際情況，決定播放錄音的遍數。

(三) 語言點講解與練習

● 教學設計7

內容：用所給的提示完成句子或對話。

目的：通過實際操練，加強對本課語言點的理解和實際運用。

步驟：請參考學生用書中的語言點練習（LANGUAGE CONNECTION）。語言點的詳細講解請參照後文"六（二）"中的相關內容。

擴展：可鼓勵學生仿照練習中的句子或對話，自己再說出一到兩組具有相似結構的句子或對話。

● 教學設計8

內容：用所給的提示改寫句子。

目的：通過實際運用，加深對任指代詞的理解與運用。

步驟：請參考學生用書語言點練習（LANGUAGE CONNECTION）中有關"誰"的練習。詳細講解請參照後文"六（二）"中的相關內容。

擴展：在完成這幾組句子的改寫之後，可以鼓勵學生進行擴展，運用漢語中其他常用的、表示任指的疑問代詞（如"什麼""哪兒"等）進行表達。

教學模塊 2 —— 交際活動

● 教學設計9

內容：說一說我學習中文的進步情況。

目的：通過簡要回顧自己中文的進步歷程，練習如何恰當地進行比較。

步驟：請參考學生用書中的交際練習（COMMUNICATION CORNER）。

● 教學設計10（可選）

內容：比較災難中的人和動物。

目的：通過比較同一場災難中人與動物的不同表現，進一步理解本課的主題，強化對"比較"這一描寫手法的學習。

步驟：

第一步：　教師可以讓學生就這一話題在課前搜集和整理相關資料。

第二步：　請學生比較同一場災難中人與動物的不同表現。可以從對災難的感知、災難來臨前的行為表現、災難後的傷亡等方面進行具體比較。

Lesson 11 *When a Tsunami Hits*
第十一課 海嘯來臨時

組織要點：

"比較"是日常交際中常用的功能項目，難度不是很高。所以一定要鼓勵學生結合本課主題，進行有針對性的比較，一方面可以加強對功能項目的理解和使用，另一方面還可以加深對課文內容的體會與理解。

教學模塊 3 — 寫作訓練

教學設計11

內容：當自然災害來臨時。

目的：通過對自己經歷或聽說過的某次自然災害的描寫和敘述，掌握準確描述事件全過程的表達方法。

步驟：請參考學生用書中的寫作練習（WRITING TASK）。

教學設計12（可選）

內容：看圖寫話/回復個人信件/表達個人觀點。

步驟：請根據本班學生的實際情況，在課堂上選做同步訓練中的相關寫作練習。同步訓練的答案提示請參照後文"七"中的相關內容。

教學模塊 4 — 綜合考試訓練

教學設計13

內容：綜合考試訓練。

目的：

1. 通過綜合考試訓練試題的自我檢測或隨堂選擇性檢測，使學生達到綜合性複習、並強化本課所學內容的目的。
2. 借助綜合訓練試題內容與課文內容的互補性，拓展學生對"人類與自然"主題相關內容的學習。

步驟：請參考《同步訓練》相關內容。

訓練要點：

1. 完成聽力題（Rejoinders and Stimulus Types），複習、強化和評價學生對出行、氣候、動物等內容，以及時間等相關功能項目的理解。這部分內容涉及開車、坐車、存包、點菜、搬家等具體場景，以及動物直覺、天氣預報、寵物的智商等話題。
2. 完成閱讀題（Reading），拓展並評價學生對本課話題內容的學習和理解，讓學生更多地接觸各種語言材料，如短文、通知、海報、新聞報導、電郵等。內容涉及旅遊見聞、天氣情況通報、古蹟探索、動物保護、金絲猴的介紹、全球變暖、笑話等。
3. 完成寫作訓練中的看圖寫故事（Story Narration）、個人信件（Personal Letter）、回復電郵（E-Mail Response）和電話留言轉述（Relay Telephone Message），訓練學生對自然資源保護、動植物保護和災難等問題的理解，以及表達個人觀點和敘述事件的能力。這部分內容涉及火災現場的經歷、森林資源的保護、美國野生動物的保護措施以及飼養動物和培育植物的要求。
4. 完成交際訓練中的對話（Conversation）、文化表述題（Cultural Presentation）和計劃表述題（Event Plan），訓練及評價學生對事件的敘述能力和表述自己觀點的能力。這部分內容涉及與出租司機的對話，人與自然和諧共處，以及安全演習的活動計劃。

Unit 6 Man and Nature
第六單元 人類與自然

六、教學參考資料

(一) 詞語講解及練習參考答案

本課的詞語注釋表中一共列出了42個詞語，其中專有名詞3個，要求學生掌握、理解並能正確使用的詞語11個，只要求學生大致理解其文中的含義及主要使用場合的詞語28個。此外，我們還對本課中的一些詞進行了詞義辨析，供教師參考。

1. 海嘯：【名】由海底地震或火山爆發引起的海水劇烈波動。海水衝上陸地，往往造成災害。
2. 災難：【名】自然或人爲的禍害所造成的嚴重損害和痛苦。
3. 憑借：【動】依靠。
4. 預感：【名】事先的感覺。
5. 死裏逃生：從極危險的狀況中逃出來。
6. 災區：【名】受災的地區。
7. 群：【量】用於聚在一起的人或事物。
8. 指揮：【動】發命令來管理、安排（事物）。
9. 不斷：【副】表示連續地。

> **辨析 不斷—繼續**
>
> "不斷"和"繼續"都有連續、不間斷的意思。意思上"不斷"強調不間斷，"繼續"強調活動延長下去；詞性上"不斷"是副詞，"繼續"既可以是動詞也可以是名詞；用法上"不斷"後邊不能跟數量詞語，"繼續"的行爲主體只有一個。例如
>
> 他不斷地打電話給我。
>
> 人類社會總是不斷進步的。
>
> 今晚演的是這部電影的下集，是上集的繼續。
>
> 今天的課文就講到這兒，明天繼續講。

10. 挣脱：【動】用力使自己擺脫約束和限制。
11. 繩索：【名】粗的繩子。
12. 半山腰：【名】山腳和山頂之間大約一半的地方。也叫山腰。
13. 海灘：【名】海邊的沙灘。
14. 防備：【動】做好準備以應付攻擊或避免受害。
15. 躲：【動】離開對自己不利的事物。
16. 警覺：【動】敏銳地感覺到危險或情況變化。
17. 召集：【動】通知人們聚集起來。
18. 駛：【動】開動（車船等）。
19. 淹沒：【動】（大水）漫過，蓋過。
20. 屍體：【名】人或動物死後的身體。
21. 感知：【動】感覺。
22. 證實：【動】證明情況確實。
23. 反常：【形】跟正常情況不同。
24. 成群結隊：聚集到一起形成了隊伍。

25. 魚缸：【名】養觀賞魚的器具。
26. 金魚：【名】鯽魚的變種，著名的觀賞魚。
27. 撒謊：【動】說假話。
28. 頻發：【動】經常發生（多指不好的事情）。
29. 人工：【形】人爲的，非自然的（跟"天然"相區別）。
30. 馴養：【動】餵養野生動物使其逐漸順從。
31. 退化：【動】生物體在進化過程中某一部分器官變小，構造簡化，功能減退甚至完全消失。
32. 難怪：【副】怪不得。
33. 飼養：【動】餵養（動物）。
34. 進化：【動】事物由簡單到複雜，由低級到高級逐漸發展變化。
35. 是否：【副】是不是。
36. 喪失：【動】丟掉，失去。
37. 再次：【副】第二次，又一次。
38. 及時：【副】立刻、馬上、迅速（辦理）。

辨析 及時—準時
"及時"是正趕上時候，不拖延（時間）的意思。如："警察及時趕到。""事情處理得很及時。""準時"是按規定的時間，如："八點準時開會。""及時"一般用於陳述句，不能用於命令句，"準時"可用於命令句。例如：
你們到得很及時/準時。
有問題要及時解決。（*有問題要準時解決。）
告訴大家明天上午九點準時出發。（*告訴大家明天上午九點及時出發。）

39. 措施：【名】針對某種情況而採取的處理辦法（常用於較大的事情）。

專有名詞
40. 東南亞：地區名。包含十個國家，越南、老撾、柬埔寨、泰國、緬甸、馬來西亞、新加坡、印度尼西亞、文萊、菲律賓。
41. 泰國：國名。全稱泰王國。位於東南亞中南半島中部，首都曼谷（Bangkok）。擁有很多名勝，是旅遊勝地。
42. 斯里蘭卡：國名。位於亞洲南部，是印度洋上的島國，風景秀麗，被譽爲"印度洋上的珍珠"。

VOCABULARY IN CONTEXT 參考答案
根據錄音填空。
A. 在那場激烈的戰鬥中，這位軍官召集起被打散的部隊，憑借着他出色的指揮能力，不僅率領隊伍擋住了敵人的一次次攻擊，而且還不斷向敵人發起反攻。
B. 人們對這場災難毫無防備，所以事先沒有採取任何預防措施。結果，當災難來臨時，很多人被那種恐怖場面驚呆了，以至于失去了生命。這是否應該引起我們的思考呢？
C. 眼看暴風雪就要來臨，姐妹倆合力把她們放牧的那一大群羊趕攏到一起，安靜地等候救援。她們相信，村裏的人一定會及時趕來幫助她們，使她們躲過這場災難的。

Unit 6 Man and Nature
第六單元 人類與自然

(二) 語言點講解及練習參考答案

本課一共有6個需要學生掌握的語言點，在學生用書的LANGUAGE CONNECTION部分有簡單的講解。在這裏，我們又做了進一步的講解，同時對學生用書中的練習題也給出了參考答案，供教師們參考。

1. 比較助動詞"能"和"可以"

> "動物總是能比人類更早感覺到危險的來臨，並能提早逃離。"
> "人們如果能根據動物的一些反應及時採取措施，就可以減少損失。"

"能"和"可以"都是助動詞，表示"可能"的意思。它們都用在動詞和形容詞前；不能重疊；一般不能帶助詞"了""著""過"；在帶有"能"和"可以"的疑問句中，都能單獨回答問題。在課文的兩個例句中，"能"和"可以"是可以互換的。但是在某些情況下，它們是有區別的。

(1) 當表示主觀上具有某種能力、具備某種客觀條件的時候，用"能"和"可以"都行，但是，否定式一般用"不能"。如：

　　這本書我今天能看完。（這本書我今天不能看完。）
　　這本書我今天可以看完。（這本書我今天不能看完。）

(2) 當表示情理上許可和表示准許時，肯定形式一般用"可以"；表達否定意思時，一般用"不能"；表示疑問的時候，"能""可以"都能用。如：

　　有問題可以問老師。
　　今天太累了，不能再看書了。
　　考試的時候可以查字典，但是不能看課本。
　　我能/可以在這個房間裏吸煙嗎？

(3) "可以"在非疑問句中也單獨做謂語，但是"能"一般不這樣用。如：

　　明天的會，你去可以，他去也可以。

語言點練習參考答案

1. 請判斷下列句子中，哪些是"能"和"可以"兩個都能用的，哪些是只能用其中一個的。
   ① 打工<u>能/可以</u>掙錢，還<u>能/可以</u>學到很多東西。
   ② 公園太遠了，我們<u>不能</u>騎自行車去。
   ③ 在教室裏<u>能/可以</u>做遊戲嗎？
   ④ 據你所知，哪些動物<u>能/可以</u>生活在寒冷地區，哪些<u>不能</u>？
   ⑤ 網友<u>可以/能</u>通過博客了解我的情況。

2. 用"能"或"可以"完成對話。
   ① 甲：我的電腦有病毒了。這個軟件可以殺毒嗎？
   　　乙：這個<u>不能</u>，現在有一種新軟件<u>可以</u>。
   ② 甲：媽媽，早餐能喝酸奶嗎？
   　　乙：<u>能/可以喝酸奶</u>。
   ③ 甲：我怎麼才能找到這首歌？
   　　乙：<u>可以在網上下載</u>。
   ④ 甲：明天我不去參觀，行嗎？
   　　乙：不行，老師說了，一個都<u>不能</u>少。

2. 比較 "有點兒" 和 "一點兒"

"小伙子覺得有點兒奇怪。"

"有點兒"是副詞，用在形容詞和動詞前，說明程度不高，是"稍微"的意思，經常用來表示不好、不滿意、不正常的情況。如：

今天有點兒累。

我覺得這個價錢有點兒貴。

他說的話，我有點兒聽不懂。

"一點兒"是數量詞，表示不確定的很少的數量，一般放在名詞的前面。如：

給我一點兒紙。

請大夫開一點兒藥。

另外，"有點兒"有時不表示程度，而是表示數量不多，這時"有點兒"是動詞"有"和量詞"點兒"的組合，即"有一點兒"。如：

我錢包裏有點兒錢，咱們買幾個蘋果吧。

不著急，還有點兒時間。

語言點練習參考答案

用"有點兒"和"一點兒"完成對話。

① 甲：昨天你看那部電影了嗎？
   乙：剛看了<u>一點兒</u>，就被一個電話叫走了。
   甲：我看的時候，真<u>有點兒</u>害怕。
   乙：害怕什麼？我覺得<u>一點兒</u>都不可怕。

② 甲：大夫，我<u>有點兒</u>頭疼。
   乙：發燒嗎？
   甲：可能也<u>有點兒</u>發燒。
   乙：那我給你開<u>一點兒</u>藥吧。

③ 甲：他的個子高不高？
   乙：還可以吧，比你高<u>一點兒</u>。
   甲：胖不胖呢？
   乙：嗯，<u>有點兒</u>胖。

3. 比較 "剛" 與 "剛才"

"剛跑到半山腰，他一回頭，正好看到一個大浪沖上海灘。"

(1)"剛"是副詞，表示某個動作或狀態是在說話前不久發生的，主要修飾動詞和動詞短語，"剛剛"和"剛"的用法相同。"剛才"是表示時間的名詞，表示說話前不久的那個時間。如：

早上剛（剛）起床就開始下雪了，一直下了一整天。

剛才下了一會兒雪，現在已經停了。

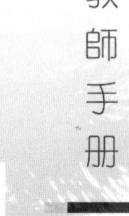

第一個例句中"剛（剛）"表示"起床"不久，和說這句話的時間沒直接關係，第二個例句中"剛才"表示下雪的時間在說話前不久。再比如：

剛才有你的電話。

你剛聽到這個消息呀！我們早就知道了。

(2) "剛"常常和"就""又"連用，而"剛才"則不這樣使用。如：

我剛上樓就聽見他們在吵架。

老師剛說下課，他就跑了出去。

小紅剛走出大門，又跑了回來。

你剛吃完飯，怎麼又想吃了？

語言點練習參考答案

1. 用"剛"或"剛才"填空。
    ① 我<u>剛</u>要去寄信，就下雨了，明天再寄吧。
    ② 我<u>剛才</u>已經訂好飛機票了。
    ③ 那件衣服是<u>剛</u>買的吧？真好看。
    ④ 你<u>剛才</u>為什麼不說話？大家想聽你的看法呢。
    ⑤ <u>剛才</u>你<u>剛</u>問了一個問題，怎麼現在又有問題了？

2. 用"剛"或"剛才"完成對話。
    ① 甲：你去哪兒了？
       乙：<u>我剛才去商店了</u>。
    ② 甲：咦，地怎麼是濕的？下雨了嗎？
       乙：<u>剛才下了一會兒雨</u>。
    ③ 甲：才五點鐘，你怎麼就起床了？
       乙：<u>我剛想起作業還沒有做，就爬起來了</u>。
    ④ 甲：剛才我還看見小張在這裏，什麼時候走的？
       乙：<u>剛走</u>。

4. 不定代詞"誰"

"奇怪的是，在這裏沒有發現任何野生動物的屍體，誰也不知道這是怎麼回事。"

"誰"可以表示任指，即"誰"可以指任何一個人。使用時，"誰"常常用在副詞"都""也"前，或"不論""無論""不管"後，表示在所提到的範圍裏沒有例外。如：

誰都知道這個道理。

這個地方誰也沒去過。

無論誰都不能違反交通規則。

有時在一句話中可以兩次用"誰"，前後照應，實際指相同的人。在否定句中用兩個"誰"則指不同的人。如：

這種書，誰想買誰買，老師不管。

現在的鄰居互不來往，誰也不認識誰。

疑問代詞"什麼""哪兒"等也有"誰"的這種用法。例如：
> 他是中國通，什麼都知道，哪兒都去過。

語言點練習參考答案

1. 用不定代詞"誰"改寫句子。
   ① 這個消息誰都不知道。
   ② 這種式樣的衣服，誰穿上都很精神。
   ③ 他是學校裏的體育明星，誰都認識他。
   ④ 誰都知道應該保護環境。

2. 用不定代詞完成對話。
（學生宿舍樓發生了一起案件，警察正在進行調查。）
   警　　察：你昨晚八點到九點在哪兒？
   A同學：在宿舍裏。
   警　　察：你的宿舍裏還有誰？
   A同學：沒有<u>誰</u>，就我一個人。
   警　　察：當時你聽到聲音了嗎？
   A同學：沒有，<u>什麼也沒聽到</u>。
   警　　察：你認識被害人嗎？
   A同學：我昨天才搬進來，<u>誰都不認識</u>。

5. 比較"變……了"和"變成了……"

   > "牠們的身體和頭慢慢變大，四肢變粗，尾巴變短，同時行走的速度也變慢了。"（副課文例句）
   > "整個動物園變成了水的世界。"
   > "身上的其他地方也就變成了牠現在這個樣子。"

"變成了……"這個句式常常用來表示變化的結果，"變成了"後面接說明結果的名詞性詞組。如：
> 荒山變成了果園。
> 這個國家變成了世界工廠。
> 參加體育鍛煉變成了一種時尚。

"變……了"這個句式常常用來表示事物變化的程度和狀態，"變"後一般加形容詞，形容詞後加"了"表示這種變化已經完成。
> 春天樹枝都變綠了。
> 我發現他變老了。
> 媽媽變胖了，爸爸變瘦了。

語言點練習參考答案

用"變……了"和"變成了……"完成對話。

① 孫女：奶奶，我來看您了。您好嗎？
   奶奶：哦，好！好！兩年不見，你就<u>變成了大姑娘</u>了。個子<u>變高</u>了，皮膚<u>變白</u>了，真是女大十八變，越變越好看。
   孫女：奶奶，您也變了，您的病好了以後，身體<u>變棒</u>了，精神也<u>變好</u>了。

② 甲：這個地方的變化真大呀！
   乙：是啊，和幾年前看到的完全不一樣了。
   甲：你看，路都<u>變寬</u>了。
   乙：是呀，過去的平房也都<u>變成了高樓</u>。

③ 甲：最近，這裏環境治理得不錯。
   乙：大家都有這種感覺，好像天<u>變藍了</u>，水<u>變清</u>了，草<u>變綠</u>了，空氣<u>變清新</u>了。
   甲：人的心情也變得舒暢了。

(三) 功能項目說明

本課的功能項目是"比較"。在進行比較時，可以使用多種表達式。本課中出現了兩種表示比較的表達式。我們在這裏對這些表達式進行補充講解，供教師參考。

1. A比B更……

   "動物總是能比人類更早感覺到危險的來臨。"

   在對兩個事物的不同進行比較時，先肯定"B"具有某一性質或狀態，然後使用"更"表示"A"在程度和狀態上又進一層。"更"後多是形容詞、動詞，或形容詞短語、動詞短語。如：

   長江比黃河更長。
   這個商店的東西比那個商店的更便宜。
   我覺得學漢語說比寫更重要。

2. 和……相比

   "動物和人類相比具有更強的感知危險的能力。"

   這個表達方式可以明確地提出比較對象，比較的具體內容或項目則在後面的句子中加以說明。如：

   北京和南京相比，那要涼快多了。
   和飛機相比，當然是坐火車便宜啦。
   和以前相比，學了四年中文後，我對中國文化有了更多的了解。

3. 其他常用於表示比較的表達式

   還有一些常用的表示比較的表達式，如：

   (1) 比……（多）
       我現在使用中文的機會比以前多得多了。

(2) ……不如……
　　修中文課以前，我對中國歷史的了解遠不如現在豐富。
(3) ……比不上……
　　沒有選修漢語以前，我對中國社會、經濟發展的了解只是間接的，比不上現在通過閱讀中文報紙、瀏覽中文網站所獲得的信息這樣直接、真實、生動。
(4) 以前……現在……
　　以前沒有選中文課時，覺得漢字非常難寫、難認，現在學了五年的中文，看到自己能用漂亮的漢字寫信、寫短文，覺得非常自豪。
　　經過六年的學習，我現在能用流利的中文進行演講，甚至將來到中國旅遊、生活、找工作，我想都沒有問題，這在我選修中文以前是想都不敢想的。

(四) 文化知識補充材料

根據正副課文的內容，我們補充了一些相關的文化背景知識，供老師們參考。由於篇幅的關係，其他更多的材料，我們放到網上，請老師們上網搜尋。

1. 印度洋海嘯

2004年12月26日印度尼西亞蘇門答臘島發生地震引發大規模海嘯，並波及到東南亞和南亞多個國家。這可能是世界近200多年來死傷最慘重的一次海嘯災難，遇難者總人數超過29.2萬人。

由於水下地震、火山爆發或水下塌陷、滑坡等激起的巨浪，在湧向海灣內和海港時所形成的破壞性的大浪稱為海嘯。印度尼西亞蘇門答臘島的海嘯，是由26日上午8時北印度洋海域的里氏8.5級強烈地震所引發的。

雖然海嘯的破壞力驚人，但是並不代表著完全不能預知，因而也不代表死亡是不可能避免的，世界各大媒體都曾經爭相報導的一個10歲英國小女孩緹麗的故事就證明了這一點。海嘯來臨的那天，她正和父母在泰國普吉島海灘度假。就在海嘯到來前的幾分鐘，她跑過去對母親說："媽媽，我們必須離開海灘，我想馬上會有海嘯！"她說她看見海灘上起了很多泡泡，然後浪就突然打了過來，這正是地理老師曾經描述過的有關地震引發海嘯的最初情形。老師還說過，從海水漸漸上漲到海嘯到來，這中間有10分鐘左右的時間。起初，在場的成年人對小女孩的說法都是半信半疑，但是緹麗堅持請求大家離開。她的警告很快在海灘上傳開，幾分鐘內遊客已全部撤離沙灘。當這幾百名遊客跑到安全地帶時，身後已傳來了巨大的海浪聲，海嘯真的來了！當天，這個海灘是普吉島海岸上唯一沒有死傷的地點，這個10歲小女孩用她的知識創造了奇蹟。

2. 大熊貓

大熊貓是一種以竹子為主要食物的動物。作為中國的國寶，牠同時也是世界範圍內的珍稀動物。和大熊貓同時代的古動物，如劍齒虎、猛獁象、巨貘等均已因冰川的侵襲而滅絕，大熊貓在一次次劫難中存活了下來，所以有"活化石"之稱。現在大熊貓僅分布於中國四川、甘肅、陝西省的個別山區的竹林中。熊貓的形象已被中國野生動物保護協會和世界野生動物基金會（WWF）作為自己的會徽標誌。

由於大熊貓對生活環境的要求獨特而嚴格，又加上自然環境的日益惡化，大熊貓的數目在不斷減少，目前野生大熊貓僅存1000多隻，因此牠被列為一級保護動物、國際自然保護聯盟（IUCN）紅皮書的"瀕危物種"。

中國政府早已意識到大熊貓處境的嚴峻，所以採取了一系列措施對大熊貓進行保護。第一項措施是通過立法的手段保護大熊貓。政府先後制定了多種保護大熊貓等野生動物的法律法規。

爲了有效打擊獵殺和走私大熊貓的違法行爲，全國人大常委會於1987年通過的刑法補充案進一步強調，對走私、捕殺大熊貓的違法行徑要進行嚴厲的懲罰。法律法規的制定爲保護大熊貓等珍稀動物提供了法律依據，對保護大熊貓發揮了重要的作用。第二項措施是建立大熊貓自然保護區。中國政府自1963年以來，在秦嶺、岷山、大相嶺、小相嶺等6大山系，先後建立了14個大熊貓自然保護區，總面積達6000平方公里。1987年，成都在原成都動物園保護研究大熊貓機構的基礎上建立了成都大熊貓繁育研究基地，對大熊貓進行人工繁殖。這個基地在四川省汶川縣卧龍自然保護區境內，占地近1500畝。保護區處於邛崍山脈東麓，氣候宜人，風景秀麗，非常適合大熊貓的生長繁殖。

除了生活在原產地中國，現在大熊貓作爲中國人民的禮物也在世界很多國家安家落户。比如日本東京上野動物園以及美國聖地亞哥動物園都生活著來自中國的大熊貓。

3. **潘文石和《熊貓虎子》**

潘文石是北京大學最受歡迎的教授之一，他是20世紀80至90年代研究和保護中國野生大熊貓的先驅者之一，美國《讀者文摘》（Readers Digest）雜誌稱其爲"熊貓爸爸"。

《熊貓虎子》一書是根據潘文石教授跟踪野生大熊貓13年所作的科學考察筆記撰寫的。潘教授通過記錄熊貓虎子從出生到成年的成長細節，展現了野生大熊貓真實的生存狀態，借以引發人們對自然與生存的深層思考。

1992年8月19日，在秦嶺南坡的一處峽谷內，熊貓虎子降生了。與別的熊貓幼仔一樣，虎子墜地的時候，又弱又小，而且大聲啼呼。然而不同的是，虎子是世界上唯一一隻從一出生就被人類跟踪研究的野生大熊貓，這位跟踪者就是北京大學生命與科學學院教授、著名的動物學家潘文石。

從熊貓虎子挣脱胎衣後的大聲啼喊到因饑餓四處覓食，從積累謀生經驗到離開媽媽的懷抱，從建立自己的王國到執著的求偶鬥爭，從意外受傷到被關進動物園再到後來回歸山野，潘文石真情書寫了虎子成長的點點滴滴。

潘文石告訴記者："大熊貓經歷數百萬年的演化而生存至今，並不是爲了在動物園裏取悅於人類，動物園裏的大熊貓不會是真正快樂的大熊貓。大熊貓需要生活在自己的自由王國裏，而這個自由王國需要我們人類加以保護。我希望通過此書的出版，喚起更多人對大熊貓、對野生動物，以及對生命物種多樣性的保護。"

4. **中國珍稀動物與野生動物的保護**

中國是世界上野生動物最多的國家之一，珍稀動物的種類很多，其中大熊貓、金絲猴、羚羊、白唇鹿、黑麂、白鰭豚、揚子鰐、褐馬雞、雉鷄、黑頸鶴、中華鱘、白鱘等一百多種都是聞名世界的特有的珍稀動物。爲保護各類野生動物，自1950年起，中國政府相繼制定了許多行政法規。1989年，中國正式頒布了《野生動物保護法》，並公布了《重點保護動物名錄》，"名錄"中共有257種動物，其中一級保護動物97種，二級保護動物160種。圍繞着國家頒布的《野生動物保護法》，從中央到地方又相繼制定了30多個配套行政法規，使有關動物保護的法律逐漸完善和成熟。1983年，中國野生動物保護協會在北京成立，其任務是保護、發展和合理利用野生動物資源，拯救、保護瀕危珍稀動物，推動中國野生動物保護事業的發展。現在，中國政府已劃出並建立了100多處自然保護區和一些禁獵區、禁漁區。在現有的自然保護區中，以保護大熊貓爲主的就有10多個。

第十一課《同步訓練》參考答案及相關提示

Section One

I. Multiple Choice (Listen to the dialogs)

答案：

1. C 2. C 3. C 4. B 5. B 6. B
7. C 8. D

聽力錄音文本：

1. (Woman) 你今天怎麼不開車來上班？
   (Man) (A) 公共汽車太難等了。
   (B) 我的自行車昨天丟了。
   (C) 車送去修了。
   (D) 我昨天買了輛新車。

2. (Woman) 請問，您下車嗎？我們換一換吧！
   (Man) (A) 賣出去的東西不能換！
   (B) 下一站馬上就到。
   (C) 下一站我也下車。
   (D) 你沒必要換車。

3. (Woman) 今年冬天可真暖和！
   (Man) (A) 對，現在花還沒開呢。
   (B) 對，下了好幾場大雪了。
   (C) 是呀，全球氣溫都在變暖。
   (D) 沒錯，大家都待在房間裏。

4. (Woman) 昨天去上天文課的人多嗎？
   (Man) (A) 我覺得語文課越來越有意思了。
   (B) 昨天我也沒去上天文課。
   (C) 昨天的天文課提前下課了。
   (D) 昨天的語文課很有意思。

5. (Woman) 請問這樣的包可以帶進去嗎？
   (Man) 不行，你得到那邊存一下。
   (Woman) (A) 我可以拿回家嗎？
   (B) 是在那邊的總服務臺嗎？
   (C) 我把這些包起來行嗎？
   (D) 存在這兒一年多少錢？

6. (Woman) 對不起，先生，您點的菜沒有了。可以換一個嗎？
   (Man) 那你們還有什麼新鮮的蔬菜？
   (Woman) (A) 過一會兒我就給您送來。
   (B) 我拿菜單來，您再看看吧！
   (C) 吃蔬菜可以補充維生素。
   (D) 對不起，我們只有蔬菜。

Unit 6 Man and Nature
第六單元 人類與自然

7. (Woman) 你告訴你爸媽你要在暑假參加探險隊的事了嗎?
   (Man) 已經告訴了。
   (Woman) (A) 他們非常贊成。
   　　　　(B) 暑假你打算參加什麼活動?
   　　　　(C) 我都不敢告訴我爸媽。
   　　　　(D) 你怎麼不告訴他們呢?

8. (Woman) 我們家搬新家了，上我們家玩去!
   (Man) 好啊!你們家還缺什麼東西?
   (Woman) (A) 現在我們家離學校很遠。
   　　　　(B) 我媽媽會準備很多好吃的。
   　　　　(C) 現在只搬了一部分過來。
   　　　　(D) 你人來就可以了。

II. Multiple Choice (Listen to the selections)
答案：

1. A	2. B	3. B	4. D	5. B	6. C
7. D	8. B	9. A	10. B	11. C	12. A
13. B	14. C	15. B			

聽力錄音文本：

Selection 1

(Narrator) Now you will listen once to a conversation.
(Man) 你覺得什麼動物最聰明?
(Woman) 我看過一篇文章，說海豚是最聰明的，也有人說猴最聰明，可是我覺得狗最聰明。
(Man) 爲什麼呢?
(Woman) 比如說我們家的狗吧，我離家還有一段距離時，牠就知道了，然後跑到院子外來迎接我。
(Man) 那有什麼了不起的?我們家的貓看我不高興時，還主動來逗我開心呢!
(Woman) 那如果你假裝不高興，牠也會那樣嗎?我們家的狗就能分清真假。
(Man) 噢，這麼神?那我要去你家見識見識了。
(Narrator) Now answer the questions for this selection.

Selection 2

(Narrator) Now you will listen twice to a voice message.
(Woman) 李豔，你好!我是王楠。今天你沒來上課，是病了還是怎麼了?今天的自然課上我們學完了《亞洲的氣候》這一章，老師介紹了東南亞的氣候狀況。下個星期的自然課我們要進行討論，討論的題目是全球變暖對亞洲氣候的影響，所以老師希望我們在這個星期裏多搜集一下這方面的資料，下次上課的時候一起來說說自己對這個問題的看法。好好準備吧。如果你還有什麼問題，或者其他什麼需要我幫助的事情，就給我打電話吧!再見!
(Narrator) Now listen again.
(Narrator) Now answer the questions for this selection.

Lesson 11 *When a Tsunami Hits*
第十一課 海嘯來臨時

Selection 3

(Narrator) Now you will listen twice to a conversation between two students.
(Woman) 你看看，外面的燕子飛得多低啊！
(Man) 可能要下雨了！
(Woman) 很有可能，這會兒太陽已經躲起來了。
(Man) 天氣預報說今天下午有雨。
(Woman) 我昨天也看了天氣預報，可是上午天氣那麼好，誰相信會下雨呢？
(Man) 這些燕子就是活的天氣預報！你看，已經下起來了！
(Woman) 是呀，這個天氣預報可真準！
(Man) 這是有科學依據的。
(Woman) 什麼科學依據呀？說說看！
(Man) 因為下雨前，空氣中的水氣沾濕了昆蟲的翅膀，昆蟲飛得很低，燕子要捕捉它們，所以也就飛得很低。
(Woman) 有道理，你別說，動物有時候還真比人類感覺靈敏，感知能力更強。
(Narrator) Now listen again.
(Narrator) Now answer the questions for this selection.

Selection 4

(Narrator) Now you will listen once to the following selection.
(Woman) 大家好！歡迎大家來到我們的熊貓基地！我們的熊貓基地位於四川省的中部，離成都只有一個小時的車程。現在大家看到的是全國乃至世界上最大的熊貓基地，牠佔地將近200畝。在這裏有不同年齡的熊貓，大家能看到剛剛出生三個月的熊貓寶寶，牠們特別可愛！也能看到我們的壽星——21歲的"川川"，因為牠一直生活在四川，所以用"川"字給牠命名。
(Narrator) Now answer the questions for this selection.

Selection 5

(Narrator) Now you will listen twice to a conversation.
(Man) 聽說，你們家暑假要去泰國的普吉島度假？別忘了多拍點照片回來！
(Woman) 好的。不過，還不知道泰國在海嘯以後各個方面恢復得怎麼樣。
(Man) 報紙上說，泰國政府投入了大量的人力和物力，災後工作做得非常不錯！
(Woman) 海嘯到底是怎麼回事？
(Man) 海嘯主要是由地震引起的，是一種有強大破壞力的海浪。它掀起的海浪有十多米高，有的時候甚至能達到二十多米。
(Woman) 太可怕了！我想我們不會碰上海嘯吧？
(Man) 當然不會的。不過你最好還是提前到網上去看看有關海嘯的知識。祝你假期愉快！
(Narrator) Now listen again.
(Narrator) Now answer the questions for this selection.

教師手冊

Unit 6 *Man and Nature*
第六單元 人類與自然

III. Multiple Choice (Reading)
答案：

1. B	2. C	3. D	4. D	5. B	6. C
7. C	8. D	9. A	10. C	11. D	12. B
13. B	14. C	15. D	16. A	17. C	18. B
19. B	20. D	21. C	22. B	23. A	24. A
25. C					

Section Two

I. Free Response (Writing)

1. **Story Narration**

    The four pictures present a story. Imagine you are writing the story to a friend. Narrate a complete story as suggested by the pictures. Give your story a beginning, a middle, and an end.

寫作提示：

　　這則看圖寫作考察學生對特殊場景中事情發展變化過程的完整敘述能力，敘述時要注意事件及其場景的發展變化，還要交代清楚人物的不同活動。

(1) 交代火災事件的開始或發生。

　　　　有一天，……維克放學回家，他正……突然發現……

(2) 敘述場景的轉移以及人物的活動狀態。

　　　　維克趕緊拿出手機……這時……他們……大家焦急地等待……

(3) 交待事情的進展。

　　　　大約……後，消防車……來了，人們……

(4) 交代事件中人物的活動細節。

　　　　維克隨著人群……他趕緊……衝進了……

Lesson 11 ***When a Tsunami Hits***
第十一課 海嘯來臨時

2. Personal Letter

Imagine you received a letter from a pen pal in Beijing. In the letter, he raises the issue of national forest resources. Write a reply in letter format. Share with him your thoughts and suggestions about the protection of national forest resources.

回信建議：

(1) 問候語。

(2) 回應來信中提及的問題，比如：

你在信中談到保護國家森林資源的問題，我很有同感⋯⋯

(3) 主要內容。

① 首先可以談談你對森林資源的價值的看法，如：

就像⋯⋯一樣，在我看來，森林資源對於一個國家的生態環境具有⋯⋯的價值，我覺得，如果⋯⋯那麼⋯⋯

② 再重點說說你對如何有效保護國家森林資源的觀點和想法，比如：

正因爲森林資源具有這些重要價值，所以，我認爲，政府首先要提高民衆對森林資源保護的意識和觀念水平，比如⋯⋯；其次，還要⋯⋯；再次，可以從⋯⋯方面入手，進行一些⋯⋯

③ 就你知道的情況，談談美國在保護國家森林資源方面的措施。可以先介紹整體情況，然後重點談談感觸較深的方面；也可以先談你讚成的方面，再談你對某些做法的不同意見或建議。比如：

總的說來，美國對森林資源的保護⋯⋯最突出的方面是⋯⋯

我認爲，美國對森林資源的保護措施和做法是⋯⋯一方面⋯⋯另一方面也⋯⋯。對於⋯⋯我非常讚成；而⋯⋯我覺得做得還不夠，因爲⋯⋯

(4) 還可以補充一些內容。比如，除了個人看法和觀點外，還可以說說美國報紙、公衆對這一問題的評議，或給朋友介紹一些相關的資料。這樣一來，回信所包含的信息量就更大了。比如：

記得有一篇⋯⋯文章，說到美國近年來森林資源⋯⋯的現象，而且提出⋯⋯觀點，當時在美國社會引起很大反響⋯⋯你可以看一看，非常有意思。

(5) 祝福語、署名和寫信日期。

3. E-Mail Response

Read this e-mail from a friend and then type a response.

發件人：王林

主　題：瞭解美國的野生動物保護措施及相關情況

現在，世界上不少國家都在積極採取各種措施保護野生動物，防止那些珍稀動物的數量進一步減少。我只知道美國有聞名世界的野生動物園——黃石公園，但對更多的保護野生動物的具體措施就不是很瞭解了，你能給我詳細介紹一下有關的情況嗎？謝謝！

回信建議：

(1) 首先，重複信中的主要問題。如：

你在郵件中提到，希望我給你介紹一些美國對野生動物保護的具體措施，我非常樂意和你談論這方面問題，因爲⋯⋯

(2) 簡明扼要直接回答。如：

總的來說，我們國家對野生動物的保護主要有這幾方面的基本措施，第一⋯⋯第二⋯⋯第三⋯⋯

教師手冊

Unit 6 *Man and Nature*
第六單元 人類與自然

  (3) 對某些內容可以簡要地通過例證進行補充説明。比如：

    舉個例子吧，比如，就……而言，通常情況下……

    比如説，在美國……，對……動物，就採取了……

  (4) 結束部分。結束郵件的方式非常靈活，可以根據郵件的具體內容以及你和收件人的關係來決定。也可以用反問的方式結束，如：

    你的問題也激發了我的好奇。我也想知道，中國作爲一個動植物資源都很豐富的國家，又是怎樣保護自己國家的野生動物呢？你也給我講講吧。

4. Relay a Telephone Message

Imagine your mother has gone on a business trip. You and your sister were not at home when she left. She calls you after arriving at her destination. You will listen twice to the message. Then relay the message, including the important details, by typing an e-mail to your sister.

(Woman) 麗麗、小威，媽媽已經到南京了，要在這裏開五天會。我不在家的時候，你們要照顧好家裏的小動物和花草。小烏龜需要每天換一次水；小兔子的籠子最好每天一早一晚各打掃一次，給牠們準備的胡蘿蔔在冰箱的紅色飯盒裏；陽臺上的那些花我走之前剛剛澆過水，你們不要再澆了，但是卧室和書房裏的花兒每兩天要澆一次。注意照顧好你們自己和爸爸，媽媽會想你們的！

轉述建議：

(1) 首先，要注意人稱在某些細微之處的轉換。如：

    媽媽給我們打來了電話，她説……

(2) 其次，需要交代清楚媽媽要求的具體細節，如給小烏龜多長時間換一次水，小兔子的籠子打掃的次數、小兔子的食物在哪個盒子裏，哪些花要澆水而哪些花不能再澆等等，這是本題考察的重點，不能遺漏。

(3) 最後，可以説一説媽媽在哪兒，大約多少天後回來，她在電話中最後的叮囑等，如：

    媽媽告訴我們她……她在電話裏説希望我們……

II. Free Response (Speaking)

1. Conversation

Imagine you are traveling to China. You are sitting in a taxi stuck in a traffic jam. You have a conversation with the taxi driver.

(1) 問題一：唉，又堵車了！最近老是堵車。在你們國家，也經常堵車嗎？

回答建議：

  這是一個開始攀談時常用的表達，而不是希望獲得真實信息的提問，所以回應時可以更爲寬泛，如：

    是啊，我也覺得這個地方好像很容易堵車……不過堵車可能是所有大都市的共同問題吧，我生活的城市……

    我們國家有些地方……有些地方……不過在我去過的城市裏……

(2) 問題二：千萬別堵得太厲害，別耽誤你辦事。你很著急嗎？

回答建議：

  對這種表示關心的詢問，通常要表示安慰或感謝，如：

    哦，沒關係，我知道你……我……反正已經堵上了，你別著急，慢慢開……

    應該不會堵太長時間吧，我倒真是有些急事，不過……只好再等等……

Lesson 11 *When a Tsunami Hits*
第十一課 海嘯來臨時

(3) 問題三：好了好了，終於能動了。看今天的情況，這條路可能一直會很堵，我們換一條路，也許不會太堵，可是稍微有點繞遠，你看行嗎？

回答建議：

因爲對方是很友好、很真誠地提出的建議，而且也事先如實說明了情況，因此，回應時也應該注意禮貌和友好，可以這樣說：

我看看時間，反正我不著急，咱們還是慢慢走吧，就省得繞遠了……

那麼，大概會繞多遠？……

你有把握另一條路肯定不會堵嗎？……

(4) 問題四：這是你第一次到中國嗎？

回答建議：

這個問題與問題一並列，是另起話輪的攀談式開始的問題，你可以借著對問題的回應而擴展談話。比如：

我是第一次到中國，不過，在來中國以前，已經……

啊，不，這已經是我第……次到中國了，前一次是……

(5) 問題五：你對我們中國印象怎麼樣？

回答建議：

這是借著你對問題四的回應進一步追問、引申談話，你可以自由展開，比如：

我覺得中國是一個……印象最深刻的是在……有一次……真是很有意思！

(6) 問題六：好了，到了。祝你在中國旅行順利！

回答建議：

這是兩個初次相識的人分手時常用的祝福語，你應該也向他表示祝福和感謝。比如：

謝謝你和我聊了這麼多……也祝你……再見！

2. **Cultural Presentation**

Using the Qinghai-Tibet Railway in China as an example, share your understanding of man and nature coexisting in harmony. In your presentation, you should state clearly your understanding and ideas about the example and the issue.

回答建議：

這是一個文化表述題，在表述過程中，首先要完整、清楚地講出青藏鐵路的來龍去脈，尤其要交待清楚事例中人和自然、動物之間的關係。

其次，要總結出青藏鐵路背後所反映或體現出的某種意識或思想，或者說明相關的推測和推論。

再次，爲了使表述有深度，還可以説一説青藏鐵路修建前後的人和自然、動物之間關係的發展變化，以及人們觀念和認識的變化。

3. **Event Plan**

Your school is organizing a safety exercise and you have been asked to plan it. In your presentation, explain your plan in detail, stating clearly the theme you wish to emphasize, the structure of the exercise, preparatory work needed, and the strengths and advantages of your plan.

回答建議：

(1) 首先，簡要說明你的計劃。比如：

我計劃……（時間）在……（地點）安排這次演習活動，這次活動演練的主要內容是……採取……的形式，重點要大家演練……

(2) 接下來，解釋這樣安排的主要原因，爲了突出你的計劃的好處和優勢，可以在這部分的敘述中進行比較。比如：

之所以安排在……（時間），是因爲……；在……（地點），是爲了……；而採取……的形式，主要是爲了突出我們演練的主題，而且和其他安排相比，這個計劃有……個好處，第一……第二……第三……

(3) 然後，說說需要做的準備工作。這實際上是從另一個角度再次說明該計劃的可行性和合理性。比如：

這個計劃也很容易執行，準備和實行起來很方便。只要做好幾項準備，第一……第二……

(4) 結束。在結束表述之前，一定還要徵求其他人的意見，徵詢意見既要有禮貌又要有效果，這也會使你的計劃更容易被別人接受。如：

這只是我的想法，大家覺得怎麼樣？我們一起再仔細商量商量吧。

第十二課 Where Will We Live Tomorrow?
明天我們住在哪兒？

一、本課教學重點
讓學生理解並運用所學詞語和表達式，並學會根據所掌握的信息進行合理地推論和判斷。

二、本課的難點
(一) 詞語：注意"發揮—發揚"這組詞的辨析。
(二) 語言點：
1. 多項定語的正確使用是本課學習的難點。尤其是對於如何排列定語使其具有合理的邏輯關係是學生們普遍感到困難的地方。
2. "每……都"句式是學生很容易出錯的語言點，在教學過程中，要注意讓學生理解並掌握這個句式的含義及用法。

三、有用的教學資源
(一) 世界人口資源分布示意圖、世界人口增長趨勢圖。（可以從網上下載）
(二)《未來水世界》（Water World）或其他反映未來世界人類居住環境的科幻電影片段。

四、教學安排導引
針對不同學習內容，各教學模塊及其教學設計和參考課時索引見下表。

教學模塊		交際模式	可選用的教學活動設計	課時建議
新課學習	課文閱讀與理解	理解詮釋 人際互動	教學設計1 教學設計2 教學設計3 (可選)	5—7課時
	詞語講解與練習	表達演示 理解詮釋	教學設計4 (可選) 教學設計5	
	語言點講解與練習	人際互動 表達演示	教學設計6 教學設計7 (可選)	
交際活動		人際互動 表達演示	教學設計8 教學設計9 (可選)	1課時
寫作訓練		表達演示	教學設計10 (可選) 教學設計11	1課時
綜合考試訓練		綜合	教學設計12	1—2課時

教學設計分爲必選和可選兩種，可選的活動以"可選"標明，其實施順序請老師根據本班學生實際情況自定。

注：寫作訓練活動可根據本班實際情況選做；綜合測試題應根據本班實際情況在課堂上選做或讓學生課外完成。

五、具體教學活動設計的建議

> 教學模塊 **1** ── 新課學習

(一) 課文閱讀與理解

🗣 教學設計1

內容：主課文導入。

目的：通過學生對未來人口問題相關信息的搜集和整理，以及學生間的討論，爲主課文學習做好準備。

步驟：

第一步： 提前布置作業。請學生事先搜集有關世界人口增長趨勢和人口狀況的信息，並將所搜集的信息加以整理，總結出幾個基本觀點或重要事實；

第二步： 組間分享。教師提出引導性問題，請各小組圍繞這些問題進行討論。
① 你如何評價現在世界人口的居住狀況？
② 如果按照現在的人口發展趨勢，你認爲未來人類的居住環境將會面臨哪些壓力？

第三步： 根據討論的情況，教師進一步提出引導性問題：你對解決由這些壓力帶來的問題，有什麼想法？並以此問題的討論爲小結，請學生帶著這些問題進入課文的正式學習。

組織要點：本活動中的每一個引導性問題都是爲了引出課文學習時的進一步討論，因此，要合理控制每個問題討論的時間，不要過於展開。

🗣 教學設計2

內容：課文的聽與讀。

目的：
1. 讓學生通過對不同問題的回答理解本課內容，並理解本課新詞語在課文中的含義，掌握本課語言點的基本用法。
2. 思考並討論與人類生存環境有關的社會性問題，讓學生學會根據已掌握的材料進行推論這一表達方式。

步驟：

第一步： 聽課文大意。教師讓學生看著課本，聽錄音了解課文大意，同時把下列問題寫在黑板上，請同學聽後回答。
① 這篇課文給我們提出了一個什麼問題？
② 課文中的三個小標題都是什麼含義、主要想説明什麼？

第二步： 分段學習課文。
・總體教學建議
① 老師把閱讀問題寫在黑板上；
② 讓學生帶著問題分段閱讀；
③ 隨文講解課文的生詞和學生不懂的語言現象；
④ 分段討論老師提出的問題，分小組進行討論，鼓勵學生提問題。

・具體教學建議
　　這篇課文的結構已經自然地分成了四個部分：首先是前言部分，然後是三個方案各自成爲獨立的部分。

Lesson 12 *Where Will We Live Tomorrow?*
第十二課 明天我們住在哪兒？

各部分具體問題

前言部分：
　　課文爲什麼會提出人類居住空間問題？

第一部分： "讓火星成爲我們新的家園"
　　① "家園"在這裏是什麼意思？
　　② 這部分舉出"很多人坐着地鐵從郊區到市中心上班"的例子是想説明什麼問題？
　　③ 在這部分課文中，作者推論火星將可能成爲人類的第二家園的理由有哪些？
　　④ 作者認爲，怎樣才能使火星真正成爲人類未來舒適、美麗、快樂的新家園？

第二部分： "當人類住到海底的時候"
　　① 第二個方案的作者爲什麼認爲未來人類可以住到海底？
　　② 爲什麼説"海底世界的開發成本比較低"？
　　③ 你認爲要想讓人類居住到海底，需要解決什麼問題？

第三部分： "重建綠色的地球"
　　① 提出"重建綠色的地球"這個方案的理由是什麼？
　　② 怎樣才能使地球成爲我們永久的美好家園？
　　③ 你認爲"重建綠色的地球"在技術方面的關鍵問題是什麼？

第三步： 擴展討論。教師在課文提供的話題基礎上，提出下列問題，引導學生結合自己的知識討論人類生存環境這一話題。
　　① 你覺得目前影響人類生存環境的最突出的問題是什麼？怎麼解決？
　　② 你覺得最適於人類居住的地方是哪裏？爲什麼？

可能出現的問題：
　　本課課文的呈現方式，尤其是方案中的幾個小標題，學生理解可能會有困難。教師要注意引導學生理解各段標題的含義。

教學設計3（可選）

內容： 課文續編。
目的： 讓學生仿照課文的行文風格和樣式，設計自己的未來人口問題解決方案。
步驟：
第一步： 小組討論，歸納出自己對解決未來人口居住問題的想法或意見。要求有基本論點，有充足的論證理由或依據等。
第二步： 小組成員相互幫助，仿照課文的樣式，描述本小組的"解決方案"。
第三步： 組間互評，看看哪個小組的續編方案論述層次清晰、推測理由充分、表述方式最爲恰當。
預期效果： 讓學生成爲課文的"作者"，並與他們已有的科學或社會學知識相貫連，活動的內容也從單一的課文字詞學習拓展開去，而且可以與其課前準備的內容有所承接。這樣的教學活動既可以激發學生參與學習的興趣，也可以發揮他們自身的創造性，有助於學生加深對課文內容的理解與掌握。

(二) 詞語講解與練習

🗣 教學設計4（可選）

內容：詞語賓果遊戲。

目的：通過對掌握詞意義的正確判斷，加深對詞語的理解。

步驟：

第一步： 教師將本課十個掌握詞事先做成詞語卡片，背面朝外粘貼在黑板上。

第二步： 教師或一名同學口述某個詞的釋義，請另一名同學隨機翻開一張在黑板上的詞語卡片，如果是和釋義不對應的詞語，則將其還原，依舊背貼在黑板上；反之，則將其正面朝外貼在黑板上。

第三步： 教師或一名同學繼續口述其他詞的釋義，另一名依照上法繼續找和該釋義對應的詞語卡片，以所有詞語卡片全部正貼爲結束，並記錄將全部卡片找齊的時間。

第四步： 可以展開小組競賽，看哪個組對詞義的判斷最準確、所用的時間最短。

預期效果： 借助賓果遊戲進行詞語記憶，是學生熟悉和喜愛的活動之一，對加強學生的詞語記憶和理解非常有效。除了在小組間開展競賽之外，還可以在組內開展小組成員間的競賽，通過多次不同的比賽，使學生在不知不覺中強化記憶。

🗣 教學設計5

內容：選擇恰當詞語完成段落填空。

目的：通過對本課掌握詞的實際運用，鞏固理解。

步驟：請參考學生用書中的詞語練習（VOCABULARY IN CONTEXT）。詞語的詳細講解請參考後文"六（一）"中的相關內容。

可能出現的問題：

　　本課的掌握詞難度不是很大，但是由於練習中對話的輪次較多、對話較長，會給學生造成一定困難。因此可以提醒學生先通讀對話，掌握大意後再逐個填空。

(三) 語言點講解與練習

🗣 教學設計6

內容：用所給的提示改寫句子，完成句子或對話。

目的：通過實際操練，加強對本課語言點的理解和運用。

步驟：請參考學生用書中的語言點練習（LANGUAGE CONNECTION）。語言點的詳細講解請參照後文"六（二）"中的相關內容。

組織要點： 學生用書練習中的某些對話所描述的情景可能是學生不熟悉的，教師可以根據學生實際情況選擇使用。

🗣 教學設計7（可選）

內容：自編自演小品。

目的：通過在一定情景中的角色模擬，在交際活動中掌握並運用本課所學到的語言點。

步驟：請學生組成小組，自選話題和情景，自編、自導、自演，準備好後在全班演出。

組織要點： 在自編的情景對話中儘量多地運用本課所學的語言點，如"大伙兒""不是……就是……""每……都……"以及概數和多項定語等。可選的話題：最好的鍛煉方式是……、我們去吃……、下課後去……、昨天晚上……、預計這週的天氣……

效果預期：本課所學的語言點在口語交際中使用率很高。讓學生自編情景，以小品的方式演練這些語言點，會激活他們的語言積累，調動學生的語言表達慾望，有助於加深學生對這些語言點實際用法的理解。

教學模塊 2 —— 交際活動

教學設計8
內容：我看未來五年全球的氣候變化。
目的：通過相關資料的搜集與整理，對未來的氣候變化進行合理推論。
步驟：請參考學生用書中的交際練習（COMMUNICATION CORNER）。

教學設計9（可選）
內容：預測某地五年後環境的變化。
目的：通過信息搜集和整理，對某地未來的環境狀況進行推測和判斷。
步驟：
第一步： 通過資料檢索、新聞查找、分析官方統計數據以及人物訪談等方式，搜集、整理有關環境保護的措施、政策以及人們的觀念和看法。
第二步： 在上述信息基礎上對本地五年後的環境狀況做出合理推論。
第三步： 以小組為單位，或以個人展示的方式，將上述資料搜集、整理和分析的結果完整地表述出來，注意推論要有準確的依據。
組織要點：如果本班學生對該話題不感興趣，或因其他原因不願選擇該話題，教師可以根據本班學生實際情況，和學生商定其他的推論議題。

教學模塊 3 —— 寫作訓練

教學設計10（可選）
內容：明天我們住在哪兒？
目的：對如何解決人類今後的居住問題提出自己的設想，並仿照課文體例寫方案。
步驟：請參考學生用書中的寫作練習（WRITING TASK）。
組織要點：本活動與"教學設計3"的活動基本一致，如果已經選做了"教學設計3"，則該活動就不必做了。

教學設計11
內容：看圖寫話/回復個人信件/表達個人觀點。
步驟：請根據本班學生的實際情況，在課堂上選做一至兩個同步訓練中的相關寫作練習。同步訓練的答案提示請參照後文"七"中的相關內容。

Unit 6 *Man and Nature*
第六單元 人類與自然

教學模塊 4 —— 綜合考試訓練

🗣 教學設計12

內容：綜合考試訓練。

目的：

1. 通過綜合考試訓練試題的自我檢測或隨堂選擇性檢測，使學生達到綜合性複習、並強化本課所學內容的目的。
2. 借助綜合訓練試題內容與課文內容的互補性，拓展學生對"人類居住環境"主題相關內容的學習。

訓練要點：

1. 完成聽力題（Rejoinders and Stimulus Types），複習、強化和評價學生對所學語言文化知識的進一步理解和掌握。這部分內容涉及出遊、購書、客人來訪、開會、飼養小動物、花卉植物、與朋友約會等。
2. 完成閱讀題（Reading），拓展並且評價與本課話題內容的學習和理解，讓學生更多地接觸語言的各種實際應用，比如廣告、電子郵件、短文、標識等。具體內容包括：冬蟲夏草、吐魯番旅遊、漢長城遺址、中國不同地域人們的性格特點、探險家的故事等。
3. 完成寫作訓練中的看圖寫故事（Story Narration）、個人信件（Personal Letter）、回復電郵（E-Mail Response）和電話留言轉述（Relay Telephone Message），訓練學生對相關問題的理解和個人觀點的表達以及敘述事件的能力。這部分內容涉及對美國東西部不同城市不同居住環境的看法，美國房車的信息，雨天路遇流浪貓的故事和朋友祝賀電話的轉述。
4. 完成交際訓練中的對話（Conversation）、文化表述題（Cultural Presentation）和計劃表述題（Event Plan），訓練及評價學生對事件的敘述能力和表述自己觀點的能力。這部分內容涉及與商場店員的對話，對珍稀動物的介紹，以及環保宣傳活動的計劃。

六、教學參考資料

（一）詞語講解及練習參考答案

本課的詞語注釋表中一共列出了39個詞語，其中專有名詞2個，要求學生掌握、理解並能正確使用的詞語10個，只要求學生大致理解其文中的含義及主要使用場合的詞語27個。此外，我們還對本課中的一些詞進行了詞義辨析，供教師參考。

1. 社會課：【名】學習社會生活、社會制度、社會行為、社會發展等社會問題的課程。
2. 七嘴八舌：形容你一言，我一語，人多嘴雜。
3. 紛紛：【副】（許多人或事物）接二連三地。
4. 方案：【名】工作的計劃。
5. 家園：【名】家中的庭園，泛指家鄉或家庭。
6. 景象：【名】現象；狀況。
7. 郊區：【名】城市週圍，在行政管理上屬於城市的地區。
8. 空間技術：【名】探索、開發、利用宇宙空間以及地球以外天體的綜合性工程技術。也叫宇航技術。
9. 舒適：【形】身體或精神上感到輕鬆愉快。
10. 可行性：【名】指方案、計劃等所具備的可以實施的特性。

Lesson 12 Where Will We Live Tomorrow?
第十二課 明天我們住在哪兒？

11. 論證：【動】敘述、分析並證明。
12. 存活：【動】活下來。
13. 行星：【名】沿不同的橢圓形軌道繞太陽運行的天體，本身不發光，只能反射太陽光。
14. 改造：【動】對原有事物加以修改或變更，使適合需要。
15. 可能性：【名】能成為事實的屬性。
16. 乾燥：【形】沒有水分或水分很少。
17. 描述：【動】形象地記下來或說出來。
18. 陸地：【名】地球表面除去海洋（有時也除去江河湖泊）的部分。
19. 飽和：【動，名】指事物在某個範圍內達到最高限度。
20. 發揮：【動】把内在的性質或能力表現出來。

辨析 發揮—發揚
　　這兩個詞都是動詞，但是意思和用法不同。"發揮"最常用的意思是"使内在的能力或性質充分表現出來"，比如：發揮威力|發揮作用|每個人都可以在工作中發揮自己的聰明才智。"發揚"意思是"發展和提倡"，比如：發揚風格|發揚民主|發揚國際主義精神|我們應該發揚老一輩的優良傳統。

21. 能源：【名】能夠產生能量的物質，如燃料、水力、風力等。
22. 遠祖：【名】許多代以前的祖先。
23. 原始：【形】最古老的，未開發的。
24. 開發：【動】以荒山、礦山、森林、水利等自然資源為對象進行勞動，以達到利用的目的。
25. 成本：【名】產品在生產流通過程中所需的全部費用。
26. 呼吸：【動】生物體與外界進行氣體交換，人和高級動物通過肺呼吸。
27. 思路：【名】思考的線索。
28. 密度：【名】一定空間内事物的多少。
29. 資源：【名】生產資料或生活資料的天然來源。
30. 過度：【形，副】超過適當的限度。
31. 沙漠：【名】地面完全被沙子覆蓋，缺乏流水，氣候乾燥，植物稀少的地區。
32. 綠洲：【名】沙漠中有水和草的地方。
33. 荒原：【名】人少而荒涼的原野。
34. 前景：【名】將要出現的景象。
35. 設想：【動】想象；假想。
36. 均勻：【形，副】分布或分配在各部分的數量相同；時間的間隔相等。
37. 珍惜：【動】珍重愛惜。

專有名詞

38. 火星：太陽系大行星之一，按離太陽由近到遠的順序為第四顆大行星。
39. 太陽系：銀河系中的一個天體系統，以太陽為中心，包括太陽、大行星及其衛星和無數的小行星、彗星、流星等。

Unit 6 *Man and Nature*
第六單元 人類與自然

VOCABULARY IN CONTEXT 參考答案

用所給詞語完成對話。

紛紛　方案　舒適　乾燥　飽和　發揮　原始　呼吸　過度

甲：你聽説了嗎？學校正在徵集今年體育運動會會徽的設計方案，很多人都拿出了自己的設計。你在這方面不是挺有經驗的嗎？應該發揮一下你的優勢啊。

乙：我設計了一個方案，已經修改好幾次了，現在看來，還是原始方案最好。但是最近功課太忙，沒有時間再修改它了。

甲：是嗎？那算了吧，過度勞累不利於健康。據説，人的時間安排一旦達到飽和狀態的話，身體就容易生病。還是適當放鬆一下自己吧。

乙：是啊。最近我老覺得有些不舒服，有時好像連呼吸都不太順暢，也不知是因爲天氣太乾燥、太炎熱呢，還是我的身體真的出了什麽問題。

甲：我覺得不會有什麽問題，你到一個舒適的環境裏好好休息休息就會好的。

乙：好的，我多注意休息就是了。

(二) 語言點講解及練習參考答案

本課一共有5個需要學生掌握的語言點，在學生用書的 "LANGUAGE CONNECTION" 部分有簡單的講解。在這裏，我們又做了進一步的講解，同時對學生用書中的練習題也給出了參考答案，供教師們參考。

1. "大伙兒"

"大伙兒七嘴八舌，紛紛發表意見，討論非常熱烈。"

"大伙兒"是一個代詞，和"大家"意思相同，也可以説"大家伙兒"。多用於口語，表示總括衆人。細分有以下兩種情況：

(1) 指代説話人和聽話人在内的所有人。

　　下課以後，咱們大伙兒討論一下春遊的事情。

　　大伙兒的事，大伙兒出主意。

(2) 指代某人之外的一定範圍內的所有人。

　　我對大伙兒表示感謝。

　　請大伙兒安静一下。

　　她總是爲大伙兒著想，唯獨不考慮自己。

語言點練習參考答案

1. 用"大伙兒"改寫下列句子。

① 大家的事情應該由大家商量決定。

　改爲：大伙兒的事情應該由大伙兒決定。

② 交費的事兒我已經告訴每一個人了。

　改爲：交費的事兒我已經告訴大伙兒了。

③ 咱們每一個人都説説自己的想法吧。

　改爲：咱們大家伙兒都説説自己的想法吧。

④ 你去告訴每位同學，明天不上課了。
改爲：你去告訴大伙兒，明天不上課了。
⑤ 我代表學校感謝大家對學校工作的支持。
改爲：我代表學校感謝大伙兒對學校工作的支持。

2. 用含有"大伙兒"的句子完成下列情景中的對話。
① 上課鈴響了。
班長：<u>請大伙兒坐好，老師要上課了</u>。
老師：<u>同學們好</u>！
② 導遊帶着旅行團到了一個景點的門前。
導遊：<u>請大伙兒注意，現在是九點整，我們在這裏參觀一個小時，十點集合</u>。
遊客：<u>知道了</u>。
③ 傑克生病住院了，瑪麗建議去看看他。
瑪麗：<u>傑克生病了，咱們大伙兒去看看他吧</u>。
同學們：<u>好</u>。

2. 多項定語

> "火星就是我們未來舒適、美麗、快樂的新家園。"
> "怎麽改變現在火星上寒冷、乾燥的狀況。"

定語是用來修飾名詞的，有的時候需要用幾個詞或詞組來修飾、限制那個名詞，這種情況下的修飾語就叫多項定語。多項定語的情況比較複雜，我們在這裏只介紹兩種情況。

(1) 並列關係的多重定語。

幾個定語之間的關係是並列關係，各項之間不分主次，可以互換，它們之間一般用頓號分開，或用連接詞聯起來，共同修飾一個詞語。書上的兩個例句都是這種情況。再如：

他有一個健康、活潑、可愛的女兒。

新年時，我們要開一個熱熱鬧鬧、紅紅火火、快快樂樂的聯歡會。

但是，表示並列關係的定語在實際運用中並不是完全自由的，排列順序還要符合一定的邏輯關係，同時又要符合中國文化和漢語的習慣。

根據地位和重要性排列。例如：

到體育館參觀的有國際奧委會、中國奧組委和地區體育委員會的各級領導。

按照中國人表達習慣排列。例如：

父親、母親、妻子和兄弟姐妹的來信都讓我深受感動。

(2) 遞加關係的多項定語。

在同一句話的幾個定語中，既有描寫性定語，又有限制性定語。這兩類定語，通常不是同一類詞語，彼此不互相修飾，而是依次修飾後面的中心詞。這類定語叫做表示遞加關係的定語，它們有一定的排列順序。

限制性定語要放在描寫性定語的前面。

傑克是<u>我們班</u> <u>年齡最大</u>的同學。
　　　（限制）（描寫）

上海是<u>中國</u> <u>最重要的</u>工業城市。
　　　（限制）（描寫）

她是<u>我們學校</u> <u>最漂亮</u>的女孩兒。
　　　（限制）　（描寫）

如果有多個限制性定語，表示領屬關係的名詞或代詞放在前面，其次是處所詞或時間詞，然後是表示範圍、數量的定語。如：

這是<u>我爺爺的爺爺</u><u>幾十年前</u>留下來的<u>一套</u>房子。
　　（領屬性定語）　（時間詞）　　　（數量詞）

如果有多個描寫性定語，那麼順序依次是主謂短語、動詞或介詞短語、形容詞或其他描寫性詞語、不用"的"的形容詞和描寫性名詞。如：

<u>那個</u> <u>眼睛特別大的</u> <u>穿著紅裙子的</u> <u>漂亮</u>姑娘就是他的女朋友。
（限制）　（主謂短語）　（動詞短語）　（沒有"的"的形容詞）

語言點練習參考答案

1. 給下列句子填入一些定語。
   ① 她發現一個皮膚<u>白白</u>的、長著一頭金髮的小姑娘正用一雙驚奇的大眼睛看著自己。
   ② 我們旅行的時候應該穿寬鬆的、<u>舒服</u>的、<u>透氣</u>的休閒裝。
   ③ 今天我學了一首<u>輕快</u>、<u>悠揚</u>的曲子。
   ④ 美國是一個有<u>大量移民</u>的、<u>經濟發達</u>的美洲國家。

2. 依據情景提示完成對話。
   ① 在遺失物品認領處。
   小張：小姐，我的旅行包丟了，有人撿到嗎？
   工作人員：你的包是什麼樣子的？
   小張：<u>是黑色的</u>、<u>長方型的</u>、<u>中等大小</u>的包。
   工作人員：<u>我們這裏沒有黑色的包</u>。
   小張：<u>哦！謝謝</u>。
   ② 在服裝店。
   售貨員：小姐，您想買什麼式樣的衣服？
   瑪麗：我想買一件旗袍。
   售貨員：您看這件<u>紅顏色的</u>、<u>有梅花圖案的</u>旗袍怎麼樣？
   瑪麗：這件的顏色太鮮豔了。我想要一件<u>沒有圖案的</u>、<u>純藍色的</u>。
   售貨員：<u>您看這件怎麼樣</u>？
   瑪麗：<u>可以，我試試吧</u>。
   ③ 在學校的舞會上。
   小王：你喜歡的那個小伙子來了嗎？
   小白：讓我看看。來了，就是那邊的那個<u>個子高高的</u>、<u>穿著一套西服</u>、<u>紅頭髮</u>的男孩兒。
   小王：哪一個？是<u>穿藍色西服</u>、<u>打著花格領帶</u>、<u>拿著鮮花</u>的那一個嗎？
   小白：<u>對，就是他</u>。
   小王：真帥呀！

3. 不是……就是……

> "未來的人類，不是住在陸地上，就是住到海底。"

"不是……就是……"是一個表示選擇的複句句式，"不是"和"就是"後面表示可選擇的內容，具有排他性，就是除了這兩項以外，沒有其他的選擇。在使用時，要先提出一個特定的對象，然後說出可供選擇的範圍。如：

現在這時候，他不是在辦公室，就是在圖書館。

我們班的同學，不是美國人就是加拿大人。

我的書架上，不是小說就是卡通書。

語言點練習參考答案

1. 完成下列句子。
   ① 我們年級棒球隊水平特別高，在每年學校的比賽中，不是第一，就是<u>第二</u>。
   ② 我沒看清楚那個人到底是誰，可是我覺得不是<u>張老師</u>，就是<u>李老師</u>。
   ③ 他一天到晚總是忙，不是<u>寫文章</u>，就是看書。
   ④ 他今天沒有來上課，不是<u>生病了</u>，就是<u>有特別重要的事情</u>。

2. 依據情景提示完成對話。
   ① 討論報考大學的問題。
      大衛：愛林，你要報考哪所大學？
      愛林：我想不是<u>耶魯大學</u>，就是哈佛大學吧。你呢？
      大衛：<u>我可不敢報那麼好的學校。</u>
   ② 嫂子住進醫院，馬上要生小孩兒了。
      妹妹：你猜嫂子會生男孩兒還是女孩兒？
      姐姐：這有什麼好猜的，不是男孩兒，就是<u>女孩兒</u>。
      妹妹：還有一種可能，就是<u>一個男孩兒、一個女孩兒</u>。
   ③ 討論體育運動。
      小李：你每天下課後都做什麼運動？
      小劉：有時打球，有時也游游泳、跑跑步什麼的。你呢？
      小李：我一般不是<u>打籃球</u>，就是<u>踢足球</u>。

4. 概數

> "為了解決這個問題，同學們提出了三四種方案。"
> "小小的地球上已經居住著60多億人了。"

人們有時不能、不願意或者覺得沒必要說出具體的數目，往往會說一個大概的數目，這就是"概數"。概數的表達方法很多。

(1) 把相鄰的兩個數一起說。

這個孩子有七八歲吧。

我到上海玩兩三天就回來。

某鐵路建設局已經連續停工五六天了。

(2) 在數字前後加上表示概述的詞語。

明天有十來個同學去春遊。
我二十號左右回美國。
這個電影十八歲以上的人才可以看。
我們公司有近百輛汽車。
但近千隻藏羚羊仍只在工地附近徘徊。

語言點練習參考答案

用概數回答問題。
甲：星期天你一般幾點起床？
乙：<u>七八點吧</u>。
甲：你一個星期大概用多少時間學漢語？
乙：<u>三十來個小時吧</u>。
甲：你一個月大概花多少零用錢？
乙：<u>四五百元</u>。
甲：你住的城市大概有多少人？
乙：<u>近四十萬人</u>。
甲：你的家鄉夏天最高溫度和冬天最低溫度大概是多少？
乙：<u>夏天最高溫度有三十六七度，冬天最低溫度也就零下三四度</u>。

5. 每……都……

> "每次討論人口問題，人們都會深深感到，這是不能不特別關注的頭等大事。"
> "每停一天工，都意味著非常大的經濟損失。"（副課文例句）
> "幾乎每動一鏟土都有嚴格規定。"（副課文例句）

"每……都……"這個句式表示在特定的範圍內沒有任何例外，全部如此。"每"後可以是行為動詞或詞組，也可以是名詞或名詞性詞組。

我每畫一張畫，都要拿給老師看看。
她每說一句話都要點一下頭。
奶奶每天都去花園散步。
老師要求每個同學都要交兩張照片。

語言點練習參考答案

1. 用"每……都……"句式完成下列句子。
① 我每看一本書，<u>都要寫一篇讀書筆記</u>。
② 每到考試，<u>我都緊張得睡不著覺</u>。
③ 同學們每做一次實驗，都會學到<u>不少新東西</u>。
④ 我每坐一次飛機，<u>都要興奮好幾天</u>。

2. 依據情景提示完成對話。
   ① 討論搬家問題。
      小張：你怎麼又搬家了？好像特別愛搬家似的。
      小李：誰愛搬家呀？沒辦法呀。每搬一次家，我<u>都得忙一兩個星期</u>。
      小張：真可憐！
   ② 談住宅環境。
      顧客：你們這個住宅小區的環境怎麼樣？
      售房商：還可以。當時每建好一座樓<u>都要接著建一個花園</u>。
      顧客：真不錯。
   ③ 討論男朋友。
      姐姐：你男朋友這個人怎麼樣？
      妹妹：對我挺關心的，每<u>到星期天</u>，他<u>都來看我</u>。
      姐姐：是嗎？
      妹妹：是啊，而且我每次提要求，他<u>都滿足我</u>。

(三) 功能項目說明

本課的功能項目是"推論"和"相信"，下面是具體講解。

1. 推論

> "人類對海洋深處的了解越來越多，總有一天，人類可以在海底建造城市。"
> "人類的遠祖很可能生活在海洋裏。那麼，如果能充分發揮人類這種原始能力，我們也許會發現，在水裏生活和在陸地上一樣舒適。"

在論述個人觀點時，人們常常會作出一定的推論，但是推論不能憑空產生，因此，在進行推論時，首先要交代清楚依據，然後再做合理的、讓人信服的推論。在依據和推論之間要使用相應的表示推論的詞語進行連接，才能使推論表達得自然、妥當。上文例句中的"總有一天""那麼"，就是依據和推論之間起連接作用的詞語。

(1)當某種現象或情況非常明顯的時候，可以使用"看樣子""看起來"等詞語對現狀或發展前景進行推論。

烏雲滿天，看樣子今天會有一場暴雨。
你快看，他倆手拉著手，看起來他們又和好了。

(2)根據新發生的情況作出合理的推論，可以使用"這樣一來""那……"等詞語。

我的電腦加了密碼，這樣一來，別人就不能用了。
張老師最近退休了，那就可以好好休息了。

(3)根據一種說法或一種理論作出推論，可以使用"照……的說法""根據……，就……"等結構。

照老師的說法，我們都可以去中國學習了。
根據這種新理論，人類的能源問題就可以解決了。

(4)根據具體的事實作出結論性的推論，可以使用"由此可見""如此說來"等詞語。

他們說你會七國語言，由此可見，你是一個聰明絕頂的人。
如此說來，你是同意我的意見啦？

2. 相信

"但是，我們相信，火星各方面條件更好。"

我們在語言表達中常常會對某種事物、某種現象、某種預測或某種發展結果表明自己的態度。如果表示自己相信，就要說明自己認爲它是正確的，並對它深信不疑。我們經常會用下面的方式進行表達。

(1) 對事實本身表示相信，不容置疑時，可以說：

對，對，確實是那樣。

沒錯！亞洲很多國家在端午節時都吃粽子。

我想他是不會說謊的。

毫無疑問，某些動物具有感知危險的能力。

(2) 對一種預測或尚未出現的情況表示相信時，可以說：

我深信明天會比今天更美好。

我有把握，他的身體不會有問題的。

(3) 對尚未出現的情況表示相信，同時含有鼓勵的意思時，可以說：

我相信你一定可以學好漢語。

我想這沒有問題，一定會成功的。

我相信，不管出現什麼困難，我們都能戰勝它。

(四) 文化知識補充材料

根據正副課文的內容，我們補充了一些相關的文化背景知識，供老師們參考。由於篇幅的關係，其他更多的材料，我們放到網上，請老師們上網搜尋。

1. 人類可持續發展面臨的挑戰

關於人類可持續發展面臨的挑戰，聯合國約翰內斯堡地球峰會（2002年8月29日）提供的數據資料如下：

饑餓與貧困人口

目前全世界的饑餓人數是7.77億，有12億人每天生活費用不足1美元；發展中國家的長期營養不足人數約爲8億。

全球氣候惡化

自工業化革命的200多年以來，二氧化碳等溫室氣體排放持續增加，導致全球氣候變暖，自然災害頻繁發生。自1900年以來，全球平均地表溫度大約上升了0.6攝氏度，海平面每10年上升約1厘米。過去40年裏，北冰洋的冰層厚度下降了40%，全球主要冰川在加速消融。北美人均礦物燃料消費和二氧化碳排放量是發展中國家的10倍。世界範圍內旱災、水災和其他氣候災難的發生頻率也大大增加，厄爾尼諾現象頻繁出現。

能源問題

能源利用是經濟發展的標誌，但在全球範圍內，能源的利用極不均衡。據統計，目前占世界1/3、約20億人口缺少電燈等最普通的現代能源設施。能源的消耗也是污染空氣和危害人體與環境的主要原因之一。世界能源消耗量自1992年每年以2%的速度遞增，而全球二氧化碳等溫室氣體排放量每年增加2.1%。

淡水資源與衛生

據有關方面報導，全球人口的18%、約11億人缺少衛生的飲用水；24億多人缺少基本的衛生用水設施；發展中國家每年有220萬人死於缺水或飲用水不衛生引起的疾病，其中大多數是兒童。預計到2025年，世界將近一半的人口將生活在缺水的地區。

生態破壞

20世紀，全球近25%的陸地面臨荒漠化，70%的陸地接近貧瘠化；9400萬公頃森林被毀；超過1/4的魚類被過度捕撈；近1/4的珊瑚礁被毀；近25%的哺乳動物和12%的鳥類瀕臨滅絕，瀕臨滅絕的物種達到1.1萬種。

世界人口急劇增長

世界人口數量已經從1950年的25億、1980年的44億猛增到2000年的60多億。預計到2025年，全球人口將增加至80億，到2050年，全球人口將達到93億。有專家估計，未來人口將穩定在105億至110億左右。而幾乎所有的人口增長均來自於發展中國家。

農業生產與糧食安全

目前世界只有11%的陸地可用來種植糧食，東亞、南亞和歐洲的可耕地潛力已經基本發揮到極限，而在西亞和北非，增加糧食產量卻受到缺水的限制，目前只有拉丁美洲和非洲的撒哈拉以南地區可以擴大耕地面積和增加糧食產量。農業用水約佔全球淡水資源的70%，水資源因人類不合理利用而萎縮。水資源危機、人口增加、全球氣候變化所帶來的頻繁的自然災害，如乾旱和洪水等，導致糧食增產的潛力越來越受到限制。如果這些狀況不加以改變，最終有可能導致糧食危機。

2. 中國資源概況

中國"地大物博"，自然資源很豐富，但資源的分佈很不平衡，人均資源佔有量也比較低。

土地資源

中國陸地面積960萬平方公里，佔全世界陸地總面積的6.4%，居世界第三位。中國土地資源具有兩個地理特點：一是山地（包括丘陵、山地和高原）所佔的面積超過平地（包括平原和高平原）面積；二是草原多、耕地少，林地比例小，難利用的土地（包括沙漠、戈壁、高寒荒漠、石山、冰川和永久積雪）比例大。目前，中國的草原面積約佔全國土地總面積的37.4%，耕地佔10.4%，林地約佔12.7%，而難以利用的土地則約佔20.5%。另外，中國土地人均佔有率不足1公頃，低於世界的平均水平。

能源與礦產

中國常規能源的品種齊全，是世界主要能源國家之一。能源結構以煤為主（佔75.2%），其次是水力（22.4%）、油氣（2.4%）等。中國能源分布的地區差異比較明顯，煤炭資源有近80%分布於中國北方；石油、天然氣資源集中在東北、華北（包括山東）和西北；水能資源主要分布在西部和中南部。中國礦產種類較多、分布較廣、儲量也很大，大部分礦產資源能夠自給自足。其中有色金屬優勢明顯，鎢、銻、錫、汞、鉬、鋅、銅、鉍、釩、鈦、稀土、鋰等均居世界前列。如何有效地開發利用這些資源與礦產，仍是一個需要嚴肅對待的問題。

森林資源

中國森林面積已經由1949年的8280萬公頃擴大到1.75億公頃，森林覆蓋率由8.6%提高到18.21%，其中人工林保存面積達到5326萬公頃，居世界第一位。在廣袤的森林中，有多種材質優良、經濟價值較高的樹種。但總的來講，與世界其他國家相比，中國森林資源並不富足，不僅人均佔有量低於世界平均水平，而且分布也不均衡，濫砍濫伐的現象仍然存在。因此，保護、擴大森林資源是擺在中國人民面前的一個重要任務。

3. 青藏高原和珠穆朗瑪峰

青藏高原是世界上最高的高原，它平均海拔高度在4000米以上，有"世界屋脊"之稱。青藏高原包括中國西藏自治區的全部，青海省、新疆維吾爾自治區、甘肅省、四川省、雲南省的部分地區，以及不丹、尼泊爾、印度、巴基斯坦、阿富汗、塔吉克斯坦、吉爾吉斯斯坦等國的部分或全部，總面積250萬平方公里。

青藏高原氣候比較乾燥，空氣稀薄，太陽輻射比較強，降雨比較少。

青藏高原上居住著藏族、漢族、蒙古族、回族等多個民族。其中藏族、蒙古族以放牧為主，信奉藏傳佛教。青藏高原上有許多藏傳佛教的著名寺廟，如大昭寺、塔爾寺、哲蚌寺、扎什倫布寺等。

青藏高原上有很多冰川、高山湖泊和高山沼澤。長江、黃河、瀾滄江等許多河流的源頭也都在這裏。青藏高原的週圍還有許多山脈，其中南部的喜馬拉雅山脈的主峰珠穆朗瑪峰是世界上最高的山峰。

珠穆朗瑪峰，藏語意為"聖母"。根據2005年測量獲得的最新數據，珠穆朗瑪峰峰頂岩石面海拔高程8844.43米，為世界第一高峰。珠穆朗瑪峰峰頂終年積雪，珠峰腳下產生了許多規模巨大的現代冰川，冰斗、角峰、刀脊等冰川地貌分布廣泛，雪線以下冰塔林立，還有幽深的冰洞、曲折的冰河，景色奇特壯觀。

4. 青藏鐵路

美國現代火車旅行家保羅·泰魯曾在《遊歷中國》一書中寫道："有崑崙山脈在，鐵路就永遠到不了拉薩。"

然而，經過四年的建設，在攻克許多罕見的難題之後，青藏鐵路於2006年7月1日投入試運營，終於結束了西藏地區無鐵路的歷史。

青藏鐵路由青海省西寧市至西藏自治區拉薩市，全長1956公里。是目前世界上海拔最高、線路最長的高原鐵路。

青藏鐵路創造了很多個世界之最

世界上最高的高原凍土隧道——風火山隧道。青藏鐵路的風火山隧道位於海拔5010米的風火山上，全長1338米，全部位於永久性高原凍土層內。

世界上最長的高原凍土隧道——崑崙山隧道。這條隧道全長1686米，海拔4648米。

世界上海拔最高的火車站——唐古拉車站。唐古拉車站位於海拔5068米的唐古拉山埡口多年凍土區。

世界上最長的高原凍土鐵路橋——清水河特大橋。清水河特大橋位於海拔4500多米的可可西里無人區，全長11.7公里，是青藏鐵路線上最長的"以橋代路"特大橋。可可西里高寒缺氧，植被稀少，生態脆弱。為了解決高原凍土區施工難題和保護自然環境，專家們採取了"以橋代路"的措施。各橋墩間的1300多個橋孔可供藏羚羊等野生動物自由遷徙。

Lesson 12 *Where Will We Live Tomorrow?*
第十二課 明天我們住在哪兒？

青藏鐵路是中國環保投入最多的鐵路建設項目

　　青藏鐵路環保投入達20多億元，佔工程總投資的8%，是目前中國政府環保投入最多的鐵路建設項目。爲了保護環境，設計者們採取了一系列的措施：

　　爲解決"生態脆弱"這一難題，設計時就注意儘量減少對生態的影響。在自然保護區內，鐵路線路遵循"能繞避就繞避"的原則進行規劃。便道、施工場地、砂石料場都經過反復踏勘，儘量避免破壞植被。對植物難以生長的地段，施工時採用逐段移植；對自然條件稍好的地段，則進行人工培植草皮。

　　爲了保護濕地，在古露濕地建火車站時，投資110多萬元，成功移植並建設了8萬多平方米人造濕地。目前，古露濕地草皮移植成活率達98%以上，已與高原自然濕地融爲一體。

　　爲了保護野生動物，首次爲野生動物開闢遷徙通道。位於可可西里國家級自然保護區的清水河特大橋，就是青藏鐵路專門爲藏羚羊等野生動物遷徙而建設的。

　　爲了保護高原環境，列車的廁所採用真空集便裝置，廢物廢水都有專門的回收設備。車到終點後由污物車運走處理。並且採用列車專用垃圾壓縮機處理車上的其他廢棄物，同時開通了垃圾收集專列，將沿途產生的生活垃圾集中運到拉薩或格爾木進行處理。

　　青藏鐵路的建成，對西藏地區的經濟發展、特別是西藏人民的生活有極多的好處，正像一首歌中唱的那樣："那是一條神奇的天路……從此山不再高路不再漫長……"

教師手冊

Unit 6 *Man and Nature*
第六單元 人類與自然

第十二課《同步訓練》參考答案及相關提示

> **Section One**

I. Multiple Choice (Listen to the dialogs)

答案：

1. D   2. B   3. A   4. D   5. D   6. B
7. A   8. C

聽力錄音文本：

1. (Woman) "五一"打算去哪兒玩呀？
   (Man) (A) 我剛去了一次雲南。
   　　　(B) 我又去了一次雲南。
   　　　(C) 我還去了一次雲南。
   　　　(D) 我想再去一次雲南。

2. (Woman) 你對青海的印象怎麼樣？
   (Man) (A) 剛剛還見過的，一下子想不起來了。
   　　　(B) 小時候去過，都記不起來了。
   　　　(C) 我在青海參加過一次長跑比賽。
   　　　(D) 我猜他下次還想去青海玩。

3. (Woman) 週六學校舉辦的保護野生動物活動你會參加嗎？
   (Man) (A) 那天正好是一個朋友的生日晚會。
   　　　(B) 我的朋友不會參加這樣的活動。
   　　　(C) 野生動物看起來沒有那麼可怕。
   　　　(D) 學校舉辦了保護野生動物的活動。

4. (Woman) 請問您想買什麼書，我可以幫您找。
   (Man) (A) 我記得我姐姐昨天送給我一本書。
   　　　(B) 我的書不小心弄丢了。
   　　　(C) 不好意思，您要找的書已經賣完了。
   　　　(D) 我只想隨便看看來了什麼新書。

5. (Woman) 你們那個小區養狗的多嗎？
   (Man) 倒是没看見，但經常能聽到狗叫。
   (Woman) (A) 你隨便選隻狗吧！
   　　　　(B) 這些狗很常見。
   　　　　(C) 小區非常安靜。
   　　　　(D) 那些狗大概都在家裏呆著吧！

6. (Woman) 學習一門語言最重要的就是要多聽。
   (Man) 恐怕是多說吧。
   (Woman) (A) 重要的絕不是聽。
   　　　　(B) 也許吧。
   　　　　(C) 一定是多說。
   　　　　(D) 我不看新聞。

7. (Woman) 來，快進來坐，我已經等你們很長時間了。
   (Man) 不好意思，打擾您了。
   (Woman) (A) 別客氣，隨便坐。
   (B) 別客氣，下次再來玩！
   (C) 給您添麻煩了，我們坐坐就走。
   (D) 別忙了，我們自己會照顧自己的。

8. (Woman) 王鵬，我們的座談會什麼時候舉行？
   (Man) 下個星期二。你可以參加嗎？
   (Woman) (A) 你一定要參加。
   (B) 你們的座談會真有意思。
   (C) 喲，我正好有其他的事。
   (D) 不好意思，我遲到了。

II. Multiple Choice (Listen to the selections)
   答案：
   1. B   2. A   3. C   4. C   5. D   6. B
   7. D   8. C   9. D   10. B   11. D   12. B
   13. C   14. B   15. A

聽力錄音文本：

Selection 1

(Narrator) Now you will listen twice to the following selection.
(Girl) 爸爸，咱們家也養隻小動物吧。養隻小狗好不好？
(Man) 養小動物是挺好玩的，可我覺得有點兒麻煩。前兩天我還聽一個朋友說他家養了一隻小狗，總是叫，弄得鄰居們很有意見。
(Girl) 那我們養貓吧，貓不會弄出那麼大動靜。
(Man) 我倒沒什麼意見，不過最好先問問媽媽。
(Girl) 可是媽媽這兩個星期都不在呀！
(Man) 那以後再說吧！
(Narrator) Now listen again.
(Narrator) Now answer the questions for this selection.

Selection 2

(Narrator) Now you will listen twice to the following selection.
(Woman) 梅花、牡丹、菊花、蘭花都是中國的傳統名花，很多古代詩詞都描寫過這些花。究竟哪一種更適合作爲中國的國花？現在還沒有明確的說法。不過關注牡丹的人最多。牡丹花朵大，香味濃，顏色鮮豔，有"花中之王"的美稱；牡丹花華麗高貴，象徵著吉祥富貴，又被稱爲"富貴花"。只是這種花很不容易栽種，它既怕冷又怕熱，一般在不冷不熱的春末夏初開放，而且在栽種七八年以後才能開花，開花的時間往往只有三五天。牡丹如此珍貴美麗，難怪大多數人認爲它最適合做中國的國花。
(Narrator) Now listen again.
(Narrator) Now answer the questions for this selection.

Unit 6 Man and Nature
第六單元 人類與自然

Selection 3
(Narrator) Now you will listen twice to a conversation between two students.
(Man) 晚上一起去看電影？
(Woman) 算了吧，我想在家上網，懶得動了。
(Man) 聽說今晚的電影很好看，講的是22世紀的人發明了一種先進的技術，通過這種技術，人們回到了18世紀。
(Woman) 你都告訴我電影的内容了，去看還有什麼意思呀？
(Man) 那我一個人去看，我走了。
(Woman) 哎，等等，我一個人呆著多沒意思呀，和你一塊兒去吧！
(Narrator) Now listen again.
(Narrator) Now answer the questions for this selection.

Selection 4
(Narrator) Now you will listen twice to a voice message.
(Woman) 我今天去動物園，發現了正在開花的竹子，這可真是難得一見的景象呀。聽我們老師說，大部分的竹子都會開花，但大約要隔60至80年左右才開一次花，所以能見到竹子開花，我覺得很幸運。竹子開花以後就死了。從開花到長成新的竹林，大概得需要10到30年的時間。竹子開花對於熊貓來說就不是好事了。有人認爲，在竹子開花期間，如果找不到新的竹林，熊貓的食物來源就成了大問題。
(Narrator) Now listen again.
(Narrator) Now answer the questions for this selection.

Selection 5
(Narrator) Now you will listen twice to a conversation between two students.
(Woman) 這個週末咱們去哪兒？去爬山吧？
(Man) 春夏秋冬，我覺得數秋天山上的景色最漂亮，現在去，看什麼呢？而且什麼活動也沒有。
(Woman) 夏天去也有夏天的風景啊！等到秋天，我們恐怕就不在中國了。
(Man) 我們可以去市中心的中山公園啊！聽說現在那兒挺漂亮的。
(Woman) 你説去哪兒就去哪兒吧！
(Narrator) Now listen again.
(Narrator) Now answer the questions for this selection.

III. Multiple Choice (Reading)
答案：

1. B	2. D	3. C	4. D	5. A	6. D
7. D	8. A	9. B	10. B	11. D	12. A
13. C	14. B	15. A	16. C	17. B	18. A
19. A	20. D	21. C	22. B	23. A	24. B
25. D					

Section Two

I. Free Response (Writing)

1. Story Narration

The four pictures present a story. Imagine you are writing the story to a friend. Narrate a complete story as suggested by the pictures. Give your story a beginning, a middle, and an end.

寫作提示：

　　這則看圖寫作考察的是對動物神態及其變化狀態的觀察與完整敘述，注意要描寫出小貓的不同狀態特徵。

(1) 路遇流浪貓：

　　那是一個下雨天……我發現路邊有一只小貓，牠……

(2) 抱貓回家：

　　我趕緊把小貓抱起來……這時的小貓就像……渾身……虛弱極了。

(3) 和媽媽一起照料小貓：

　　回到家，媽媽和我一起……小貓慢慢能夠站起來了……吃的東西也一點點多起來，毛髮逐漸變得……

(4) 小貓恢複了健康：

　　一個月以後，小貓已經……毛色……吃得歡、玩兒得歡，精神……

2. Personal Letter

Imagine you received a letter from a pen pal in Beijing. The letter talks about the different living conditions in various Chinese cities, towns, and villages. Write a reply in letter format. Tell your pen pal what you think about the living conditions in different cities in the east and west coasts of the United States.

回信建議：

(1) 問候語。

(2) 重複對方信件的主要信息。比如：

　　你在信中問我對美國東西部不同城市居住環境問題的看法……

(3) 回複的主要內容。

① 首先簡要介紹一下你所知道的基本信息。可以先總說再分說。如：

美國東西部地區城市特點不一樣，城市的文化和生活氛圍也非常不同，因此從人們居住的生活環境來看，不同城市也有不同特點。一般來說，東部城市⋯⋯而西部城市則⋯⋯

② 再說明不同地域的居住環境，可以舉例，也可以簡要說明，還可以介紹原因。比如：

在我的印象中，美國東部地區多⋯⋯比如⋯⋯

西部地區之所以⋯⋯大家認爲有這幾個原因⋯⋯

③ 還可以另起一段專門說說自己對這些特點的看法或評價，比如：

我覺得，西部地區⋯⋯大家個人的生活空間⋯⋯而東部地區⋯⋯我自己認爲⋯⋯

總的說來，我感覺⋯⋯讓我感受最深的就是⋯⋯

(4) 還可以補充一些內容。比如，上述特點近些年來可能有變化，或者其他人可能有不同觀點等。

不過，這些年來，由於⋯⋯美國東西部城市之間也開始⋯⋯而且也有人認爲⋯⋯這一看法也有不少人表示贊同。

(5) 祝福語、署名和寫信日期。

3. **E-Mail Response**

Read this e-mail from a friend and then type a response.

發件人：張濤

主　題：請介紹一下美國房車的情況

最近看了一部美國片，對其中那部與主人公形影不離的房車印象很深。現在，我們國家也開始出現了房車租賃業務，但只在大城市才有。在美國，有多少人、多少家庭會經常使用房車？他們一般都是從事什麼工作的？房車的價錢很昂貴嗎？房車在不同城市間行駛，有什麼限制或管理政策嗎？請你給我介紹一下有關的情況吧。謝謝！

回信建議：

(1) 首先，回應提問，如：

你在郵件中問到房車問題，對此，我⋯⋯給你介紹一些簡要情況，希望能對你有所幫助。

(2) 對朋友的問題逐一回答。如：

首先，美國人、美國家庭使用房車⋯⋯一般來說⋯⋯

其次，房車的價錢⋯⋯不同牌子的房車⋯⋯總的看來⋯⋯

另外，對於房車使用的限制等問題，我的印象是⋯⋯而且我也專門瞭解了一下，發現⋯⋯

(3) 還可以補充一些朋友來信中沒有提及，但你覺得對他可能會很有幫助的信息。比如：

此外，我覺得應該特別向你說明的是⋯⋯

我還瞭解到⋯⋯

(4) 結束部分。如：

你的問題也促使我瞭解了有關信息，我也覺得房車⋯⋯

4. **Relay a Telephone Message**

Your brother's friend has made a call to him. You will listen twice to the voice message. Then relay the message, including the important details, by typing an e-mail to your brother.

(Woman) 維恩，我是丹尼，我剛聽威克說你通過了去中國的中文短訓班的選拔考試，祝賀你啊！聽說這個培訓班的活動安排得很有意思，不但可以遊覽長城、兵馬俑等著名的景點，還可以去一趟神秘的西藏呢！你一定要多拍些照片回來啊！對了，別忘了給我發郵件，講講你在旅途中的見聞和感想。你知道了具體出發日期後給我打個電話吧，我們去機場送送你。

轉述建議：
(1) 首先，要注意人稱的轉換。
(2) 其次，需要清楚地轉述來電人打電話的主要意圖。如他打電話主要是想對哥哥表示祝賀，也提醒哥哥要多拍照片，多發郵件，出發日期確定後要記得通知自己等。
(3) 另外，由於留言中提到了一些短訓班的具體安排，因此，轉述時有必要保留少量細節信息。如：

　　丹尼聽說這次短訓班的活動安排很有意思，可以……

II. Free Response (Speaking)

1. Conversation

Imagine you are shopping in a departmental store in China. A salesgirl in the clothing department starts a conversation with you.

(1) 您好，想看看什麼？

回答建議：
這是中國店員招攬顧客時常用的一句開頭語。如果你需要幫助，可以直接講明意圖。如：

　　我想買……
　　我需要……
　　你這裏有……嗎？

如果還沒有明確意向，可以婉轉地說說打算，如：

　　我想給……買一件……這件……要……的、……的（這裏可使用多項定語）……
　　我還沒想好，我想買一件……精緻一些的，價錢在……左右的（這裏可用概數表示法）……你看我買什麼最好？

(2) 問題二：您喜歡什麼顏色和款式的？

回答建議：
對於這個問題最好採取直接回答的方式，但可以多給出幾種意向，以便店員幫你選擇。爲了使回答顯得更充分，也可以簡要補充一下原因。

　　我喜歡……的，因爲……

如果沒有明確意向，也可以反問，如：

　　我沒有特別的傾向，您覺得……比較合適呢？
　　這幾款都還不錯，我不太有把握，我可以試一試嗎？

(3) 問題三：這裏還有其他顏色和款式的，您喜歡嗎？

回答建議：
這是商場中常見的推銷方式，你可以表示關注，考慮一下店員的建議。如：

　　是呀，那件……看起來好像也不錯，我可以……

但是，如果你已經有了選擇，也可以表示一種委婉的拒絕。如：

　　哦，謝謝你的建議，不過我想……

(4) 問題四：我覺得這款真的非常適合您！

Unit 6 *Man and Nature*
第六單元 人類與自然

回答建議：
這是一個表示讚賞的客套話，你可以先對這種讚賞表示感謝，然後再和她交流看法，同意或不同意對方的看法都是可以的。如：

謝謝！我也覺得不錯。

是嗎？真是這樣嗎？那太好了，我自己……

謝謝！但是我覺得有點兒……你看呢？

(5) 問題五：您還需要買點別的東西嗎？

回答建議：
這是在詢問你的進一步意圖，對於這個問題你可以像對待問題三那樣，或者回應，或者簡單表示感謝即可。比如：

我還想買……請問我應該到哪層或哪個櫃臺去呢？

謝謝！暫時沒有什麼想買的了。我再隨便看看。

(6) 問題六：您的東西我已經給您包好了，您看一下。您可以再去別的櫃臺轉轉，慢走！

回答建議：
這是一個非常典型的結束語，一般情況下，你表示感謝即可，如：

好的，謝謝你。

但是，爲了使對話顯得充分，也可以提一些比較合理的要求或進行相關的詢問。如：

我想請你再幫我……可以嗎？

我還想選一個……你們商店……？我應該……？

2. Cultural Presentation

Choose ONE rare animal in China. In your presentation, talk about your knowledge of the rare animal, including its basic characteristics, present living conditions, etc.

回答建議：
可以根據你自己的興趣以及所瞭解的情況，從生活習性、顯著特徵、生長繁殖週期以及目前的存活狀態等角度介紹一種動物。在介紹的同時，如果能把牠和其他動物進行比較，或者把牠今天的生存狀況和過去的狀況進行比較，將使你的表述更有深度。

3. Event Plan

You and your partner are planning to organize an activity publicizing the need for environmental protection. In your presentation, tell your partner what you plan to do for this activity. Explain clearly the focus you wish to have, the main content you wish to publicize, the format of the event, etc. Also explain your tentative plan for the preparatory work required.

回答建議：
根據題目中的要求和提示，你可以先從活動的宣傳主題入手，先點明主題內容，再說明選擇這一主題的主要原因。

然後，具體說明你打算圍繞這一主題主要宣傳哪些內容。因爲這些內容將直接影響這次宣傳活動的效果，你要著重說明這些內容對突出你的主題有怎樣的意義。

接下來，要介紹自己根據內容所選擇的合適的活動形式，如出海報、搞義賣、組織演出宣傳等等，如果活動形式選擇不恰當，將很難說服大家同意你的活動。

最後，爲了說明你的宣傳活動既能保證效果，又能有切實的可行性，就一定還要說明進行這些活動需要哪些準備。一定要把所需的準備工作簡明扼要地總結歸納出來，否則，準備工作如果頭緒多、工作繁雜，也將在很大程度上影響到整個活動計劃的最終實現。

UNIT 7 People and Society
民族與社會

單元教學目標

一、溝通

1. 掌握和民族與社會這一話題相關的重點詞語及語言點，並學會將這些語言知識運用於日常交際之中。理解一般性詞語。
2. 學會表示"不相信"和感到"意外"的方法，并將這些表達方式運用到與他人的交流之中。
3. 學會運用已學的詞語、句型及表達方法對不同的習俗和社會現象進行說明。

二、比較

結合自己國家的情況，理解並詮釋不同民族在風俗習慣方面的特點；比較它們在現代社會生活方面所表現出的種種差異。

三、文化

了解中國作爲一個多民族國家的悠久歷史以及現代生活狀況，並體會由此反映出的中國人的文化理念和世界觀。

四、貫連

與地理課、歷史課、社會課相貫連，了解民族地域分布，從社會學、文化學的角度理解中國的民族特色和社會心理。

五、實踐活動

運用所學到的與民族、社會相關的漢語和文化知識進行實際交流和表達。

單元導入活動說明

本單元介紹了中國作爲一個多民族國家的特點以及近年來中國社會的變化。民族與社會通常是學生們比較感興趣的話題，在學習這個單元之前，可以引導學生通過與社會課、歷史課的貫聯，從他們感興趣的某個具體的話題入手進入單元的學習。如：

1. 美國是一個多民族國家，在各民族共同生活與發展的過程中，你感受最深的是什麼？那麼，中國作爲一個多民族國家，情況又是怎樣的呢？
2. 中國近些年來的發展變化引起了世界各國的關注，請同學們根據自己的記憶或印象繪製一幅由一些典型"鏡頭"組成的"中國社會發展變化歷程圖"。通過討論，看看大家都有哪些不同意見。

Unit 7 *People and Society*
第七單元 民族與社會

第十三課 The Hospitable Southwest
遠方的客人請你留下來

一、本課教學重點
（一）讓學生理解並運用所學的詞語討論與中國的民族、社會相關的內容，同時能夠與自己國家的情況相比較。
（二）讓學生運用本課所學的表達式表示"不相信"和感到"意外"。

二、本課的難點
（一）詞語：注意本課的離合詞以及"操心－擔心"這組同義詞的辨析。
（二）語言點及語文知識：
　　1. 了解離合詞的特殊性，學會使用離合詞。注意不要把離合詞的範圍擴大化。
　　2. 信封的書寫格式。注意不同國家、不同語種間信封書寫格式的差異。
　　3. "V＋在＋處所名詞""V＋得＋其他成分"是兩個動詞帶補語的句式，注意這兩種句式的使用環境和使用方法。

三、有用的教學資源
（一）有關中國56個民族服飾圖案的畫片、郵票等資料。
（二）中國少數民族文化產品，如壯族的繡球、藏族的哈達、蒙古族的馬頭琴、傣族的葫蘆絲等。

四、教學安排導引
針對不同學習內容，各教學模塊及其教學設計和參考課時索引見下表。

教學模塊		交際模式	可選用的教學活動設計		課時建議
新課學習	課文閱讀與理解	理解詮釋 人際互動	教學設計1 教學設計2 教學設計3	教學設計分爲必選和可選兩種，可選的活動以"可選"標明，其實施順序請老師根據本班學生實際情況自定。	5－7課時
	詞語講解與練習	理解詮釋 表達演示	教學設計4 (可選) 教學設計5		
	語言點講解與練習	人際互動 表達演示	教學設計6 教學設計7 (可選)		
交際活動		人際互動 表達演示	教學設計8 教學設計9 (可選)		1課時
寫作訓練		表達演示	教學設計10 教學設計11 (可選)		1課時
綜合考試訓練		綜合	教學設計12		1－2課時

注：寫作訓練活動可根據本班實際情況選做；綜合測試題應根據本班實際情況在課堂上選做或讓學生課外完成。

五、具體教學活動設計的建議

教學模塊 1 — 新課學習

(一) 課文閱讀與理解

🗣 **教學設計1**

內容：主課文導入。

目的：從相關話題引入，引起學生了解和探究中國各民族情況的興趣，並爲理解課文中的文化背景做鋪墊。

步驟：

第一步： 在進入本課學習之前，向學生提出幾個思考題，請學生分組討論。
  ① 你知道什麼是民族嗎？美國有哪些民族？
  ② 你認爲一個多民族的國家要實現民族間和諧共處，最重要的是什麼？
  ③ 你知道中國有多少個民族嗎？請說說你所知道的情況。

第二步： 小組討論過程中，教師進行組間巡視，參與討論過程。本課所提出的這幾個導入性問題，目的在於引起學生學習的興趣，而不在於問題答案正確與否，所以，教師可以採取開放式討論的管理方式。

第三步： 各小組選派代表，把小組討論中提到的關於中國少數民族的知識與全班分享，教師可做一些提示，拓展學生們的思路。

第四步： 老師向全班同學展示幾件少數民族的文化產品或圖片，讓學生們猜一猜這些都是什麼，用途是什麼，又有哪些含義。同學們對教師所提供的樣品或資料進行"猜測"後，教師做出簡單介紹或小結。重點要說明這些文化產品所蘊涵的文化含義，以此激發學生學習的興趣和進一步探究的慾望。

預期效果：通過討論、猜測等活動，逐步激發學生的學習興趣，而且通過類比的方式，引導學生思考在多民族共同生活中出現的社會與文化問題，爲下一步更深入的社會話題討論做好準備。

🗣 **教學設計2**

內容：課文的聽與讀。

目的：

1. 讓學生理解課文內容，掌握本課新詞語在課文中的含義，並理解本課語言點的基本用法。
2. 了解中國不同民族的待客習俗，進行文化比較。

步驟：

第一步： 聽課文大意。教師讓學生看著課本，聽錄音了解課文大意，同時把下列問題寫在黑板上，請學生聽後回答。
  ① 李凡和傑克是什麼關係？
  ② 這封信是從哪裏發出的？
  ③ 傑克的信主要想講述什麼？
  ④ 哪些事情給傑克留下了深刻印象？

第二步： 分段學習課文。

Unit 7 *People and Society*
第七單元 民族與社會

・總體教學建議
① 老師把閱讀問題寫在黑板上；
② 讓學生帶著問題分段閱讀；
③ 隨文講解課文的生詞和學生不懂的語言現象；
④ 分段討論老師提出的問題，分小組進行討論，鼓勵學生提問題。

・具體教學建議

本課通過書信形式介紹中國少數民族的待客習俗，主要介紹了三個民族的習俗。建議教師在指導閱讀時將課文處理爲四個部分：首先是信件開頭部分（第1-2自然段）；然後是介紹雲南白族"以茶待客"的習俗（第3-5自然段）；再後面是介紹藏族向客人獻哈達的習俗（第6-9自然段）；最後是介紹傣族的待客習俗（第10-12自然段）。

各部分具體問題

第一部分：第1-2自然段
① 傑克實現了一個什麼願望？
② 你有過類似的願望嗎？請把你的願望告訴大家。

第二部分：第3-5自然段
① 旅遊時參加旅遊團，有什麼好處？
② 爲什麼説"大理的風光全寫在白族姑娘的頭飾上"？
③ 白族人待客的茶水和一般的茶水有哪些不同？
④ 你怎樣理解三道茶的每一道茶水名稱的含義？

第三部分：第6-9自然段
① 你知道哈達是什麼樣子的嗎？按照藏族習慣，應該怎樣使用哈達？
② 哈達在藏族的文化中有怎樣的含義？

第四部分：第10-12自然段
① 在傣族人家做客時，傑克有哪些擔心？爲什麼會有這樣的擔心？
② 傣族人家以怎樣的方式向客人表達祝福？
③ 傑克最近還有哪些打算？

第三步： 教師請學生再仔細讀一遍課文，然後指出自己不能理解的地方，最後就學生提出的問題，進行解答。

組織要點：
1. 中國少數民族的待客禮儀中所體現出的文化含義，將是學生閱讀和理解本篇課文的難點，請教師結合重點詞語的講解，和學生一起在掌握全文主旨的前提下，逐段理解課文內容。
2. 對整篇課文的學習，可以先理解課文大意，再分段閱讀、理解、討論，最後進行擴展討論。這一教學設計需要用幾個課時完成。

教學設計3

內容： 引號的學習。

目的： 讓學生學習和理解關於引號的用法。

步驟：

第一步： 請學生仔細閱讀課文，找出課文中所有帶引號的地方，並抄寫下來。

第二步： 對這些引號的用法進行小組討論，試着把它們分成幾類。

> 引號的基本作用是表示直接引用，除此之外還有其他一些用法，比如，用來表示特定的稱謂、特殊的含義；用來表示強調、諷刺或否定某一事物。
>
> 使用引號時在格式上也有一些規定，比如，引號中再用引號，那麼外面的引號用雙引號（""），裏面的引號用單引號（' '）；如果引用的話是完整的，後引號打在原話末尾的標點之後；引用的話不完整，後引號打在原話末尾，後面再根據上下文打標點。
>
> 本課出現了兩種使用引號的情況：
>
> (1) 在文中直接引用別人的原話或原文，必須加引號，如：
>
> "哈達為什麼是白色的呢？"我問朋友。
>
> "藏族人認為白色象徵純潔、吉祥，所以哈達一般是白色的。"
>
> (2) 表示特殊含義的詞語，比如為了表示強調、懷疑、否定、諷刺、反語、雙關等，可以甚至必須加引號，如：
>
> 在"彩雲之南"，少數民族獨特的待客方式給我留下了深刻的印象。
>
> 這就是白族招待客人的"三道茶"，每一道都經過了認真的加工。第一道茶是"清苦之茶"，比喻人生應當吃苦耐勞才能有所作為；第二道茶叫做"甜茶"，象徵著生活先苦後甜；最後一道茶是"回味"茶，讓人回味無窮。
>
> 我真有點擔心，不知道傣族人會不會歡迎我這個"不懂禮貌"的人。

第三步： 全班討論，看哪個小組的分類最為合理。然後，仿照課文中的用法，試著再說出一個需要使用引號的句子，大家一起判斷一下，這個句子是否合適、恰當。

預期效果： 引號是中文書寫中一個比較特殊的符號，它既可能是學生的難點，也可能是學生的興趣點。教師在教學中，可以結合課文中的實例，讓學生在上下文中理解其使用方法，從而有效地增強學習的效果，甚至可能引發學生對其他標點符號用法的興趣。

(二) 詞語講解與練習

教學設計4

內容： 講解、學習詞語。

目的： 讓學生在課文的語境中理解詞語意義及用法。

步驟：

第一步： 領讀詞語及用詞語搭配的詞組或句子，同時進行講解，特別注意要求掌握的詞語。

第二步： 將掌握詞中的動詞提出，進行特別的詞語搭配訓練，這些詞包括：操心、比喻、告別、提醒、拴、邀請。

策略提示： 請提醒學生將重點放在有下劃線標註的掌握詞上。

Unit 7 *People and Society*
第七單元 民族與社會

🗣 教學設計5
內容：遣詞造句，連句成段。

目的：通過對本課掌握詞的實際運用，鞏固對這些詞語的理解與學習。

步驟：請參考學生用書中本課的詞語練習（VOCABULARY IN CONTEXT）。詞語的詳細講解請教師參考後文"六（一）"中的相關內容。

組織要點：本練習是將理解詞語、連詞成句、連句成段三種方式融合在一起的練習，整體難度相對較大。因此，教師可以教給學生一些策略，如，先理解整個句子的意思，然後再考慮具體詞的填寫；在考慮信件段落之間的邏輯順序時，首先判斷出首段和末段，然後再逐段連接。

(三) 語言點及語文知識講解與練習

🗣 教學設計6
內容：完成句子或對話，并說出更多句子。

目的：通過實際操練，加強對本課語言點的理解和實際運用。

步驟：請參考學生用書中的語言點練習（LANGUAGE CONNECTION）。語言點和語言知識（關於信封格式）的詳細講解請參照後文"六（二）"中的相關內容。

擴展：可鼓勵學生仿照練習中的句子，自己再說出一到兩組具有相似結構的句子或對話。

🗣 教學設計7（可選）
內容：給班裏的同學寫一封信，講述自己上週末的主要活動。

目的：
1. 理解並掌握有關離合詞的知識以及"V＋在＋處所名詞""V＋得＋其他"等句式的用法。
2. 模擬真實交際任務，在完成具體任務的過程中練習並掌握信封格式的寫法。

步驟：

第一步：請學生回憶上週末自己的主要活動，重點記錄在什麼地方、具體做了什麼事，以及做得怎樣、自己的主要感受等。

第二步：試著把這些內容用二三百字寫出來，儘量用上本課所學的離合詞和"V＋在＋處所名詞""V＋得＋其他"等句式（如"做了一次飯""坐在大廳裏""玩得非常開心"……）。同時，注意使用恰當的書信體格式。

第三步：用正確的格式書寫信封，把這封信"寄"給班裏的某一位同學。

第四步：同學們互相讀信，並勾劃出信中使用了離合詞和"V＋在＋處所名詞""V＋得＋其他"的地方，仔細看一看用得是否恰當。

第五步：小組或全班可以一起分享同學信中的優美句子或段落，體會別人是如何使用上述這些語言點的。

組織要點：回憶活動經過，並恰當運用本課所學的語言點進行表達，這是活動的難點和重點。教師可以先以某個同學的活動經過爲例，和學生們一起討論如何恰當運用本課所學的語言點進行表達，以此啓發學生有效地組織自己的語言。

教學模塊 2 —— 交際活動

教學設計8
內容：講講我所知道的奇聞趣事。
目的：通過講述奇聞趣事，練習並掌握在真實交際中如何恰當地表示不相信和感到意外。
步驟：請參考學生用書中的交際練習（COMMUNICATION CORNER）。

教學設計9（可選）
內容：帶你去一個奇妙的地方。
目的：通過一次探索活動，練習本課所學的表示"不相信"和"意外"的表達方式。
步驟：教師可以和學生一起選定當地某個獨具特色的地方組織一次實地參觀，也可以給學生展示一些圖片，或指導學生登錄某個網址觀看一些讓人驚異的圖片或視頻。引導學生在探索的過程中，發現其特殊之處，並用中文自然表達出不相信和感到意外。
效果預期："不相信"和"意外"通常是一種脫口而出的反應，關鍵是要在適當的語境下自然、恰當地表達出來。將中文課的課堂"搬到"戶外，或借助於互聯網，讓中文課與其他課相貫聯。這一活動的要求是，要通過合理的相互監督機制，督促學生在活動過程中做到"不說英文，只說中文"。

教學模塊 3 —— 寫作訓練

教學設計10
內容：就某個社會現象給市長寫一封信。
目的：學習條理清楚地表達觀點，合理地陳述建議，並練習規範的書信體格式。
步驟：請參考學生用書中的寫作練習（WRITING TASK）。

教學設計11（可選）
內容：看圖寫話/回復個人信件/表達個人觀點。
步驟：請根據本班學生的實際情況，在課堂上選做同步訓練中的相關寫作練習。同步訓練的答案提示請參照後文"七"中的相關內容。

教學模塊 4 —— 綜合考試訓練

教學設計12
內容：綜合考試訓練。
目的：
1. 通過綜合考試訓練試題的自我檢測或隨堂選擇性檢測，使學生達到綜合性複習、並強化本課所學內容的目的。
2. 借助綜合訓練試題內容與課文內容的互補性，拓展學生對"民族與社會"主題相關內容的學習。

步驟：請參考《同步訓練》相關內容。

Unit 7 People and Society
第七單元 民族與社會

訓練要點：

1. 完成聽力題（Rejoinders and Stimulus Types），複習、強化和評價學生對等車、點菜、訂票、婚禮、問尋某人、學校食堂、玩電子遊戲等話題以及相關功能項目的理解。

2. 完成閱讀題（Reading），拓展並評價學生對本課話題內容的學習和理解，讓學生更多地接觸語言的各種實際應用，比如短文、通知、海報、新聞報導、電郵等。內容涉及蒙古族、維吾爾族民俗，北京四合院的特徵，流行語的變化，炎黃子孫的由來等。

3. 完成寫作訓練中的看圖寫故事（Story Narration）、個人信件（Personal Letter）、回復電郵（E-Mail Response）和電話留言轉述（Relay Telephone Message），訓練學生完整敘述事件經過，表述對移民國家文化的看法，了解美國人口的基本分布狀況，以及描述考試成績、作業等細節信息。

4. 完成交際訓練中的對話（Conversation）、文化表述題（Cultural Presentation）和計劃表述題（Event Plan），訓練及評價學生對事件的敘述能力和表述自己觀點的能力。這部分內容涉及中國家庭做客的場景，中國人的待人禮儀，以及探究性學習計劃。

六、教學參考資料

（一）詞語講解及練習參考答案

本課的詞語注釋表中一共列出了41個詞語，其中專有名詞7個，要求學生掌握、理解並能正確使用的詞語10個，只要求學生大致理解其文中的含義及主要使用場合的詞語24個。此外，我們還對本課中的一些詞進行了詞義辨析，供教師參考。

1. 見聞：【名】見到和聽到的事。
2. 彩雲：【名】彩色的雲，以紅色為主，多在晴天的清晨或傍晚出現在天邊。
3. 待客：【動】招待客人。
4. 印象：【名】客觀事物在人的頭腦裏留下的跡象。
5. 操心：【動】用心考慮和處理。

> **辨析 操心—擔心**
> "操心"的意思是費心考慮和料理。"擔心"是不放心的意思。用法上，"操心"是一種心理活動，"操心"的對象一般比較具體；"擔心"的對象可以具體，也可以是抽象的人或事。比如：這個孩子太讓您操心了。|不用為我操心。|不用為我擔心。|我總擔心他會出事。|擔心不安全。|*操心不安全。

6. 頭飾：【名】戴在頭上的專為增加美感的物品。
7. 秀麗：【形】清秀美麗。
8. 多彩：【形】色彩豐富；用來表示內容、特點等多種多樣。
9. 繡花：【動，名】用彩色的線在綢、布等上面做成圖案。
10. 頭巾：【名】女性蒙在頭上的紡織物，多為方形。
11. 絨毛：【名】織物表面連成一片的細而軟的短毛。
12. 道：【量】個；次。
13. 比喻：【動】用有相似點且容易明白的其他事物來說明一個事物。
14. 吃苦耐勞：能夠忍受艱難困苦和辛勞。
15. 有所作為：學習或工作取得一定收獲。

Lesson 13 *The Hospitable Southwest*
第十三課 遠方的客人請你留下來

16. 回味：【動】對遇到過的事情重新體會品味。
17. 境界：【名】事物所達到的程度或表現的情況。
18. 村寨：【名】村子。
19. 紗巾：【名】紗製的圍巾。
20. <u>莫名其妙</u>：沒有人能說明它的道理，表示事情很奇怪，使人不明白。
21. 哈達：【名】藏族和部分蒙古族人表示敬意和祝賀用的長條絲巾或紗巾，多為白色，也有黃色、藍色等。
22. 純潔：【形】乾乾淨淨，沒有別的成分；沒有污點；沒有私心。
23. 珍藏：【動】認為有價值而小心地收藏。
24. <u>告別</u>：【動】離別；分手（一般要打個招呼或說句話）。
25. <u>提醒</u>：【動】在旁邊指出來，使別人注意。
26. 竹樓：【名】傣族人根據當地的自然條件創造的一種特殊的民居，以竹子為主要建築材料。
27. 門檻：【名】門框下部挨著地面的橫木（也有用石頭做的門檻）。
28. 火塘：【名】室內地上挖成的小坑，用來生火、取暖。
29. <u>禮貌</u>：【形】言語動作謙虛恭敬。
30. 花瓣：【名】花冠的組成部分之一，構造和葉子相似，但細胞裏含有不同的色素，所以有各種不同的顏色。
31. 手腕：【名】手和手臂相連接的地方，也叫"手腕子"。
32. <u>拴</u>：【動】用繩子等繞在物體上，再打上結。
33. <u>邀請</u>：【動】請人到自己家來或到約定的地方去。
34. <u>呆</u>：【動】停留。

專有名詞

35. 傑克：人名。
36. 景洪：中國西雙版納著名旅遊城市。
37. 白族：民族名。中國西南邊疆一個具有悠久歷史和文化的少數民族。主要分布在雲南省大理白族自治州。
38. 大理：地名。位於雲南省中部偏西，是白族的主要聚居地，保存着濃厚的白族風情。那裏是中國的旅遊勝地。
39. 香格里拉：地名。即迪慶，藏族意為"吉祥如意的地方"，是雲南省唯一的藏族自治州，也是全國10個藏族自治州之一。該地地理位置和氣候條件獨特，自然景觀優美。
40. 西雙版納：地名。西雙版納傣族自治州位於中國雲南省南端，是世界北回歸線上僅存的一片綠洲，中國唯一保存的一塊熱帶森林區，國家級重點風景名勝區。
41. 傣族：中國少數民族之一，主要聚居在雲南。

教師手冊

Unit 7 *People and Society*
第七單元 民族與社會

VOCABULARY IN CONTEXT 參考答案

A. 選詞填空。

操心　道　比喻　莫名其妙　告別　提醒　禮貌　拴　邀請　呆

① 人們都喜歡把這獨有的風景線<u>比喻</u>成美麗的少數民族姑娘。
② 這次我在四川、雲南一帶遊覽，覺得這裏不僅風景秀美，而且有獨特的民族風情。也正是這種民族風情，構成了西南地區獨有的一<u>道</u>風景線。
③ 但是，剛開始的時候，有一件事情讓我感覺特別納悶：當我<u>告別</u>歇腳的人家準備離開時，他們都會使勁拉住我，一定要在我的背包上繫一個<u>拴</u>著紅線的蘋果。
④ 我的旅途非常順利，您就別再爲我的吃、住、行<u>操心</u>了。
⑤ 後來才知道，蘋果在他們眼中是"平安"的象徵，給遠行的人送蘋果，是祝福一路平安！
⑥ 這裏的人禮貌而且好客，幾乎在每個寨子裏，我都會受到當地人的<u>邀請</u>，在某戶人家歇歇腳、喝喝茶，舒服地<u>呆</u>上一兩個小時。
⑦ 我<u>莫名其妙</u>，開始時還以爲他們拉我的背包是<u>提醒</u>我落下了什麼東西呢。

B. 請將上面的句子重新排序，填入下面的空格，使其連接成一封給媽媽的信。

媽媽：

您好！　②①⑥③⑦⑤④　。

女兒/兒子 ××

×年×月×日

(二) 語言點講解及練習參考答案

本課一共有4個語言點和語文知識，在學生用書的LANGUAGE CONNECTION部分有簡單的講解。在這裏，我們又做了進一步的講解，同時對學生用書中的練習題也給出了參考答案，供教師們參考。

1. 離合詞

"熱情的傣族小姑娘還唱起了歌。"

漢語的雙音節詞一般不能在中間分開加入其他成分，但是有些雙音節動詞（還有個別介詞）兩個字中間可以插入其他成分，這類詞叫離合詞。如課文句子中"唱歌"是一個詞，但這裏加進了"起了"兩個字。漢語中有不少離合詞，如：

跳舞	跳個舞，跳一會兒舞，跳起舞來，跳過舞
洗澡	洗一個澡，洗了個澡
擔心	擔著心，擔什麼心
見面	見了面，見一面
道歉	道個歉，道過歉
鞠躬	鞠了三個躬，鞠一個躬
吃飯	吃一頓飯，吃過飯

離合詞多數情況是由一個表示動作的字和一個表示事物的字組合而成的，兩者之間具有一種支配關係。例如：

　　今天她受了老板的氣。（受氣）
　　你跟他見過面嗎？（見面）
　　這件事是你的不對，你應該向他道個歉。（道歉）
　　咱們聊會兒天兒吧。（聊天兒）
　　你去那個地方，要留點兒神。（留神）

語言點練習參考答案

用所給的離合詞完成下列句子。
① 爲了我們的友誼，咱們<u>乾一杯</u>！（乾杯）
② 音樂響起來了，大家高興地<u>跳起舞來</u>。（跳舞）
③ 甲：下個星期舉行學生會主席選舉，你打算選誰？
　　乙：<u>我有事，投不了票</u>。（投票）
④ 甲：馬路上怎麼有這麼多的水？
　　乙：<u>剛才下了一會兒雨</u>。（下雨）
⑤ 甲：你現在就睡覺嗎？
　　乙：不，我想先<u>洗個熱水澡</u>。（洗澡）

2. V＋在＋處所名詞

> "大理的風光全寫在白族姑娘的頭飾上了。"
> "應該把鞋放在門外，而且在屋裏走路一定要輕。"
> "不能坐在門檻上，更不能跨過火塘。"

"V＋在＋處所名詞"這個結構表示通過某個動作使人或事物處於某個處所，"在＋處所名詞"是前面動詞的補語。例如：

　　老師把答案寫在黑板上了。
　　他坐在第一排。
　　弟弟把衣服扔在床上。
　　小狗每天都趴在門口。

語言點練習參考答案

給下列詞語排出正確的順序，使它們成爲意思完整的句子，然後讀一讀。
① 書　所有　放　書包　在　裏　的　都
　　（所有的書都放在書包裏。）
② 把　你　請　行李　放　車　在　上　的
　　（請把你的行李放在車上。）
③ 睡　地板　在　我　上　想　　（我想睡在地板上。）
④ 站　他　的　我　面前　在　　（他站在我的面前。）

Unit 7 *People and Society*
第七單元 民族與社會

3. **信封的格式**

在中國，用漢語寫信封的格式與英語不同。用漢語寫信封時，要把收信人的地址寫在信封的左上方，寄信人的地址寫在右下方，中間寫收信人的姓名。寫地址時，要把大的地名寫在前面，小的地名寫在後面。另外，中國大陸地區有統一排列的郵政編碼，寫信封時，要把收信和發信人的郵政編碼分別寫在收信人地址的前邊及寄信人地址的後邊。

如果要把信從中國寄往其他國家，應該按照英語的習慣寫信封。

知識點練習參考答案

請你根據下邊的信息填寫一個信封。

收信人姓名：王林
收信人地址：北京市新街口外大街19號
郵政編碼：100875
寄信人地址及姓名：瀋陽市幸福街123號 李麗
郵政編碼：110000

```
┌─────────────────────────────────────────────┐
│ ┌─┬─┬─┬─┬─┬─┐                      ┌─────┐ │
│ │1│0│0│8│7│5│                      │ 貼郵│ │
│ └─┴─┴─┴─┴─┴─┘                      │ 票处│ │
│  北京新街口外大街19号                └─────┘ │
│                                               │
│            王林    收                         │
│                                               │
│                     沈阳市幸福街123号 李丽   │
│                     邮政编码 110000           │
└─────────────────────────────────────────────┘
```

4. **V＋得＋其他成分**

　"主人每次倒好茶水，都會用雙手把杯子舉得高高的……"

"V＋得＋其他成分"這一結構中，"得"連接的"其他成分"是動詞的補語，對動作進行補充說明。課文中的例句對動作結果的狀態進行了描寫，"舉"的結果是使杯子"高高的"，"高高的"就是對"舉"的結果的描寫。"得"的後面可以是一個形容詞，也可以是一個短語或一個小句子。這種描寫可以針對動作本身，也可以針對施事者或受事者。例如：

鞭子甩得呼呼作響。
我昨天起得很晚。
看到這個場面，那個小孩兒嚇得直哭。
他把作業寫得整整齊齊的。

Lesson 13 *The Hospitable Southwest*
第十三課 遠方的客人請你留下來

知識點練習參考答案

根據情景，用"V+得+其他成分"進行表述。

① 老師讓一個學生回答問題，該學生回答之後問老師：
學生：老師，我回答得對嗎？
老師：<u>回答得非常好</u>。

② 一個學生向另一個學生講述在商場遇到的不愉快的事情。
學生甲：你當時生氣了嗎？
學生乙：<u>我氣得不得了</u>。

③ 當一個學生知道自己被大學錄取時，非常高興。你怎麼來描述他高興的樣子？
當他<u>接到錄取通知書時</u>，<u>高興得跳了起來</u>。

（三）功能項目說明

本課的功能項目是表達不相信和感到意外，下面是具體講解。

1. **不相信**

   "怎麼可能呢？如此秀麗多彩的山川，小小的頭飾怎麼寫得下？"

   人們在交際中，常常會對某人的意見或某件事情、某個現象表示不相信。在漢語中，有多種表達"不相信"的方式。除了課文中的說法外，你還可以用其他的表達方式。

   (1) 嚴肅地表示完全不相信：

   我不相信會有這樣的事情。
   他的這種保證我才不信呢。
   你看，他說得跟真的一樣，可是誰也不會相信的。
   我不信，除非太陽從西邊出來。
   這不可能，除非讓我親眼看到。
   不會的，絕對不可能。

   (2) 氣憤地表示完全不相信：

   他騙人！
   騙得了別人騙不了我。
   胡說！怎麼可能！
   鬼才相信！

   (3) 委婉地表示不相信：

   得啦，別吹牛了。
   得了吧。
   這種事情我見得多了。

   (4) 用懷疑的方式表示不相信：

   會有這種事情？
   你剛才講的，是真的嗎？
   不會吧？
   不見得吧？

怎麼可能呢?
哪會這樣呢?
你沒有聽錯吧?
我懷疑這不是真的。
難道真有這種事?

2. **感到意外**

"我本來以爲這只是很普通的茶水，端起來嚐了嚐卻感覺與衆不同。"

用漢語表達意外時，除了可以使用課文中的"我本來以爲……，卻……"這一句式外，還有很多方式。

(1) 用探究的方式表示意外：
什麼?
真的嗎?
怎麼回事?
你是怎麼了?

(2) 用感嘆的方式表示意外：
真沒想到!
太出人意料了!
真叫人難以相信!

(3) 用描述的方式表示意外：
從來沒聽說過這樣的事情。
這事發生得太突然了。
我簡直不敢相信自己的耳朵，他怎麼會說出這麼難聽的話?

(四) 文化知識補充材料

根據正副課文的內容，我們補充了一些相關的文化背景知識，供老師們參考。由於篇幅的關係，其他更多的材料，我們放到網上，請老師們上網搜尋。

1. **中國民族概況**

中國是一個統一的多民族國家。這種情況是在漫長的歷史發展過程中逐漸形成和穩定下來的。

"中國"這個名稱，最早出現於西周初期，當時有三個含義：第一，天子所居之城處於中央，與四方諸侯相對，故稱"中國"；第二，周在滅商之前，稱周人所在的黃河中下游地區爲"中原之國"，即"中國"，後來沿用了下來；第三，是指夏、商、周時融爲一體的民族，以夏爲族稱，所以"中國"又稱"華夏"。到了春秋戰國時代，各中原諸侯都稱爲"中國"或"華夏"。秦統一時還稱"九州"。魏晉時把"中國"與"華夏"兩個詞組合起來，稱爲"中華"。後來，凡生長在中華大地上的，不管是哪個民族，都稱"中華民族"。中華民族也稱"炎黃子孫"，因爲中國人歷來把傳說中的炎帝和黃帝作爲自己的祖先。但在正式場合，一般還是稱中華民族。

現在的中華民族，包括56個民族。根據2000年的統計，人口最多的是漢族，佔全國總人口的91.59％，55個少數民族的人口佔全國總人口的8.41％。少數民族中人口最多的是壯族，人口最少的是珞巴族。

無論是在中國漫長的歷史中，還是在今天的飛速發展中，各少數民族與漢族一道，為發展中國的經濟、創造中國的燦爛文化，共同作出了不朽的貢獻。

2. 少數民族地區分布特點

中國少數民族的地區分布，有如下三個特點：

第一，分布地區廣，佔有面積大。中國有內蒙古、新疆、西藏、廣西、寧夏五個少數民族自治區，絕大多數省、市也都有少數民族自治州、自治縣。少數民族最多的省是雲南省，那裏居住著35個民族。

第二，大雜居，小聚居。中國90％上是漢族人口，各個少數民族地區都居住著相當數量的漢族人，即使是少數民族自治區、自治州、自治縣，也生活著不少漢族人。比如，回族在全國有865萬人，聚居在寧夏回族自治區的僅有100多萬人，還有100多萬人聚居在西藏自治區，其餘500多萬人則是散居在全國各地。藏族在全國共有460萬人，有100多萬人居住在西藏，其餘300多萬人則分別居住在甘肅、青海、四川、雲南等地。中國少數民族分布的這一特點，反映了少數民族與漢族及其他各少數民族之間的密切關係。這是中國成為統一的多民族國家的重要基礎。

第三，資源、物產十分豐富。少數民族居住的地區，大都是高原、山脈、草原、森林地帶，地域廣闊，礦藏豐富，畜牧業發達，農作物種類很多。新疆石油資源十分豐富。內蒙古鐵礦非常豐富。內蒙古、寧夏是中國糧食作物的重要產地。新疆是中國棉花的重要產地。廣西是甘蔗的重要產地。西藏盛產青稞。雲南、海南盛產熱帶水果。

3. 少數民族文化

中國的55個少數民族，幾乎都有本民族的語言，但只有21個民族有本民族的文字。

中國的少數民族一般都信仰宗教，其中，信仰伊斯蘭教的有10個民族：回族、維吾爾族、哈薩克族、柯爾克孜族、塔塔族、烏孜別克族等。信仰喇嘛教或佛教的有7個民族：藏族、蒙古族、土族、裕回族、傣族、布朗族、德昂族等。部分苗族、彝族人信仰基督教。還有的少數民族保持著原始自然崇拜的多種信仰，包括祖先崇拜、圖騰崇拜、巫(wū)教、薩滿教等，如獨龍族、怒族、佤族、景頗族、高山族、鄂倫春族等。

各個少數民族的風俗習慣也很不一樣，表現在穿戴、飲食、居住、婚喪、嫁娶、節日、娛樂、禁忌等各個方面，都有自己的特點。比如，在穿戴上，一看服飾就知道是哪個民族。另外，各民族都有自己的傳統節日，如傣族的"潑水節"、彝族的"火把節"、信奉伊斯蘭教各民族的"開齋節"、藏族的"藏曆年"、蒙古族的"那達慕大會"等。許多中國人和外國人都很願意去少數民族地區旅行，觀賞各少數民族地區不同的風土人情和山川景色。

在文化藝術方面，各少數民族創造了豐富的本民族文化，包括詩歌、神話、傳說、音樂、舞蹈、雕刻、繪畫等。藏族史詩《格薩爾王傳》、柯爾克孜族史詩《瑪納斯》、彝族撒尼人的長篇敘事詩《阿詩瑪》等，都是優秀的文學作品。同時，各少數民族與漢族之間也一直保持著密切的文化交流，中外知名的敦煌、雲崗、龍門三大石窟，以及克孜爾千佛洞，都是少數民族與漢族人民共同創造的。

Unit 7 People and Society
第七單元 民族與社會

第十三課《同步訓練》參考答案及相關提示

Section One

I.　Multiple Choice (Listen to the dialogs)

答案：

1. B　　2. A　　3. C　　4. A　　5. C　　6. B
7. D　　8. A

聽力錄音文本：

1. (Woman)　你怎麼這麼快就到了，是開車來的嗎？
   (Man)　　(A) 我離這兒已經不遠了。
   　　　　(B) 我就在附近。
   　　　　(C) 我快到這兒了。
   　　　　(D) 我剛到一會兒。

2. (Woman)　我們訂好了去上海的飛機票。
   (Man)　　(A) 是在網上訂的嗎？
   　　　　(B) 是怎麼決定的呢？
   　　　　(C) 是在哪兒買的呢？
   　　　　(D) 是在網上見到的嗎？

3. (Woman)　很奇怪，這裏的東西這麼便宜卻沒有人買。
   (Man)　　(A) 可能我們的東西還沒有到。
   　　　　(B) 可見要買的東西不容易找到。
   　　　　(C) 可見這裏的東西質量有問題。
   　　　　(D) 可惜這裏的東西太便宜了。

4. (Woman)　服務員，請給我們加一個菜！
   (Man)　　(A) 您還需要什麼？
   　　　　(B) 您想喝點兒什麼？
   　　　　(C) 請帶好您的東西。
   　　　　(D) 您一共消費45元。

5. (Woman)　他現在已經成爲國内最紅的歌星了。
   (Man)　　(A) 你再仔細想想。
   　　　　(B) 現在流行紅色歌曲。
   　　　　(C) 那還用說嗎？
   　　　　(D) 那還問我干什麼？

6. (Woman)　看樣子要變天了。
   (Man)　　(A) 要注意鍛煉身體。
   　　　　(B) 要多穿點兒衣服。
   　　　　(C) 他的樣子全變了。
   　　　　(D) 這個地方全變了。

Lesson 13 *The Hospitable Southwest*
第十三課 遠方的客人請你留下來

7. (Woman) 祝賀你找到了這麼好的工作。
   (Man) 謝謝！什麼時候我們聚一聚。
   (Woman) (A) 哪裏，哪裏，別太客氣了。
   　　　　(B) 沒關係，這是應該的。
   　　　　(C) 對啊，我們常聯繫。
   　　　　(D) 好啊，看你的時間。

8. (Woman) 有時間我們一起吃頓飯，好好聊聊。
   (Man) 再說吧。
   (Woman) (A) 最近沒有時間嗎？
   　　　　(B) 有什麼要說的嗎？
   　　　　(C) 有什麼要瞭解的嗎？
   　　　　(D) 最近又要說一次嗎？

II. Multiple Choice (Listen to the selections)

答案：

1. D	2. A	3. C	4. C	5. A	6. B
7. D	8. D	9. B	10. D	11. A	12. B
13. C	14. D	15. B			

聽力錄音文本：

Selection 1

(Narrator) Now you will listen twice to the following selection.

(男) 各位朋友，非常高興大家能在百忙之中來參加小女的婚禮。今天是小女楊清清和王成結婚的大喜日子。從今天開始，他們的生活將展開新的一頁。在今後的日子裏，希望他們能夠互相幫助，永遠幸福！今天在座的，有我的家人、朋友和同事，我再次對你們的到來表示感謝！我也希望今天在場的每一個人都能夠生活幸福，健康快樂！

(Narrator) Now listen again.

(Narrator) Now answer the questions for this selection.

Selection 2

(Narrator) Now you will listen twice to the following selection.

我們到中國以後，一直住在宿舍。為了讓我們有更多的機會瞭解中國人的生活，學校把我們安排到不同的中國家庭裏生活。我的中國家庭只有父母和一個女兒明明，父母都是大學教授，明明在一所公立學校上學，下個月就要考高中了，所以功課很緊張。他們對我都很熱情，我們相處得很愉快。能和這樣的家庭一起生活，我覺得很高興。

(Narrator) Now listen again.

(Narrator) Now answer the questions for this selection.

教師手冊

Unit 7 *People and Society*
第七單元 民族與社會

Selection 3

(Narrator) Now you will listen twice to a conversation between two students.
(Man) 我想打聽一個人。
(Woman) 我認識嗎?
(Man) 她是你們班的。
(Woman) 你說吧! 是男生還是女生?
(Man) 一個女孩, 個子高高的, 很白, 眼睛大大的。
(Woman) 讓我想想, 長頭髮還是短頭髮?
(Man) 長頭髮。對了, 昨天我看見你跟她在食堂說過話。
(Woman) 哦, 我知道是誰了, 你要找的是王露, 昨天她穿的是紅衣服, 對嗎?
(Man) 對, 就是那個女孩。謝謝你!
(Narrator) Now listen again.
(Narrator) Now answer the questions for this selection.

Selection 4

(Narrator) Now you will listen once to a conversation between two people.
(Man) 聽說你不習慣學校食堂的早餐, 早晨都是吃從家鄉帶來的東西, 是這樣嗎?
(Woman) 是的, 在來武漢之前, 家人給我準備了一大袋我們哈薩克族的麵食。到校後的一個星期裏我基本上每天早晨都是吃這些, 有時候還到學校附近吃牛肉拉麵。
(Man) 學校不是有專門的清真食堂嗎?
(Woman) 是的, 但是只有午飯和晚飯, 我的早餐還是成問題。
(Man) 那你們班主任老師知道這些情況嗎?
(Woman) 老師已經告訴我們, 從下週一開始, 清真食堂也開始提供早餐了。
(Man) 那就太好了, 謝謝你接受我們校報的採訪。
(Narrator) Now answer the questions for this selection.

Selection 5

(Narrator) Now you will listen twice to a conversation between two people.
(Man) 不錯啊, 你現在進步真不小。
(Woman) 我現在已經玩到第二十關了, 最高拿了10萬多分。
(Man) 比我還高啊! 你可能是咱們班玩得最棒的了。我打了半年多了, 總是在第七關出問題, 打不過去。最高才拿了3萬分。
(Woman) 那你的水平是差了點兒, 繼續努力吧!
(Man) 最近要考試, 玩得太多也不好。
(Woman) 打電子遊戲的確是太花時間了。現在我爸爸一有機會就教訓我, 真煩。不過也是, 學習是最重要的, 我打算最近不玩了, 等考完試再說吧。
(Narrator) Now listen again.
(Narrator) Now answer the questions for this selection.

III. Multiple Choice (Reading)

答案：

1. D	2. B	3. B	4. A	5. B	6. C
7. C	8. D	9. B	10. B	11. C	12. C
13. A	14. B	15. D	16. A	17. B	18. D
19. B	20. C	21. C	22. D	23. C	24. A
25. B

Section Two

I. Free Response (Writing)

1. Story Narration

The four pictures present a story. Imagine you are writing the story to a friend. Narrate a complete story as suggested by the pictures. Give your story a beginning, a middle, and an end.

寫作提示：

這則看圖寫作考察的是對一個事件的完整敘述，一是要交代場景，二是要交代事件的細節，三是在事件中加一段插敘。下面是一些有用的表達方式。

(1) 交代事件的開始。

放暑假了，傑克背起旅行包，帶著……到……去旅遊。

(2) 敘述人物的活動。

他來到……看到……他興奮極了，急忙拿出……蹲下身子……錢包……

(3) 交待事件的進展。

照相以後，傑克覺得有些渴，就……這時才發現錢包……他拍著腦袋想，錢包丟在哪裏了？突然想起……

(4) 交代事件的結果。

傑克趕快跑到剛才……他看見有一個小男孩兒正……傑克很感動，他……

Unit 7 *People and Society*
第七單元 民族與社會

2. Personal Letter

   Imagine you received a letter from a pen pal who lives in Beijing. In the letter, he asks how the United States, as a nation of immigrants, treats its own culture and how the American culture was created in light of that fact. Write a letter in reply. Tell your pen pal what you think about the immigrant-based culture in the United States.

   回信建議：

   (1) 問候語。

   (2) 重複主要信息。比如：

   你來信問美國作爲一個移民國家的情況，其實，我……但是，我可以談一點兒……

   (3) 主要內容。

   ① 首先簡要介紹一下美國作爲移民國家的總體情況。如：

   在美國人中，除了早期的印第安人外，差不多都是外國移民或移民的後裔。在歷史上，美國曾經接受……移民，現在每年仍有……移民。

   ② 介紹由移民形成的文化。比如：

   隨著……美國也變成了一個多元文化的國家，人們有不同的信仰、不同的……不同的……它就像一個……

   我們在美國各地可以看到各種風格的建築……聽到……吃到……

   在美國可以過各民族、各個國家的節日，而且是……

   我感到各種文化……

   ③ 談談移民與國家發展的關係，最好可以談給你自己印象最深的：

   你知道嗎？在美國政府的領導人中，很多都是外國移民，比如……

   美國經濟發展很快，是因爲吸引了全世界的優秀人才，比如美國的諾貝爾獎得主……

   我們很難想象……

   (4) 還可以補充一些內容。比如，可以給朋友介紹一些相關的資料，這樣可以使回信內容更豐富。比如：

   我曾經看過一本書，書名是……說到美國的移民文化，他的觀點是……

   現在社會上流行一種說法，就是……不過我不太同意，你有什麼看法？

   (5) 祝福語、署名和寫信日期。

3. E-Mail Response

   Read this e-mail from a friend and then type a response.

   發件人：于小雅

   主　題：我想瞭解美國人口的基本分佈狀況

   我聽說，就像中國的北京、上海一樣，美國紐約、洛杉磯也是兩個人口密度非常大的城市。在中國，不同城市之間、城市和農村之間，人口的分佈狀況是很不一樣的。在美國，是否也存在這種人口分佈的差異呢？能和我說說你所知道的美國人口的分佈狀況嗎？謝謝。

   回信建議：

   這封信是發信人不能確定自己已知的情況是否確實，希望對方加以確認，並介紹一些具體情況。這裏對回信的角度和內容做一些提示：

(1) 首先，對發信人已知的情況進行確認。如：
   你在郵件中提到的問題很有意思，……
   你在郵件中提到美國人口分佈不平衡的問題，確實是這樣的。
   美國人口分佈確實……
   對於美國人口分佈問題我不大清楚，但是……

(2) 簡明扼要地介紹自己知道的情況。如：
   據我所知，美國有70%以上的人口分佈在城市，一半以上的人口分佈在沿海平原和五大湖區域……
   在地理課上，老師介紹過……
   我就生活在紐約，真的……而我的老家……

(3) 簡要說明自己對這個問題的看法。比如：
   人口分佈不均衡，我認爲是非常正常的，因爲……
   我覺得這是一個很嚴重的問題……

(4) 結束部分。如：
   你在信中提到了中國的情況，而我不瞭解，希望你能給我介紹一些。
   我給你發一個附件："美國人口分佈圖"，希望對你有幫助。

4. Relay a Telephone Message

   Your roommate has a friend who has not been attending school because he has been ill. He calls your roommate and you hear his voice message on the answering machine. You will listen twice to the message. Then relay the message, including the important details, by typing an e-mail to your friend.

   (Man)羅瑞，剛才聽了你的電話留言，我才知道自己這學期期末考試的成績這麼棒，太出乎意料了。還有，老師佈置的那些假期作業，怎麼那麼多？不會是你記錯了吧？你回來後再給我打個電話，仔細說說，好嗎？我這幾天除了去醫院打針，一直都按醫生的要求在家靜養，應該不會再錯過你的電話了。等你的電話啊！

   轉述建議：
   　　這個電話留言的主要意思是讓羅瑞給他回電話，確認打電話人的期末成績和假期的作業。

   (1) 首先，要交代電話留言的人。比如：
   　　羅瑞，我剛才聽到了你的一個生病的男同學的電話留言。

   (2) 然後，要轉述清楚電話留言人的問題，其他次要信息可以省略。如：
   　　他對他期末考試的成績很關心，不相信他考試的成績像你說的那麼好……另外，他覺得你告訴他的假期作業太多了，懷疑你是不是記錯了……

   (3) 最後，轉述電話留言人的願望。如：
   　　你的同學希望你能給他打個電話，詳細說說……
   　　他還說，這幾天他除了去醫院打針，一般都會在家……

Unit 7 People and Society
第七單元 民族與社會

II. Free Response (Speaking)

1. Conversation

    Imagine you are visiting your Chinese friend, Chang Peng. Your have a conversation with his mother.

    (1) 問題一：你好，早就聽常鵬說過你了，說你們倆是好朋友。歡迎你到我們家來玩！

    回答建議：

    這是對話的開始，常鵬的母親很熱情，你也應該給予熱情的回應。如：

    您好！謝謝您！早就想來看望您了。

    (2) 問題二：來來來，吃點水果吧。到我們家別客氣，隨便點兒啊！

    回答建議：

    在這種情況下的對話，可以非常簡單，比如"好""謝謝"，但是，為了回應主人的熱情，可以多說一些表示親近的話語。如：

    阿姨，您快別忙了，我自己來……

    我不會客氣的，到您這兒，真的感覺和到自己家一樣……

    謝謝，那我就不客氣了。這是什麼水果呀？這麼……

    (3) 問題三：我沒想到你的中文說得這麼好！怎麼學的啊？

    回答建議：

    這裏常鵬母親的話包含兩部分，先是對你的直接稱讚，然後針對你的"好"提出問題，其實這也是一種稱讚。在回答這種問題的時候也應該分為兩個層次：

    ① 先對對方的直接稱讚作出回應：

    中國人在聽到別人，特別是長輩的稱讚後，通常都會表現出一種謙虛的態度，會說：

    您過獎了，我說得還不好。

    哪裏哪裏，還差得遠著呢。

    如果你不喜歡中國人的這種表達方式，也可以按照你習慣的方式回答，中國人也完全能接受。比如：

    謝謝！

    真的嗎？我太高興了。

    ② 說明自己是怎麼學習漢語的：

    我主要是在課堂上學，不過……

    我媽媽是華裔，在家裏媽媽……

    是常鵬教我的呀！我們……

    除了上課，我常常看中國電影……

    (4) 問題四：最近學習緊張嗎？

    回答建議：

    這個問題其實是一種對你表示關心的方式，因此回答的時候，如果只是簡單地用"緊張"或"不緊張"來回答就顯得不夠禮貌。可以說：

    很緊張，我們最近要考試了，我每天……

    有點兒緊張，老師每天都……

    不太緊張，我覺得學中文是一種樂趣，因此……

(5) 問題五：你家裏都有什麼人？爸爸媽媽身體還好吧？

這時轉換了一個話題，但是仍然是對你表示一種關心。你可以根據自己的情況和自己的意願簡單或者比較詳細地回答這兩個問題，但必須注意時間的把握。

回答建議：

① 簡單回答：

我家裏有四口人，爸爸、媽媽、弟弟和我。爸爸媽媽身體都很好。

我家只有媽媽和我，媽媽身體還好。

② 比較詳細地回答：

我家有五口人……還有一隻狗，我爸爸、媽媽身體都不錯，最近還……

我爸爸喜歡打籃球，他……

上個星期我們全家去爬山了，爸爸……媽媽……

(6) 問題六：好了，我不耽誤你們玩了，你和常鵬聊吧。中午別著急走啊，吃了午飯再說！

回答建議：

這是結束談話的一種方式，同時邀請你在家裏吃午飯，你在回答時要顧及到這兩個方面，並且注意把握好時間。比如：

① 結束談話：

好，您快去忙吧。

別客氣，您忙吧，我和常鵬聊。

② 對對方的邀請表態：

好的，太謝謝了。

那我就不客氣了，我特別想吃中國飯。

您別客氣，我一會兒就走，以後有機會再來吃飯吧。

2. Cultural Presentation

In your presentation, talk about your understanding of the basic rules of etiquette concerning the way people treat each other in China. For example, how one gives a gift, how one treats his guests, etc. Elaborate on the details of these practices as you understand them to be and comment on their cultural significance. You may also make simple comparisons between such practices and those in the United States.

回答建議：

可以參照本課主課文的內容以及你所瞭解的情況，介紹中國人的基本禮儀，特別是送禮和待客方面的習俗，比如：去別人家應該帶什麼禮物，應該說些什麼；客人來了，應該怎樣招待；收到禮物應該說什麼；請客人吃飯應該說些什麼；客人走的時候應該說什麼等等。如果能說出中國人這樣待客的理由就更好了。最好再和美國的習俗做一些對比，就更能增加表述的深度了。

Unit 7 *People and Society*
第七單元 民族與社會

3. Event Plan

   Choose a topic that you are interested in and design an exploratory learning activity that will enable you to conduct research on the topic. In your presentation to the class, talk about this activity, and elaborate on the topic you wish to explore, the possible methods you intend to use, and the objective of your activity. You should also explain some of the steps you intend to take and what you would prepare for the study.

回答建議：

(1) 首先，簡要說明你感興趣的問題。比如：

   我對……很感興趣。

   很長時間以來，我一直在思考一個問題，就是……

   我想研究一下……問題。

(2) 接下來，介紹你的研究計劃。比如：

   我準備分三步進行研究：

   第一，搜集資料……

   第二，進行實地考察，我要親自到那裏去看看……

   第三，將文獻資料和我調查的結果進行對比，提出我的看法。那麼……

(3) 然後說明這次研究的目的和預期目標。比如：

   我這次研究就是想弄清楚……

   我想通過這次調查研究，讓自己學會……

   這個問題，現在有多種說法，我希望通過……得出……

   我只想做一點兒初步的探討，至於……

(4) 說說目前需要的準備工作。這樣實際是對計劃的可行性的說明。比如：

   這個計劃真正實行起來可能有一定的難度，但是我想只要先把……問題解決了，後面的幾步就比較容易了。

   我現在需要準備的是……

   在我的研究計劃中，關於……考慮得還不具體，需要進一步……

(5) 結束。在結束表述之前徵詢一下老師、同學的意見。如：

   這是我的初步設想，你們覺得怎麼樣？

   對於我的計劃，大家有什麼建議？

   我希望大家幫我進一步完善這個計劃。

第十四課 Moving into a Modern Apartment
搬家手記

一、本課教學重點
(一) 讓學生理解並運用所學的詞語討論與中國社會發展變化相關的內容，同時能夠與自己本國的情況相比較。
(二) 讓學生學會運用本課所學的表達式表示遺憾。

二、本課的難點
(一) 詞語：注意動詞"打"和量詞"打"、動詞"捆"和量詞"捆"的區別。
(二) 語言點：
1. 介詞"從"和"離"的主要差別是："從"表示起點，"離"表示距離。
2. 兼語式是動賓和主謂兩個短語的結合，讓學生理解"兼語"這一語法現象。
3. 詞綴是構詞法的內容，讓學生理解詞綴，將有利於擴展詞彙，也能為後面學習類前綴、類後綴打下基礎。

三、有用的教學資源
(一) 中國住宅建築圖：四合院、石窟門、筒子樓、小單元房、新型住宅、農村土房、農民新村。
(二) 電影《鄰居》《愛情麻辣燙》《推手》，電視劇《金婚》。

四、教學安排導引
針對不同學習內容，各教學模塊及其教學設計和參考課時索引見下表。

教學模塊		交際模式	可選用的教學活動設計		課時建議
新課學習	課文閱讀與理解	理解詮釋 人際互動	教學設計1 教學設計2 教學設計3	教學設計分為必選和可選兩種，可選的活動以"可選"標明，其實施順序請老師根據本班學生實際情況自定。	5—7課時
	詞語講解與練習	理解詮釋 表達演示	教學設計4 (可選) 教學設計5		
	語言點講解與練習	人際互動 表達演示	教學設計6 教學設計7 (可選)		
交際活動		人際互動 表達演示	教學設計8 教學設計9 (可選)		1課時
寫作訓練		表達演示	教學設計10 教學設計11 (可選)		1課時
綜合考試訓練		綜合	教學設計12		1—2課時

注：寫作訓練活動可根據本班實際情況選做；綜合測試題應根據本班實際情況在課堂上選做或讓學生課外完成。

Unit 7 People and Society
第七單元 民族與社會

五、具體教學活動設計的建議

教學模塊 1 —— 新課學習

(一) 課文閱讀與理解：

🗣 教學設計1

內容：主課文導入。

目的：通過展示中國人不同時期的住宅圖片，使學生了解中國社會近些年來的變化。

步驟：

第一步：展示中國不同時期的各種住房的圖片，讓學生在進入課文學習之前有一些感性認識。同時提出幾個思考題，請學生分組討論：
　① 你搬過家嗎？你搬家的時候有什麼感受？
　② 在你的印象中，中國人的住房狀況是怎樣的？
　③ 你知道中國人近年來在居住條件方面有哪些變化嗎？
　④ 在圖片展示的這些房子中，你對哪一種特別感興趣？爲什麼？

第二步：在小組討論過程中，教師儘量加入其中，解答他們的問題，特別說明各種住房與社會發展的關係。

第三步：在小組討論的基礎上，進行全班交流，希望各組能分別涉及不同的住房類型，也鼓勵學生與美國住房情況進行比較。

預期效果：通過住宅圖片展示和小組討論等活動，激發學生對中國發展狀況的興趣，引導學生思考其中體現出的社會與文化問題，爲下一步更深入地討論社會話題做好準備。

🗣 教學設計2

內容：課文的聽與讀。

目的：

1. 讓學生理解課文內容，掌握本課新詞語在課文中的含義，並理解本課語言點的基本用法。
2. 了解中國的發展變化，拓展思路，進行多方面的比較。

步驟：

第一步：聽課文大意。教師讓學生看著課本，聽錄音了解課文大意，同時把下列問題寫在黑板上，請學生聽後回答：
　① 作者搬家後的心情如何？
　② 從課文中看，作者曾經住過哪些類型的房子？
　③ 作者現在的住房條件怎麼樣？
　④ 在不同的居住環境中，哪些事情給作者留下了深刻的印象？

第二步：分段學習課文。
　・總體教學建議
　① 老師把閱讀問題寫在黑板上；
　② 讓學生帶著問題分段閱讀；
　③ 隨文講解課文的生詞和學生不懂的語言現象；

④ 分段討論老師提出的問題，分小組進行討論，鼓勵學生提問題。

・具體教學建議

本課通過搬家和請老鄰居吃飯這樣簡單的事情，運用回憶的方法，表現了社會的變化和發展。建議教師在指導閱讀時將課文處理爲四個部分：首先介紹作者新搬的家，重點描述了家居條件的變化（第1-3自然段）；然後介紹作者請四合院的老鄰居吃飯，同時回憶了四合院的住房情況，特別介紹了鄰里之間的密切關係（第4-6自然段）；再後面介紹了筒子樓的住房條件和鄰里關係（第7自然段）；最後介紹了搬到新家後，居住條件改變了，但是作者對鄰里關係並不滿意（第10-12自然段）。

各部分具體問題
第一部分：第1-3自然段 ① 搬家後最讓作者高興的是什麼？爲什麼？ ② 作者對新家的哪些條件和設施特別滿意？ ③ 通過作者講述的情況，請你分析一下他原來的住房條件。
第二部分：第4-6自然段（特別注意不要孤立地講住房條件的變化，要充分地介紹街坊鄰居的親密關係。） ① 作者爲什麼要請客？客人是誰？ ② 作者爲什麼說"吃飯是次要的"？ ③ 這一段說的"大雜院"和上一段說的"四合院"是什麼關係？ ④ 作者所說的"大雜院最熱鬧最好玩的地方"，你能理解嗎？你對此有什麼看法？
第三部分：第7自然段 ① 筒子樓和大雜院相比，住房條件有了哪些改善？ ② 在筒子樓居住給作者印象最深刻的是什麼？
第四部分：第8-9自然段 ① 在好的居住環境中，作者爲什麼會懷念過去的環境？ ② 你搬過家嗎？你在搬家後，是不是也有遺憾？

第三步： 教師請學生再仔細讀一遍課文，就自己不能理解的地方提出問題，然後老師就其中的個別問題，在全班展開討論。

組織要點：

1. 由於學生不熟悉中國的國情，因此可能不理解文中描述的不同居住環境下的人際關係，這可能成爲學生理解本篇課文的難點。請教師結合中國的國情給學生正確的引導。相關詞語及語言點的詳細講解和文化背景材料請分別參考後文的"六（一）""六（二）"和"六（四）"。

2. 對整篇課文的學習，可以先理解課文大意，再分段閱讀、理解、討論，最後進行擴展討論。這一教學設計需要用幾個課時完成。

Unit 7 *People and Society*
第七單元 民族與社會

🗣 教學設計3
內容：課文中的詞語重疊式。
目的：讓學生理解並學會使用詞語重疊這樣一種手法描述環境和場景。
步驟：
第一步： 請學生仔細閱讀課文，找出課文中的詞語重疊式，如"舒舒服服""老老少少"等，並抄寫下來。
第二步： 通過小組討論，試著對這些重疊式進行分類，如形容詞重疊，AABB；名詞重疊，AABB；動詞重疊，ABAB。
第三步： 全班討論，讓學生進一步體會詞語重疊和不重疊在表達效果上的區別。
預期效果：把詞語重疊放在課文中教，可以讓學生在運用中有所體會，同時可以進一步擴展，讓學生學會更多的表達形式。

(二) 詞語講解與練習

🗣 教學設計4（可選）
內容：新詞語的講解與學習。
目的：讓學生在課文設定的語境中理解詞語的意義及用法。
步驟：
第一步： 領讀詞語及由詞語組成的詞組或句子，同時進行講解，特別注意要求掌握的詞語。
第二步： 將掌握詞中的一些動詞提出，進行詞語搭配訓練，包括"打""收拾""裝""聚""熏"。
第三步： 辨析詞義。打：（動詞）打行李；（量詞）一打鉛筆。捆：（動詞）捆書；（名詞）紮成捆兒。
策略提示：在辨析詞義的部分，教師可以進一步擴展，舉出更多的例子，說明同一個字形可能是意義相關的不同的詞。

🗣 教學設計5
內容：遣詞造句，聯句成段。
目的：通過對本課掌握詞的實際運用，鞏固對詞語的理解與學習。
步驟：請參考學生用書中本課的詞語練習（VOCABULARY IN CONTEXT）。詞語的詳細講解請教師參考後文"六（一）"中的相關內容。
組織要點：本練習將詞語理解、聯詞成句、聯句成段等三個練習形式結合在一起，對學生來說有一定的難度。教師可以根據學生情況拆分成幾步來做，比如，讓學生通過生詞表先熟悉詞義，然後設計表述的方法，再請對方猜測。

(三) 語言點講解與練習

🗣 教學設計6
內容：完成課後的練習，包括填空、完成句子和尋找含有詞綴的詞。
目的：通過實際操練，加強對本課語言點的理解和實際運用。
步驟：請參考學生用書中的語言點練習（LANGUAGE CONNECTION）。語言點的詳細講解請參照後文"六（二）"中的相關內容。
擴展：可鼓勵學生仿照練習中的句子，說出自己想表達的內容。

Lesson 14 **Moving into a Modern Apartment**
第十四課 搬家手記

● 教學設計7（可選）

內容：給班裏的同學介紹自己搬家的經歷以及家人與鄰居的關係。

目的：根據這一話題，練習使用介詞、比較句、兼語式。

步驟：

第一步： 先讓學生回憶自己的搬家經歷，説明地點的遷移和環境、條件的變化；

第二步： 讓學生回憶自己以及家人與新老鄰居的關係，最好能講一講給自己印象最深的事情或場面；

第三步： 請學生先試著用本課剛剛學習的語言形式表達出來，講給小組同學聽；

第四步： 要求學生們聽的時候，記錄下他所使用的新句型，等他講完後一起討論，看句型使用得是否恰當，如果不當，要幫他改正。

第五步： 小組內評比，看誰用的新句式多。

組織要點： 怎樣讓學生使用新學的語言形式進行講述，特別是運用像兼語式那樣較難的句式，這是活動的難點。教師可以先做一下示範，把新的句式寫在黑板上，以便學生模仿。在小組討論中，老師也可以有針對性地修改學生的句子，讓學生理解用法，學會表達。當學生因爲難度的增加而採用回避策略時，教師要給學生提示和鼓勵。

教學模塊 2 — 交際活動

● 教學設計8

內容：我成長，我失去。

目的：通過講述自己成長過程中某些遺憾的事，練習並掌握在交際中如何恰當地表示遺憾。

步驟：請參考學生用書中的交際練習（COMMUNICATION CORNER）。

● 教學設計9（可選）

內容：介紹某次活動中的遺憾。

目的：通過介紹具體的活動，學習如何表達遺憾。

步驟：引導學生回憶自己參加過的一次活動或某種經歷，可以是體育比賽、文藝演出、旅遊、參觀、和同學交往等，説出其中讓自己感到遺憾的地方。必要時可以先用老師自己的事例來給學生做示範。

效果預期：遺憾的事情，有時會讓人動感情。有了遺憾，也常常讓人有傾訴的願望。因此，在課堂上恰當地營造氛圍，可以引導學生自然地表達。

教學模塊 3 — 寫作訓練

● 教學設計10

內容：製作一張電子海報。

目的：通過具體任務學習寫作。按照課本規定的格式，條理清楚地表達出宣傳的內容，練習寫出具有感召力的文字。

步驟：請參考學生用書中的寫作練習（WRITING TASK）。

Unit 7 People and Society
第七單元 民族與社會

教學設計11（可選）
內容：看圖寫話/回復個人信件/表達個人觀點。
步驟：請根據本班學生的實際情況，在課堂上選做《同步訓練》中的有關寫作練習。有關答案提示請參照後文"七"中的相關內容。

教學模塊 4 —— 綜合考試訓練

教學設計12
內容：綜合考試訓練。
目的：
1. 通過綜合考試訓練試題的自我檢測或隨堂選擇性檢測，使學生達到綜合性複習，並強化本課所學內容的目的。
2. 借助綜合訓練試題內容與課文內容的互補性，拓展學生對"中國社會發展"主題相關內容的學習。

步驟：請參考《同步訓練》相關內容。

訓練要點：
1. 完成聽力題（Rejoinders and Stimulus Types），複習、強化和評價學生對打車、餐館吃飯、取消約定、詢問假期生活、婚姻家庭、表達不滿、關心他人、公司介紹、交友、看新聞等話題以及相關功能項目的理解。
2. 完成閱讀題（Reading），拓展並評價學生對本課話題內容的學習和理解，讓學生更多地接觸語言的各種實際應用，比如短文、通知、海報、新聞報導、電郵等。內容涉及中國休假制度、恐龍化石的年代、空調商品調查、學校、代溝、網絡信息、標識等。
3. 完成寫作訓練中的看圖寫故事（Story Narration）、個人信件（Personal Letter）、回復電郵（E-Mail Response）和電話留言轉述（Relay Telephone Message），訓練學生敘述搬家時尋找小狗的經過，表述對美國年度最大新聞的看法，表達對社會問題的看法，以及對具體細節信息的描述。
4. 完成交際訓練中的對話（Conversation）、文化表述題（Cultural Presentation）和計劃表述題（Event Plan），訓練及評價學生對事件的敘述能力和表述自己觀點的能力。這部分內容涉及通過中介公司租房，中國四合院建築所體現的文化內涵，以及學校的課程規劃等。

六、教學參考資料

(一) 詞語講解及練習參考答案

本課的詞語註釋表中一共列出了34個詞語，其中要求學生掌握、理解並能正確使用的詞語11個，只要求學生大致理解其文中的含義及主要使用場合的詞語23個。此外，我們還對本課中的一些詞進行了詞義辨析，供教師參考。

1. <u>筒子樓</u>：【名】筒子樓建築格局是一條長走廊串連着許多個單間，每個房間的室內面積都比較狹小，衛生間和廚房是公用的。
2. <u>整理</u>：【動】使有條理，有秩序，不亂。
3. <u>冊</u>：【量】書的量詞，一本書稱一冊。
4. <u>打</u>：【動】捆。

Lesson 14 **Moving into a Modern Apartment**
第十四課 搬家手記

> 辨析 打（dǎ）—打（dá）
> 　　這是兩個同形詞。打（dǎ）是動詞，本來是指用手或器具敲擊物體，如：打人、打鼓；後來很多用手的動作都可以用"打"來表示，比如捆的意思，再如：打毛衣（編織）｜打個問號（畫）｜打傘（舉）｜打電話（撥通）｜打撲克（遊戲）。而打（dá）是一個量詞，它是英語"dozen"的音譯詞，十二個為一打，比如：一打鉛筆｜三打毛巾。這兩個詞的字形相同，字音相近，但是意義完全無關。

5. 捆：【名】捆成的東西。

> 辨析 捆（kǔn）—捆兒（kǔnr）
> 　　這是兩個有關聯的詞。捆（kǔn）是動詞，指用繩子把東西纏緊並打上結的動作，如：捆書｜捆行李。"捆"也可以作名詞，表示經過捆綁的東西，這種用法在口語中常常要兒化，比如：行李捆兒。"捆兒"還可以作量詞，作為計算已經扎成捆兒的東西的單位，比如：三捆兒書｜六捆兒貨物。

6. 發愁：【動】因沒有辦法或主意而感到憂慮煩惱。
7. 書櫃：【名】盛放書籍的家具。
8. 分門別類：根據不同的性質、特點，把事物分成若干類。
9. 收拾：【動】整理。
10. 光線：【名】光；通常指照在物體上，使人能看見物體的那種物質。
11. 窗簾：【名】擋窗户的東西，用布、綢等製成。
12. 寬敞：【形】寬闊，寬大。
13. 裝：【動】安裝；裝配。
14. 浴缸：【名】大澡盆，多為長方形，用陶瓷或塑料等製成。
15. 疲倦：【形，名】因過度使用體力、腦力而需要休息的樣子。
16. 手忙腳亂：形容做事忙亂，沒有條理。
17. 次要：【形】比較不重要的，重要性較差的。
18. 聚：【動】湊在一塊兒。
19. 大雜院：【名】住著很多户人家的院子。
20. 院落：【名】院子。
21. 路過：【動】在去目的地時經過（某地）。
22. 暖氣：【名】利用鍋爐燒出蒸汽或熱水，通過管道輸送到建築物內的散熱器（俗稱暖氣片）中，散出熱量，使室溫增高。管道中的蒸汽或熱水叫暖氣。
23. 煤爐：【名】用煤作燃料的爐子。
24. 取暖：【動】利用熱能使身體暖和。
25. 熏：【動】（煙、氣等）接觸物體，使物體變色或沾上氣味。
26. 陸陸續續：表示前前後後，時斷時續。
27. 單位：【名】指機關、團體等或屬於一個機關、團體等的各個部門。
28. 樓道：【名】樓房內部的走道。
29. 有份兒：【動】佔有一部分權利或義務。
30. 商品房：【名】指作為商品出售的房屋。

教師手冊

Unit 7 People and Society
第七單元 民族與社會

31. 小區：【名】城市裏相對獨立、生活服務設施比較齊全的居民住宅區。
32. 共享：【動】共同使用。
33. 羨慕：【動】看見別人有某種長處、好處或有利條件而希望自己也有。
34. 懷念：【動】想念，思念。

VOCABULARY IN CONTEXT 參考答案	
猜測詞	解說
發愁	家裏沒有錢，媽媽常常要為吃飯的事情……（兩個字）
收拾	你的房間很亂，媽媽讓你整理一下，也可以說……一下。（兩個字）
疲倦	媽媽下班回家後顯得很累。也可以用兩個字形容媽媽的樣子。
聚（一聚）	你和朋友很久沒見面了，你想在週末，把大家都找來，一起聊一聊、玩一玩。可以說跟大家……（三個字）
路過	你每天上學都要經過一家商店的門口，也可以說……一家商店的門口（兩個字）
陸陸續續	上課前，同學們三三兩兩、有前有後地接連走進了教室。可以用四個字形容同學們走進教室的情形。
羨慕	有一個朋友漢語說得特別好，我覺得她很棒，而且希望自己也像她一樣，可以說我非常……那個朋友。（兩個字）
懷念	雖然已經上了高中，但是你常常想起小學的同學。可以說你非常……小學同學。（兩個字）
手忙腳亂	出去旅行，已經要開車了，可是你的行李還沒有收拾好，於是你就很忙亂地把東西塞進了箱子。可以用四個字形容你裝箱子時的情形。

(二) 語言點講解及練習參考答案

本課一共有6個語言點和語文知識，在學生用書的LANGUAGE CONNECTION部分有簡單的講解。在這裏，我們又做了進一步的講解，同時對學生用書中的練習題也給出了參考答案，供教師們參考。

1. 比較介詞"從"和"離"

   "從筒子樓的舊房子搬到新家已經兩個月了。"
   "住處離辦公室很近。"

   "離"跟表示處所的名詞一起，構成"離＋處所名詞"短語，表示距離。短語的後面可以是形容詞、動詞，也可以是數量短語。例如：
   　　我的家離學校很遠。
   　　學校離火車站三公里。
   "離"還可以跟表示時間點的名詞在一起，表示距離某個時間點還有多長時間。例如：
   　　離春節還有一個月。
   　　離下課還有十分鐘。
   　　現在離我畢業還有不到一年的時間。

"從"跟表示處所的名詞一起，構成"從＋處所名詞"短語，表示動作的起點。例如課文中的這個句子，"搬"的起點是筒子樓。再看兩個句子：

　　我剛從學校回來。

　　他從圖書館借了兩本書。

"從"也可以表示距離，這時一般用"從……到……"這個結構。例如：

　　從我的家到學校很遠。

　　從學校到火車站三公里。

語言點練習參考答案

用"從"或"離"填空。

① 甲：你是<u>從</u>哪兒來的？
　　乙：我是<u>從</u>上海來的。
　　甲：上海<u>離</u>這兒遠嗎？
　　乙：上海<u>離</u>這兒不太遠。

② 甲：你家<u>離</u>學校有多遠？
　　乙：<u>從</u>我家到學校只有一公里。
　　甲：你早上幾點<u>從</u>家裏出發？
　　乙：七點半。

2. "A比不上B"

　　"那時候小孩子似乎都覺得自家的飯菜比不上鄰居家的好吃。"

"A比不上B"用來表示比較，意思是"A"不及"B"。課文中這個句子的意思是說，小孩子覺得鄰居家做的飯菜比自家的好吃。再看兩個例子：

　　這臺電腦比不上那臺電腦好用。

　　很多人覺得新課本比不上舊課本。

在漢語中的比較句大致可以分爲兩類。

(1) 表示事物或事物性狀的異同，如：

　　這地方和北京一樣冷。　　　　　　他的想法跟我的想法不一樣。

　　這件衣服的式樣跟那件差不多。　　這件衣服跟那件不一樣。

(2) 比較性質、程度的差別，如：

　　小張比小王高。　　　　　　　　小王沒有小張高。

　　這次考試，他的成績比我高10分。　我的成績比他低10分。

　　他的身體一天比一天好。　　　　他的身體一天不如一天了。

　　老師比我更了解他。　　　　　　老師沒有我了解他。

語言點練習參考答案

用"A比不上B"這個格式把每組對話的意思分別改寫成一句話。

① 傑克：這是你新買的書包嗎？
大衛：是。你覺得怎麼樣？
傑克：我還是覺得以前那個書包更好看。
改寫：傑克覺得<u>大衛的新書包比不上以前的</u>。

② 傑克：聽説了嗎？學校的乒乓球隊來了新教練。
大衛：我早就知道了。我覺得這位教練沒有以前那位好。
改寫：大衛覺得<u>新教練比不上以前的</u>。

③ 湯姆：你的漢語説得比我流利多了。
麥克：哪裏，哪裏。其實你的發音也不錯。
改寫：湯姆覺得<u>自己説漢語的流利程度比不上麥克</u>。

3. **兼語式**

> "這個週末我請幾户老鄰居來家裏吃飯。"
> "原來住在大雜院的時候，總是羨慕住在樓房裏的人生活方便。"

所謂兼語句就是句子的謂語是由一個動賓短語和一個主謂短語套在一起構成的。比如課文中的句子：

（我）總是羨慕住在樓房裏的人生活方便。（兼語式）
羨慕住在樓房裏的人（動賓短語）
住在樓房裏的人生活方便（主謂短語）

句子裏面的動詞是"羨慕"，羨慕的賓語是"住在樓房裏的人"。爲什麼羨慕他們？因爲他們"生活方便"。這樣，這句話裏的"住在樓房裏的人"既是動詞"羨慕"的賓語，又是"生活方便"的主語，它身兼二職，所以這種句式叫兼語式。這種表達方式可以使表達更精煉。值得注意的是，在整句話中，全句主語只與第一個動詞有關，而與句中主謂短語中的謂語無關。看看其他例子：

我喜歡這裏安靜。
大家選他做班長。
謝謝你幫助我。
祝你身體健康！

表示愛憎、好惡等意義的動詞，常出現在兼語句式中。再看幾個例子：

我喜歡他辦事認真。
孩子們都嫌他説話囉嗦。

語言點練習參考答案

根據情境，用兼語式結構改寫句子。

① 王林的自行車壞了，他的朋友傑克會修自行車。
   王林想<u>讓傑克幫忙修理自行車</u>。
② 毛毛的新家很寬敞。她很喜歡她的新家。
   毛毛<u>喜歡新家寬敞</u>。
③ 大衛上課總是遲到，老師經常批評他。
   老師<u>批評大衛上課總遲到</u>。
④ 傑克上課時突然生病了，老師說必須馬上去醫院。
   老師<u>讓傑克馬上去醫院</u>。

4. "V₁的V₁，V₂的V₂"

   "大家看電視的看電視，聊天兒的聊天兒。"

   這個結構描述在一個群體中，不同的人在同一時間做不同的事，互不干擾。例如：

   下課的時候，同學們踢球的踢球，唱歌的唱歌。

   在晚會上，大家跳舞的跳舞，唱歌的唱歌，熱鬧極了。

   這個結構與"有的……，有的……"意思相近，但不同的是，"V₁的V₁，V₂的V₂"可以表示"不同的人自由自在地各行其是，互不干擾"的意思，而"有的……，有的……"僅表示一群人中不同的人在做不同的事，沒有強調"互不相干"的意思。

語言點練習參考答案

用"V1的V1，V2的V2"這一結構對所提供的情景進行描述。

① 操場上有很多人，有的人在跑步，有的人在打羽毛球。
   操場上有很多人，<u>跑步的跑步，打羽毛球的打羽毛球</u>。
② 教室裏，同學們在打掃衛生，有的人擦地，有的擦玻璃。
   教室裏，同學們在打掃衛生，<u>擦地的擦地，擦玻璃的擦玻璃</u>。
③ 動物園裏有許多可愛的猴子，有的在吃東西，有的在睡覺，對參觀的人視而不見。
   動物園裏有許多可愛的猴子，<u>吃東西的吃東西，睡覺的睡覺</u>，對參觀的人視而不見。

5. 指示代詞的虛指

   "從筒子樓的舊房搬到新家已經兩個月了，每天忙這忙那的，家裏的東西還沒有整理完，主要是那幾千冊書。"
   "老朱憑著他的太極功夫成為當地名人，在一家中國會館做太極教練，整天忙這忙那，生活豐富多彩。"（副課文例句）

   "這""那"是指示代詞，"這"表示近指，"那"表示遠指，由此派生出"這兒""那兒""這裏""那裏"等一系列詞，一般用來指代具體的某一物或某一地方。但是在一句話中"這""那"同時出現、前後呼應的情況下，它們就是用來指代不確定的人、物或地方了。例如課文中的句子"每天忙這忙那的"，"這"和"那"指代的都是不確定的事情。再看一個例子：

   他來到新房子，看看這兒，摸摸那兒，感覺很滿意。

   兒子到了博物館，總是問這問那的，爸爸常常不知道該怎麼回答。

語言點練習參考答案

説一説下面句子中劃線的詞分別指代什麽，然後讀一讀這些句子。
① 在玩具店裏，他這也想摸摸，那也想動動。（指玩具，但不確定是哪個玩具）
② 小明指著一個玩具問："這是新的嗎？"（指那個用手指著的玩具，確定）
③ 他最近心情不好，總是覺得這兒也不滿意，那兒也不滿意。（指各種事情，不確定）
④ 你先仔細地看，別老是問這問那的。（指各種問題，不確定）

6. 前綴、後綴

詞綴是一種構詞成分。在一個雙音節或多音節的詞中，如果其中一部分表示具體詞彙意義，另一部分附加在這一部分上，表示某種附加意義，那麼這附加的部分就叫詞綴。常見的詞綴有前綴和後綴兩種，如"老張"中的"老"就是前綴，"房子"中的"子"就是後綴。在漢語中，經常作前綴的有"阿"（如"阿爸""阿姨""阿明"）、"老"（如"老王""老虎""老漢""老板""老鄉"）、"小"（如"小王""小姐""小孩兒"）等；常用作後綴的有"子"（如"桌子""瓶子""裙子""筷子"）、"頭"（如"石頭""骨頭""念頭"）、"兒"（如"鳥兒""花兒""蓋兒"）、"者"（如"記者""讀者""學者""演唱者"）等。

語言點練習參考答案

請你説出帶有下列詞綴的詞語，看看你能説出多少個？

| 老 | 小 | 子 | 兒 | 頭 | 者 |

老板	老婆	老張	老外	老鼠	老虎	老大	老三
小朋友	小吃	小名	小費	小姐	小伙子		
桌子	腦子	尺子	騙子	胖子	傻子	新娘子	
門兒	花兒	詞兒	勺兒	盤兒	冰棍兒	墨水兒	
木頭	舌頭	上頭	裏頭	外頭	甜頭	苦頭	
讀者	作者	演唱者	老者	弱者	前者	後者	

(三) 功能項目説明

本課的功能項目是表示遺憾。我們在這裏對遺憾的表達方式進行補充講解，供教師參考。在漢語中，"遺憾"包含多層意思，我們把它大致分爲三個層次。

1. 表達對某種缺欠、不足的惋惜。課文中的句子"我唯一的遺憾是失去了親密的鄰居。"表達的就是這種惋惜。還有一些表達方式也可以表達這種感受，如：

可惜的是我從來不知道會有這種好事。
你來晚了，沒有見到他，太可惜了。
那裏的風景特別漂亮，遺憾的是我沒有帶相機去。
昨天的電影太好看了，可惜你沒去看。

2. 表達深度的遺憾。無法彌補、可能會讓人牢記一輩子的遺憾。

咳，實在令人惋惜。
母親去世時，我沒能趕回家和她見上一面，這是我終身的遺憾。

3. 表示一種拒絕，或表示強烈的不滿和抗議（常用作一種外交辭令）。

非常遺憾，我們公司不能錄用您。

對於這一嚴重事件，我國政府深表遺憾。

(四) 文化知識補充材料

根據正副課文的內容，我們補充了一些相關的文化背景知識，供老師們參考。由於篇幅的關係，其他更多的材料，我們放到網上，請老師們上網搜尋。

1. 中國城鎮住房制度的變化

從建國之初到1978年，中國的城鎮住房制度是一種以國家統包、無償分配、低租金、無限期使用爲特點的實物福利性住房制度。

1978年到1998年，中國城鎮住房制度發生了根本性的改革。出現了以中低收入家庭爲對象、具有社會保障性質的經濟適用住房供應體系和以高收入家庭爲對象的商品房供應體系，並建立了住房公積金制度。

從1998年下半年開始，全國城鎮停止住房實物分配，全面實行住房分配貨幣化。這標誌著房屋開始走向市場，"商品房"的概念已經被廣大市民普遍接受。

2. 中國老人的狀況

中國是世界老年人口最多的國家，也是老齡化速度最快的國家之一。到2005年年底，中國老年人口已達到1.45億，占總人口的11%，今後還將以每年3.3%的速度增長。

我國老齡化現象具有快速老齡化、地區差異大、未富先老等特徵。中國有70%的老年人居住在農村。面對人口老齡化的挑戰，中國既不能單純依靠國家養老，也不能完全推給家庭，而必須依據中國的國情，實施由國家、企業、家庭、個人共同承擔的多渠道、多層次、多種形式的養老措施。

中國最傳統的養老方式就是居家養老，由子女對老人進行照顧。後來也有了由養老院、老年公寓等專業機構進行照顧的養老方式。除此以外，中國正在探索其他的養老方式，如：

發展托老服務中心（托老所），在社區建立托老所，爲一些低收入的老人提供照顧，這能解決老人和家庭的許多實際困難。

推廣社會化居家養老，其基本含義可以從兩個方面來分析：一是從養老的方式看，是居家養老；二是除了有家庭照料外，還需要來自社會的幫助，主要是來自社區的照顧。社會化居家養老強調了社區照顧在居家養老中的作用。

中國人向來有"養兒防老"的觀念，但隨着社會節奏的加快，很多年輕人由於工作等原因不能和父母住在一起，出現了越來越多的"空巢老人"。這些"空巢老人"中有一部分剛剛退休，身體比較健康，收入也較高，他們有的選擇居家養老，但他們也需要一定的上門照料服務，如家務助理、出行旅遊服務等。但是還有一部分"空巢老人"年齡比較大、經濟條件也不太好，不能照顧自己，他們有的選擇留在家裏，所在的社區對他們進行適當的照顧；有的選擇去政府開辦的養老院去養老。政府開辦的養老院價格適中、交通便利、醫療條件較好，但床位比較緊張，常常需要等待。

隨着老齡化速度的加快，如何安置、照顧老年人，讓他們能夠幸福地度過晚年，這是擺在政府和每一個中國人面前的任務。

3. 《老北京的回憶》

前些日子讀旅美作家張北海先生的長篇小說《俠隱》，裏面寫了老北京許多胡同和四合院，他懷念"一溜溜灰房，街邊兒的大槐樹，灑得滿地的落蕊，大院牆頭兒上爬出來的藍藍白白

Unit 7 *People and Society*
第七單元 民族與社會

的喇叭花兒,一陣陣的蟬鳴,胡同口兒上等客人的那些洋車,板凳上抽着煙袋鍋兒曬太陽的老頭兒,路邊的果子攤兒……"那種地道的老北京景象,不僅是遠離故土的遊子的懷念,也是所有老北京人的懷念。

懷念什麼呢?除了故宮長城頤和園,還不是北京城那些老胡同老宅院?那可不是些破地方、舊房子,那是我們祖先最偉大的創造,是北京古老歷史和文化的象徵。

只要想一想,四合院和胡同以幾何圖形的平面劃分形式,構成了北京城如此方正而氣勢威嚴的形象,這在全世界的城市裏獨一無二,該是多麼了不起。這種形式的構成,是皇城的擴大和衍化,是和左祖右社、四城九門連在一起的,是和背後連綿的西山、身前搖曳的大運河連在一起的。那種四合院不僅僅是舊時的王府官邸,也不僅僅是前出廊後出廈或進出兩院有影壁遊廊垂花門外帶耳房的標準四合院,卻一定是那種青磚灰檐魚鱗瓦、天棚魚缸石榴樹的四合院。有了這樣的四合院,胡同才有了依托和層次,整個城市才有了人氣兒,有了北京特殊的味兒,和古老的皇城才相匹配,也才會有潔白的鴿子響起清脆的鴿哨,飛起飛落在這樣的灰瓦與紅牆交織的上空,構成屬於北京城的一幅獨有的畫面。

所以,那個時候,梁思成和貝聿銘才愛登上景山頂,看那起伏而錯落有致的北京城的輪廓線。那是世界上任何一座城市都沒有的最漂亮的輪廓線。

是的,時代是在發展,北京是在前進,作為北京的象徵——胡同和四合院,是在變得越來越破舊,但它們依然是北京的象徵,就像我們母親的容顏,已經越來越蒼老,我們並不能夠讓她換容,更不能夠換一個媽一樣將她拋棄。它們因蒼老而滄桑而更有意義,卻不應因蒼老而毀壞而幻想以現代化的高樓大廈將其取而代之。

作為一座帝國古都的城市建設,不能夠唯新是舉。城市當然可以和社會和經濟一起在飛速發展,但作為一座古老城市的象徵,是歷史積澱下來的文化,是我們祖輩腳下踩出來的泡,即使現在看來已經不那麼好看了,我們可以治療這腳下的泡,卻不可以將腳下的泡移花接木轉移到臉上,去點上時髦而好看的美人痣。

有外地或外國的朋友來,只要說是想看老北京的玩意兒,我一準兒都帶他們到前門來。在我看來,這裏是塊風水寶地,如今北京城剩下的大片的老街區越來越少,前門地區是碩果僅存了。

自明朝從南京遷都到北京,大運河的終點漕運碼頭,由積水潭南移到前門以南,以後又相繼擴建了外城,一直到清朝禁止內城開設戲院,將戲院絕大多數開設在前門外,以及前門火車站交通樞紐中心的建立……這一系列的歷史因素,造就了這裏非同一般的地位與含義。

在這裏,你不僅可以看到老北京最有名的商業區大柵欄、鮮魚口,最有名的文化街區琉璃廠,還可以看到最集中的老戲園子和梨園界名宿的故居,以及最集中的煙花柳巷八大胡同。老北京的會館有500多座,其中140多座集中在前門一帶。那些老會館不僅有著豐富的歷史和文化含量,其中不少是典型的四合院。天棚魚缸石榴樹中的天棚魚缸難見了,但石榴樹還是可以在這些院子裏常常見得到的。縱橫交錯的胡同,胡同口兒上見不到等客人的那些洋車,卻還是能夠看到板凳上抽著煙袋鍋兒曬太陽的老頭兒,一溜溜灰房,街邊兒的大槐樹,灑得滿地白白的落蕊,大院牆頭兒上爬出來的藍藍白白的喇叭花兒,一陣陣的蟬鳴,也照樣能夠看得到。可以說,這是在別處難以見到的景象了,這樣的景象落日殘照似的,依稀還有點兒老北京的味兒,難怪總有些外國人手裏拿著地圖愛到這裏轉悠。

禁不住想起早年讀李健吾先生文章,看他說道:"繁華平廣的前門大街就從正陽門開始,筆直向南,好像通到中國的心臟。"在老北京,前門大街就有這樣大的力量,能夠如李健吾先生說的通到中國的心臟。這是老北京任何一條街都無法比擬的。因為它不僅是一條重要的商業街,而且它位於帝京中軸線南端,直接通往天子的所在地紫禁城以及他們祭天拜農的天壇和先農壇。在這樣一條通到中國的心臟的街道兩旁,可以看到胡同和四合院是作為整體鋪展連成片兒的,血肉和筋和皮是長在一起的。如今,這條大街正在改建,年底就能夠建成,它是老北京的象徵,值得期待。

(選自《人民日報》2007年9月29日第六版。作者:肖復興。)

第十四課《同步訓練》參考答案及相關提示

> Section One

I. Multiple Choice (Listen to the dialogs)
   答案：
   1. B   2. A   3. C   4. C   5. B   6. B
   7. A   8. D

   聽力錄音文本：
1. (Woman) 咱們五個人得坐兩輛出租車。
   (Man)   (A) 這裏的交通情況挺好的。
            (B) 乾脆我們坐公共汽車吧！
            (C) 我們不買這輛車了。
            (D) 公共汽車也很方便的。
2. (Woman) 聽説你們開會取消了原定的計劃？
   (Man)   (A) 我們從來沒討論過這個計劃。
            (B) 我們取消了一個會議。
            (C) 我們計劃下週開一個會。
            (D) 你們討論了一個計劃。
3. (Woman) 去過那家中國餐館的人都説那裏的菜好吃。
   (Man)   (A) 原來中國菜這麼好吃！
            (B) 我當然去過那家中國餐館。
            (C) 難怪那裏總是那麼多人。
            (D) 怪不得你喜歡在這兒買菜。
4. (Woman) 你怎麼沒和大家一起去吃飯？
   (Man)   (A) 好的，我和大家一起去。
            (B) 大家在一起很熱鬧。
            (C) 我有點不舒服，不想去。
            (D) 那個餐館的環境非常好。
5. (Woman) 兩個月的假期過去了，同學們休息得還不錯吧？
   (Man)   (A) 你説得對，假期從六月開始，九月才上課呢！
            (B) 我參加了很多活動，累死了。
            (C) 暑假我可以做各種各樣的事情。
            (D) 還有兩個月的假期，我真高興。
6. (Woman) 真倒霉，事情沒辦成，反倒生了一肚子氣。
   (Man)   算了，算了！沒有什麼大不了的，身體重要。
   (Woman) (A) 身體還不錯。
            (B) 太不像話了！
            (C) 爲什麼生氣呢？
            (D) 別太在意啊！

Unit 7 People and Society
第七單元 民族與社會

7. (Woman) 你看上去很累，沒睡好嗎？
   (Man) 你說對了，昨天熬了一晚上。
   (Woman) (A) 怪不得眼睛都睜不開了。
   (B) 難怪你這麼想看書。
   (C) 原來你睡得挺好的。
   (D) 可見你睡的時間太長了。

8. (Woman) 昨天你去看電影了嗎？
   (Man) 去了，那部片子挺感人的。
   (Woman) (A) 我也聽說沒意思。
   (B) 很多片子都不值得看。
   (C) 還行，我昨天沒事。
   (D) 太可惜了，我昨天有事。

II. Multiple Choice (Listen to the selections)
答案：

1. B	2. C	3. D	4. D	5. B	6. A
7. B	8. D	9. C	10. D	11. A	12. C
13. C	14. B	15. A			

聽力錄音文本：

Selection 1

(Narrator) Now you will listen twice to a conversation between two students.
(Man) 你今天去哪兒了？
(Woman) 我去參加我姐姐同學的婚禮了。
(Man) 你姐姐的同學？那她得有30多歲了吧？
(Woman) 是啊，她今年都32歲了。
(Man) 那她結婚夠晚的啊！
(Woman) 現在的人觀念不一樣了。以前人們都願意早結婚，追求"多子多福"；現在不僅結婚越來越晚，而且"丁克家庭"也越來越多了。
(Man) 什麼是"丁克家庭"？
(Woman) 你不知道嗎？就是結婚後不要孩子的家庭啊！
(Man) 哦！是這樣啊！
(Narrator) Now listen again.
(Narrator) Now answer the questions for this selection.

Selection 2

(Narrator) Now you will listen once to the following selection.
(Woman) 同學們好！歡迎大家來我們公司參觀！下面我簡單地向大家介紹一下我們公司的情況。我們公司的員工有萬餘人，開發的產品有液態奶、奶粉、奶片及冰淇淋等系列，共100多個品種。產品遠銷幾十個省市，受到廣大群眾的歡迎。
(Narrator) Now answer the questions for this selection.

Lesson 14 *Moving into a Modern Apartment*
第十四課 搬家手記

Selection 3

(Narrator) Now you will listen once to the following selection.

(Woman) 因爲家庭條件比較好，加之父母的寵愛，她從小養成了大手大腳的習慣。可是結婚以後，兩個人的工資少得可憐，住房也不寬敞。對於現在的生活條件她怎麽能不抱怨呢？

(Narrator) Now answer the questions for this selection.

Selection 4

(Narrator) Now you will listen once to the following selection.

(Woman) 我曾經交往過一個男朋友，他希望能夠靠寫詩成名，因此在北京呆著，每天除了寫詩，什麽都不做。他已經三十多歲了，他父親七十多歲，只有很少的退休金，而他卻一直靠父親養活著。他經常來我家解決他的吃飯問題，時間一長，我想我不能供養一個只想著寫詩，而懶得做其他事情的人，我決定不再和他繼續交往下去了。

(Narrator) Now answer the questions for this selection.

Selection 5

(Narrator) Now you will listen twice to a conversation between two students.

(Woman) 關於評選結果的新聞你看了嗎？
(Man) 評選什麽？
(Woman) 去年最有影響力的十個中國人。
(Man) 都有誰呀？
(Woman) 姚明，章子怡，還有其他的人。
(Man) 啊？還有章子怡？她不就是運氣好，拍了幾部電影嗎？
(Woman) 人家的電影可是闖進了好萊塢的。
(Man) 那有什麽？還不是運氣好。
(Woman) 運氣是有，可是她工作也非常努力，付出了非常多的汗水！
(Man) 我覺得搞研究才是真功夫，什麽演員、歌星之類的都是靠運氣。
(Woman) 我不跟你說了，你是嫉妒人家名人有錢吧？

(Narrator) Now listen again.
(Narrator) Now answer the questions for this selection.

III. Multiple Choice (Reading)
答案：

1. A	2. B	3. D	4. D	5. B	6. C
7. C	8. B	9. D	10. A	11. D	12. A
13. A	14. C	15. C	16. A	17. B	18. C
19. B	20. B	21. C	22. D	23. A	24. B
25. D					

Unit 7 *People and Society*

第七單元 民族與社會

Section Two

I. Free Response (Writing)

1. Story Narration

The four pictures present a story. Imagine you are writing the story to a friend. Narrate a complete story as suggested by the pictures. Give your story a beginning, a middle, and an end.

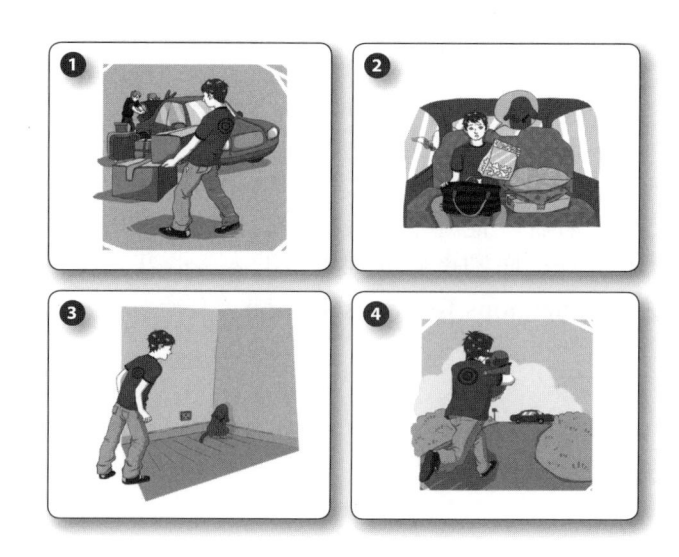

寫作提示：

　　這則看圖寫作考察的是對一個特殊場景中人物活動的完整敘述。在敘述過程中，一是要交代具體的場景，二是要交代特定時間中人物活動的起因、過程和結果，特別注意做一些細節描寫。下面是一些有用的表達方式。

(1) 交代事件的開始。

"我"家買到了一所大房子，全家人忙忙碌碌地……

(2) 敘述場景的轉移以及人物的活動狀態。

行李已經全部……我們全家人都坐到了……我突然想起……全家人都……

(3) 交待事件的進展。

我立即跳下車，衝向……我發現小狗瞪著兩隻大眼睛可憐地蹲在……原來我們搬家時怕小狗……就……搬完東西就……

(4) 交代事件的結果。

我解開繩索，把小狗抱在懷裏，輕輕地……

當我帶著小狗……全家人……

2. Personal Letter

Imagine you received a letter from a pen pal in Beijing. In the letter, he says he and his classmates have been discussing what social issues are most deserving of attention in present-day China. Write a reply in letter format. Tell your pen pal what you think about the social issues that demand urgent attention in the United States.

回信建議：

(1) 問候語。

(2) 重複主要信息。比如：

關於社會問題，這真是一個重要的問題。我很願意和你交流，但是……

(3) 主要內容。
   ① 首先簡要介紹一下美國人對社會問題的一般看法。如：
      美國是一個具有多元文化、存在各種社會問題的國家，人們比較關注的有……
      據我所知，美國人對……等問題特別關注，因爲……而……
   ② 重點介紹你和你週圍的人比較關注的問題。比如：
      我和我的同學對環境污染問題特別關注。最近……
      我認爲現在社會最嚴重的問題就是……所以……
   ③ 談談你對解決這些社會問題的具體想法。可以説一些總的原則，也可以提一些具體的建議，還可以做一些對比。比如：
      我認爲要解決這個社會問題，必須……
      儘管這些問題很難解決，但是只要……就可以……
      對於解決這個問題，我有一些具體的想法：第一……第二……
      我看到過介紹……的資料，他們在……方面的做法很值得我們借鑑，比如……
(4) 可以詢問一下你的筆友討論中國社會問題的情況。比如：
   你可以給我介紹一下你們討論的情況嗎？
   我對中國的社會問題也很有興趣，你可以介紹一下嗎？
   我希望看到……
(5) 祝福語、署名和寫信日期。

3. E-Mail Response

   Read this e-mail from a friend and then type a response.
   發件人：馬立文
   主　題：你認爲本年度美國最重大的國內新聞事件有哪些？
   　　每到年末，我們學校都會組織同學們討論、評選本年度最重大的國際新聞事件。我想知道，在你看來，本年度美國國內最重大的新聞事件有哪些？大概內容是什麼？我想把你的觀點和同學們的觀點做一下對比。謝謝！
   回信建議：
   (1) 首先，重複信中的主要問題。如：
      你在郵件中詢問美國本年度最重大的新聞事件，剛好，我看到報紙上刊登的調查結果。
      我以前沒有思考過這個問題……
      你提了一個很好的問題，我……
   (2) 簡明扼要直接回答。如：
      我認爲最重要的十大新聞事件，第一是……第二是……
      在過去的一年裏，對美國人影響最大的是……
   (3) 簡要説明原因。比如：
      我之所以這樣説，是因爲……
      我這麼説是有根據的，那就是……
   (4) 結束部分。如：
      你們的看法是什麼？
      我的看法不一定正確，你們應該做更廣泛的調查。
      我想這是一個見仁見智的問題，你們大概不會得出完全一致的答案。

Unit 7 *People and Society*
第七單元 民族與社會

4. Relay a Telephone Message

Your family will soon be moving. Your mother has made an appointment with a moving company. They call your mother and you hear the message on the answering machine. You will listen to the message twice. Then relay the message, including the important details, by typing a note to your mother.

(Man) 陳女士，您好！我們是好運搬家公司。根據您的要求，我們做了如下安排：本週日早上八點，我們公司將派兩輛車準時到您家門口，有三名搬運工人爲您服務。到達新家後，他們會按照您的要求把東西搬進房間擺好。我們的收費標準是每輛車的起步價180元，20公里以内不另加錢，超過20公里，每公里收費2元。你如果還有什麼要求或問題，歡迎隨時來電話。

轉述建議：

(1) 首先，仍然是要注意人稱的轉換。

(2) 其次，需要轉述清楚搬家公司提到的具體信息，如時間、車數、車輛停靠地點、搬運工人數、服務項目、收費標準等等，其他次要信息可以省略。

(3) 最後要提醒媽媽，如果有問題或其他要求，可以隨時電話聯繫搬家公司。

II. Free Response (Speaking)

1. Conversation

Imagine you are studying in China. You want to rent an apartment and you turn to a real estate service agency for help. You have a conversation with a staff member at the agency.

(1) 問題一：您好，您想租哪兒的房？想租大約多少錢的房子呢？

回答建議：

這裏包含兩個問題，要分別回答。

① 租房地點問題。需要詳細說明具體的地段，或在地段上的具體要求。如：

我要租……大街的房子。

我希望離清華大學比較近、交通比較方便的房子。

我在地段上的要求是環境安靜……

地段上沒有什麼特別要求，只要是樓房就行。

② 租金問題。這個問題需要明確回答，中介公司知道你的經濟承受能力，才能爲你推薦房子。

我希望不要超過……錢。

關於租金，只要不超過……就行。

我希望在兩千元到……之間。

我每個月只能付……

(2) 問題二：您對要租的房子有哪些基本要求嗎？

回答建議：

回答這個問題時應該儘量詳細。比如：

我希望是單獨的房間，有屬於個人的衛生間，有廚房……

我想和中國家庭住在同一個單元裏，這樣我可以和他們一起……

我喜歡住向陽的房間，要有陽臺……

房間裏要有必備的家具，像床、桌子……什麼的。

Lesson 14 *Moving into a Modern Apartment*
第十四課 搬家手記

(3) 問題三：如果和另一個人合租一套三居室的公寓，您會考慮嗎？
回答建議：
　　這是一個探詢式的問題，在回答時應該明確表態，如果有疑問或有附加條件，都應該清楚地表達出來。比如：
　　　可以呀，但是我必須要一個大的房間。
　　　我不喜歡和陌生的人合住一個單元，因爲……
　　　只要價錢合理，我可以考慮……
　　　我不知道合租一個公寓，各種費用將怎麼支付？

(4) 問題四：這裏還有幾套一居室、兩居室的房子，您需要詳細瞭解一下嗎？
回答建議：
　　這個問題是拿出具體的房子供你選擇，回答問題時可以針對具體情況進一步詢問或說明態度。但請注意用足給你的時間。比如：
　　　好啊，你介紹介紹這些房子吧。有房間的照片嗎？
　　　一居室和兩居室的房價差多少？面積各是多少？提供的家具都一樣嗎？
　　　這個房間不錯，面積有多大？都有哪些家具？
　　　兩居室的是合租嗎？我想……
　　　從照片上看，這房子不錯。不過我還是想先去看看房子，看完了以後我才能決定租還是不租。
　　　這幾個房子，我都不太滿意，還有……嗎？

(5) 問題五：如果找到合適的房源，您可能選擇哪種房租的付費方式呢？是三個月付、半年付還是年付呢？
回答建議：
　　中介公司提出了三種付費方式，回答問題時，應該作出選擇。比如：
　　　如果房子合適，我是準備長住的，因此我會選擇……的付費方式。
　　　我是學生，沒有很多錢，因此我想選擇……
　　　可以每個月付當月的房租嗎？我在美國就是……
　　　現在房子還沒有確定下來，因此……

(6) 問題六：好的，就根據我們剛才商量的結果，我們將會在您方便的時候帶您去看看這幾套房，您再做最後選擇吧。
回答建議：
　　這是準備結束談話了，可以簡單回答，同意他的意見，也可以再提一些要求。比如：
　　　好，那就這樣。我每個星期二的下午沒有課，你們可以跟我聯繫。當然週末也可以。
　　　我明天有時間，如果你們方便的話，可以安排看房嗎？
　　　我現在沒有住處，要馬上租房，你們可以……
　　　你還有沒有其他住房？我想……

教師手冊

Unit 7 *People and Society*
第七單元 民族與社會

2. Cultural Presentation

   In your presentation, talk about what you know about traditional Chinese architecture, and discuss its distinctive characteristics and the Chinese cultural values embodied in them.

   回答建議：

   可以參照本課主課文的內容介紹中國的傳統建築——四合院。至於如何介紹，一是要從建築本身的特點來講；二是要從居住其中的人的角度來講，比如，過去是一家一戶，而後是很多人家共住。通過房子和人，以及由此產生的人際關係，可以看出中國人注重家庭、講求和諧友善等多方面的文化觀念。

3. Event Plan

   Imagine you are the principal of a school. Plan the school curriculum and explain it to your colleagues. In your presentation, you should state clearly the purpose of your plan, your objectives, the main features, and some possible advantages and disadvantages.

   回答建議：

   作爲"校長"，你要考慮的不是一個班、一個年級的問題，而是全校的問題，因此考慮問題必須全面。

   (1) 首先，簡要說明做課程建設規劃的必要性。比如：

   我們學校正在進行改革，爲了提高……我們必須做出課程建設規劃。

   我們州教育局制定了新的教學目標，爲了達到這個目標……

   最近我們學校召開了董事會，會上提出……

   (2) 具體介紹課程建設的設想。比如：

   我想從三個方面對課程進行建設：一……二……三……

   我們的規劃要充分考慮到原有課程的連貫性，因此，主幹課程……輔助性課程……我們要增加……

   課程建設要分年級進行，我們先從初中課程開始……然後……

   (3) 說明這個計劃的合理性、優越性，可以把它和以前的課程進行比較。比如：

   這樣改革，我們可以……學生會……教師將……

   新的課程安排和過去最大的不同是……這正是……

   這樣安排，也許會給大家帶來不便，但是……

   我認爲在目前條件下，這種規劃是最合理的，如果不這樣，我們將……

   (4) 說說這種規劃可能存在的問題和困難。比如：

   如果我們馬上執行這個規劃，那可能會遇到一些困難，比如……

   在教材和師資方面，我們可能……

   如果學生家長不同意我們的新規劃，那麼……

   (5) 結束。誠懇地徵求其他人的意見，和大家共同商量。如：

   這是我的想法，你們覺得怎麼樣？

   你們覺得有什麼問題，請提出來。

   課程建設是學校的大事，希望大家獻計獻策。

UNIT 8 Chinese Language and Characters
語言與文字

單元教學目的

一、溝通
1. 掌握與漢字、漢語這一話題相關的重點詞語及語言點，並學會將這些語言知識運用於日常交際之中。理解一般性詞語。
2. 學會恰當地表達同意或部分同意他人意見的方式；掌握對某一事物進行準確、細緻解說的技巧；學會圍繞主題或針對別人所講的內容提出問題並推進交流等。

二、比較
理解並詮釋漢語及漢字的基本特點，並與自己的母語及其所使用的文字進行對比，體會不同語言和文字之間的差異。

三、文化
了解漢語、漢字體現出的深厚文化內涵。

四、貫連
1. 與藝術課相貫連，了解漢字與書法藝術。
2. 與民俗課相貫連，了解與漢語諧音有關的中國文化習俗。

五、實踐活動
運用所學到的漢語和文化知識以及恰當的表達方式進行交流和表達。

單元導入活動說明

漢語與學生的母語相差較大，尤其是漢字，初學時會覺得很難。到了目前的階段，識別和書寫漢字應該不成問題了。在引導學生進入這個單元的時候，重點是科學地介紹漢字的構成及特點，使學生能夠理性地認識漢字、學習漢字。另外，可以進一步引導學生分析漢語體現的文化內涵。建議引導步驟如下：

第一步： 根據學生用書單元導入的第一個問題，請學生比較兩種古代文字的異同，並說說自己的想法。

第二步： 根據學生用書單元導入的第二個問題，請學生談談自己學習漢語的感想。這個活動可以分小組進行。

教師手冊

第十五課 Characters Relating to Animals
漢字與動物

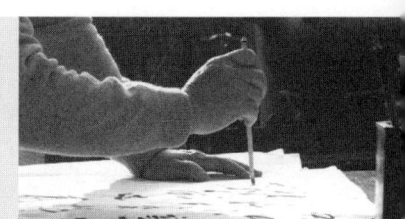

一、本課教學重點
(一) 讓學生理解並運用所學的語言和文化知識討論與漢字有關的內容，同時能夠與自己母語所使用的文字相比較，説出它們之間的差異。
(二) 讓學生運用本課所學的表達式在討論中準確地發表自己的意見。

二、本課的難點
(一) 詞語：注意"特徵—特點"這組近義詞的辨析。
(二) 語言點：
1. 數詞活用是漢語裏常見的語言現象，它所表示的不是實際的數目，而是與數目相關的其他意思。其中也有一些與中國人的習俗、文化觀念相關的因素。請老師多用一些例子爲同學講解。
2. "倒是"這一語言結構多用在口語中，它和有轉折含義的詞連用時，表示有所承認，但最終並不完全認可的意思。"倒是"還可以表示不耐煩的語氣。

三、有用的教學資源
(一) 一些漢字的古文字形及其演變的歷史。
(二) 一些漢字形與義之間的關係。

四、教學安排導引
針對不同學習內容，各教學模塊及其教學設計和參考課時索引見下表。

教學模塊		交際模式	可選用的教學活動設計		課時建議
新課學習	課文閱讀與理解	理解詮釋 人際互動	教學設計1 教學設計2	教學設計分爲必選和可選兩種，可選的活動以"可選"標明，其實施順序請老師根據本班學生實際情況自定。	5—7課時
	詞語講解與練習	理解詮釋 表達演示	教學設計3 教學設計4 (可選) 教學設計5		
	語言點講解與練習	人際互動 表達演示	教學設計6 教學設計7 (可選)		
交際活動		人際互動 表達演示	教學設計8 教學設計9 (可選)		1課時
寫作訓練		表達演示	教學設計10 教學設計11 (可選)		1課時
綜合考試訓練		綜合	教學設計12		1—2課時

注：寫作訓練活動可根據本班實際情況選做；綜合測試題應根據本班實際情況在課堂上選做或讓學生課外完成。

五、具體教學活動設計的建議

教學模塊 1 → 新課學習

(一) 課文閱讀與理解

🗣 **教學設計1**

內容：主課文導入。

目的：通過對學生已有記憶或經驗的激活，為理解主課文的內容以及其中的文化知識做好學習準備。

步驟：

第一步：　在進入本課學習之前，向學生提出幾個思考題，可以請學生分組討論：
① 世界上的文字有很多種，你知道哪幾種？
② 你覺得漢字最大的特點是什麼？

第二步：　各小組總結討論結果，派代表在全班做報告。

第三步：　老師根據學生的報告，隨時在黑板上寫出學生提及的、與本課的語言知識或文化內容相關的字、詞及其他內容。

第四步：　根據黑板上列出的信息，請學生閱讀課文或仔細聽課文的錄音，找出這些信息在課文中的位置，開始進入主課文學習。

預期效果：通過以上活動，調動全班同學的學習積極性，從學生已有的知識或信息儲備入手開始主課文學習，幫助學生更好地掌握本課的學習重點。

🗣 **教學設計2**

內容：課文的聽與讀。

目的：
1. 讓學生理解課文內容，掌握本課新詞語在課文中的含義，並理解本課語言點的基本用法。
2. 讓學生結合他們所掌握的漢字進行討論，加深他們對漢字形與義之間關係的理解。

步驟：

第一步：　展示幾個有代表性的古文字形，請學生們猜一猜，它們都是什麼字。

第二步：　聽課文大意。讓學生看著課本，聽錄音了解課文大意。

第三步：　分段學習課文。

・總體教學建議
① 老師把閱讀問題寫在黑板上；
② 讓學生帶著問題分段閱讀；
③ 隨文講解課文的生詞和學生不懂的語言現象；
④ 分段討論老師提出的問題，分小組進行討論，鼓勵學生提問題。

・具體教學建議
建議教師在指導閱讀時將課文處理為四個部分。

各部分具體問題

第一部分： 從 "麥克：你看" 到 "後來又簡化成了現在的'龙'"（在這部分中，有關 "龍" 字的演變是很關鍵的，請老師向學生展示該字的幾種古文字形。）
　① 麥克爲什麼不認識扇子上的 "龍" 字？
　② 漢字 "龙" 是怎樣變成今天這個樣子的？

第二部分： 從 "麥克：其他漢字也是這樣造出來的嗎" 到 "'加' 是它的聲音……"（這部分主要介紹了象形字和形聲字，建議老師適當介紹相關理論知識，但不宜過多。）
　① 一些表示動物名稱的漢字是怎麼造出來的？（牛、羊、馬、鼠、象）
　② 你認識它們嗎？（虎、貝、衣、舟）
　③ "鷄" 字是怎麼造出來的？請你試著分析一下 "鴨" "鵝" 等字。
　④ 漢字是怎麼表示聲音的？請你講講 "們" "指" "河" "鬆" 這幾個字的結構。

第三部分： 從 "麥克：所有的用兩個字組成的新漢字" 到 "就不只是'牽牛'了"（這部分主要介紹會意字，建議老師適當介紹相關理論知識，但不宜過多。）
　① "雀" 字爲什麼表示小鳥的意思？
　② 放羊的地方爲什麼叫 "牧場"？關押罪犯的地方爲什麼叫 "牢房"？
　③ 你能講一講 "鳴" "漁" "林" "男" 這幾個字的組成和意思嗎？

第四部分： 從 "麥克：看起來" 到 "你可真是個急性子呀！"（建議老師組織討論，讓學生互相介紹自己學習漢字的經驗，與同伴們分享。）
　① 爲什麼麥克説 "這一個一個的漢字學起來的確不容易，但是只要明白了它們的意思，就容易多了"？
　② 你覺得麥克説得對嗎？你怎麼學習漢字？

第四步： 教師請學生再仔細讀一遍課文，然後指出自己不能理解的地方，最後就學生提出的問題，進行解答。

組織要點：
1. 在講解時可以給學生展示並分析每段課文中涉及的幾個漢字的古文字形，同時也可以請學生舉出一些表示動物的漢字，並試著分析這些字形與它所表示的動物之間的關係，還可以讓學生分組討論。這樣的學習活動顯得更主動、輕鬆，也使學生對漢字的構造產生興趣，願意進一步學習並使用漢字。
2. 學生可能是第一次接觸漢字理論，比較陌生，老師可以多找一些相關資料（主要是古文字形）給學生們看，引導學生正確理解漢字形與義之間的關係。
3. 對整篇課文的學習，可以先理解課文大意，再分段閱讀、理解、討論，最後進行擴展討論。這一教學設計需要分開用幾個課時完成。

（二）詞語講解與練習

教學設計3

內容： 新詞語的講解與學習。

目的： 讓學生熟悉掌握詞的使用語境，爲練習中的詞語運用奠定基礎；了解生詞構成語素的構詞能力，複習並擴展新詞語，爲閱讀掃清障礙。

重點提示：

1. 請老師在帶領學生學習課文時，注意強調含有掌握詞"最初""直接""特徵""突出""屬於""組合""可見"的句子，並造出更多相關的句子，讓學生熟悉重點詞使用的語境。
2. 請注意"跨"這個單音節動詞的意義及組合特點，將它和"騎""坐""乘""開"等動詞進行比較，幫助學生分辨不同的交通工具應該使用的不同動詞。
3. 儘量讓學生使用構詞能力強的語素組成新詞，如"員""化""特""尖""組""史""擴"等，從而達到擴展詞彙量的目的。比如可以做以下一些活動：
   ① 給出包括某語素的雙音節詞，讓學生猜出整個詞的意思。
   ② 小組比賽。要求學生就生詞的某個重點語素或所有構成語素組成新詞語，組成新詞語多、正確率高的小組獲勝。

組織要點： 新詞語的學習活動和學生對課文的閱讀理解是同步進行的，教師在講解和組織活動時，要控制好時間，分清主次，掌握詞需要重點處理，非掌握詞可根據學生的興趣靈活處理。

教學設計4（可選）

內容： 連詞成句。

目的： 通過連詞成句，幫助學生掌握詞語的不同使用方式，達到學習和複習的目的。

步驟： 老師預先將本課的詞語寫成卡片，每次給出3—4個詞語，請學生加上適當的詞語，將它們連成完整的句子。如給出"根據""最初""演變""特徵"，學生可以組成這樣的句子："最初'羊'這個字就是根據羊的特徵寫出來的，後來才演變成了現在的這個樣子。"

可能出現的問題：

1. 學生可能組出很簡短的句子，老師要鼓勵他們儘量把句子說得長一些。
2. 學生組出的長句可能在小句之間缺乏邏輯關係或邏輯關係不正確，老師應予以糾正。

教學設計5

內容： 根據指定的詞語完成句子。

目的： 通過完成句子練習，掌握本課重點詞語的實際運用。

步驟： 請參考學生用書中本課的詞語練習（VOCABULARY IN CONTEXT）。可以將學生分成若干組完成這個練習。

擴展： 可以鼓勵學生仿照練習中的對話，自己再編一到兩組對話，鞏固對本課重點詞語的掌握。

（三）語言點講解與練習

教學設計6

內容： 說出更多的句子。

目的： 通過對重點句型的理解和實際運用，掌握本課的重點句型。

步驟： 請參考學生用書中的句型講解（LANGUAGE CONNECTION）及其練習進行。句型的詳細講解和練習的參考答案請參考後文"六（二）"中的相關內容。

擴展： 可以鼓勵學生仿照練習中的句子，自己再說出一到兩組具有相似結構的對話。

Unit 8 Chinese Language and Characters
第八單元 語言與文字

🗣 教學設計7（可選）

內容：成語比賽。

目的：讓學生自己找出含有數詞的成語，進一步理解數詞在漢語中的活用。

步驟：請參考學生用書中"數詞活用"的講解及其練習，每個學生準備三個此類成語，然後在小組中講出成語的意義，分析數詞的活用現象。比一比，看哪個小組找得多。

組織要點：在這個活動中，準備合適的成語是完成該項活動的重要保證，所以要鼓勵學生充分利用工具書尋找成語。

教學模塊 2 — 交際活動

🗣 教學設計8

內容：根據古文字形猜漢字。

目的：通過討論，學習使用同意或部分同意他人觀點的表達方法。

步驟：請參考學生用書中的交際練習（COMMUNICATION CORNER）。關於這種功能的表達法請參考後文"六（三）"中的詳細介紹。

組織要點：這個活動的目的不在於讓學生們正確地猜字，而是要在討論過程中練習使用如何表達同意或是部分同意，請老師們注意這一點。

🗣 教學設計9（可選）

內容：給偏旁，組漢字。

目的：通過這個活動，幫助學生理解漢字偏旁和整字之間的關係，掌握更多的漢字。

步驟：

第一步：將學生分成若干組，老師給每個組若干個偏旁，讓學生用偏旁組字。可供使用的偏旁有：

亻、刂、糹、飠、門、金、貝、言、氵、扌、土、女、口、勹、宀、山、巾、

夂、忄、日、木、月、火、灬、犭、牛、玉、疒、目、石、竹、示、石、禾、

米、虫、衤、足、辶、車、門、阝、雨、馬、魚、鳥

第二步：在組字的過程中，小組的同學要一起討論，看組的字對不對。

第三步：老師將各組組的字寫在黑板上。每個組要對其他組同學組的字正確與否發表自己的意見。

第四步：看哪個組組的字又多又正確。

教學模塊 3 — 寫作訓練

🗣 教學設計10

內容：寫報告《我看漢字》。

目的：通過對漢字和英語字母文字的比較，幫助學生進一步理解兩種文字的本質區別，並掌握本課所學到的詞語及其他語言知識。

步驟：請參考學生用書中的寫作練習（WRITING TASK）進行。

組織要點：本練習不要求有過多的理性分析，只要求學生寫出自己的感受。可以提醒學生適當舉一些例子，以增加作文的可信性和可讀性。

Lesson 15 *Characters Relating to Animals*

第十五課 漢字與動物

🗣 教學設計11（可選）

內容：看圖説話/回復個人信件/表達個人觀點。

步驟：請根據本班學生的實際情況，在課堂上選做同步訓練中的相關寫作練習。同步訓練的答案提示請參照後文"七"中的相關內容。

教學模塊 4 — 綜合考試訓練

🗣 教學設計12

內容：綜合考試訓練。

目的：

1. 通過綜合考試訓練試題的自我檢測或隨堂選擇性檢測，使學生達到綜合性複習，並強化本課所學內容的目的。
2. 借助綜合訓練試題內容與課文內容的互補性，拓展學生對"語言與文字"主題相關內容的學習。

步驟：請參考《同步訓練》相關內容。

訓練要點：

1. 完成聽力題（Rejoinders and Stimulus Types），複習、強化和評價學生對與漢字相關的話題內容及一些實用性功能項目的理解，具體包括介紹漢字的教材、討論漢字結構、給孩子取名、學習漢字的心得、怎樣查字典等。
2. 完成閱讀題（Reading），拓展並評價學生對本課話題內容的學習和理解，讓學生更多地接觸語言的各種實際應用，比如短文、通知、海報、新聞報導、電郵等。內容涉及學習漢字、招生廣告、書法、漢字的影響、商標、形聲字等。
3. 完成寫作訓練中的看圖寫故事（Story Narration）、個人信件（Personal Letter）、回復電郵（E-Mail Response）和電話留言轉述（Relay Telephone Message），訓練和評價學生完整敘述問路的情景，闡述漢語學習的意義，描述州政府對中文學習的要求，以及描述購買服裝的細節。
4. 完成交際訓練中的對話（Conversation）、文化表述題（Cultural Presentation）和計劃表述題（Event Plan），訓練及評價學生對事件的敘述能力和表述自己觀點的能力。這部分內容涉及與學友談學習計劃，表達對漢字基本特點的了解以及説明如何尋找中國學校的姊妹班。

六、教學參考資料

(一) 詞語講解及練習參考答案

本課的詞語註釋表中一共列出了41個詞語，其中專有名詞2個，要求學生掌握、理解並能正確使用的詞語9個，只要求學生大致理解其文中的含義及主要使用場合的詞語30個。此外，我們還對本課中的一些詞進行了詞義辨析，供教師參考。

1. 扇子：【名】搖動生風的用具。
2. 售貨員：【名】商店裏賣東西的工作人員。
3. 根據：【介】把某種事物作爲結論的前提或言語行爲的基礎。
4. 演變：【動】發展變化（指經過較長時間的）。

Unit 8 Chinese Language and Characters
第八單元 語言與文字

5. 最初：【名，副】最早的時候；開始的時候。
6. 橫平豎直：表示漢字的書寫特點。漢字的書寫橫要平直，豎要垂直，整個字體看起來要方正，也指像漢字一樣具有橫平豎直特點的事物。
7. 簡化：【動】把複雜的變成簡單的。
8. 直接：【形】不經過中間事物的（跟"間接"相對）。
9. 按照：【介】根據，依照。
10. 特徵：【名】可以作為人或事物特點的現象。

> **辨析** 特徵—特點—特性
> 　　"特徵"的意思是可以作為人或事物特點的現象、標誌等。"特點"的意思是人或事物所具有的獨特的地方。"特性"的意思是某人或某物特有的性質。從"容易識別"這一點上來說，"特徵"是最容易發現和辨認的；"特點"比"特徵"難發現一些，需要在比較中發現、概括；"特性"是內在的東西，多用於事物。例如：
> 　　他這個人的性格很有特點。（*他這個人的性格很有特徵/特性。）
> 　　中國的地理特點/特徵是西高東低。（*中國的地理特性是西高東低。）
> 　　木頭在水中容易漂浮起來，這是它的一個特性。

11. 突出：【動】使超過一般。
12. 鬃毛：【名】馬、豬等頸上的長毛。
13. 尖利：【形】銳利；物體有尖頭或薄刃，容易刺破其他物體。
14. 牙齒：【名】牙的通稱。
15. 蛇：【名】爬行動物，身體圓而細長，有鱗，沒有四肢。種類很多，有的有毒。
16. 五花八門：原指古代戰場上布置的五花陣和八門陣，它們是戰術變化很多的陣勢，現在用來比喻花樣很多或變化多樣。
17. 屬於：【動】歸某一方面或為某方所有。
18. 翅膀：【名】昆蟲、鳥類等動物的飛行器官。
19. 飛禽：【名】會飛的鳥類，也泛指鳥類。
20. 組合：【動】組織成為整體。
21. 受驚：【動】受到突然的刺激或威脅而害怕。
22. 跨：【動】兩腿分在物體的兩邊坐著或站著。
23. 添：【動】增加，增添。
24. 麻雀：【名】鳥，頭圓，尾短，嘴呈圓錐形，背面褐色，雜有黑褐色斑點，尾羽暗褐色，翅膀短小，不能遠飛，善於跳躍，吃穀粒和昆蟲。
25. 孔雀：【名】鳥，頭上有羽冠，雄性尾部的羽毛很長，顏色鮮豔，展開時像扇子。成群居住在熱帶森林或河岸邊，吃穀類和果實等。多飼養用來觀賞。
26. 史書：【名】記載歷史的書籍。
27. 可見：【連】因此可以知道（表示對所說事情做出判斷和結論）。
28. 牧師：【名】基督教（新教）中主持宗教儀式和管理教堂事務的神職人員。
29. 牢房：【名】監獄裏關犯人的房間。
30. 犁地：【動】用一種叫犁的翻土用的農具耕地。
31. 馴服：【動】使順從。
32. 圈養：【動】關在圈裏飼養。

33. 栅欄：【名】用鐵條、木條等做成的較堅固的有遮擋作用的圍欄。
34. 囚禁：【動】把人關在監獄裏。
35. 牽：【動】拉著使行走或移動。
36. 擴大：【動】使（範圍、規模等）比原來大。
37. 有限：【形】數量不多，程度不高。
38. 三言兩語：言語不多，形容話很少。
39. 急性子：【名】性情急躁的人；形容做事情想馬上達到目的，不能等待，急於行動的人。

專有名詞
40. 琉璃廠：街道名。位於北京和平門外，是北京一條著名的文化街，這裏經營古玩字畫的店鋪很多。它起源於清代，當時各地來京參加科舉考試的舉人大多集中住在這一帶，因此在這裏出售書籍和筆墨紙硯的店鋪較多，形成了較濃的文化氛圍。
41. 印度：國名。位於南亞次大陸，人口居世界第二位，由十個大民族和很多小民族組成。印度是世界四大文明古國之一，曾創造了燦爛的印度文化。

VOCABULARY IN CONTEXT 參考答案

用所給的詞語完成對話。
① 甲：你對漢字的印象一直就是這樣的嗎？
   乙：不是的，最初我覺得漢字很難學，後來明白了它們的意思，就覺得不太難了。（最初）
② 甲：我看你騎馬的技術不錯嘛，能給我說說動作要領嗎？
   乙：主要是跨在馬背上的姿勢要正確。（跨）
③ 甲："口"字再加上其他的字，你能變出其他什麼新字？
   乙：一個"口"再添上一個"乞"，就組合成"吃飯"的"吃"字。（添、組合）
④ 甲：你設計的這個標誌有什麼含義嗎？
   乙：這個標誌突出了這次展覽的藝術特徵。（特徵）
⑤ 甲：你怎麼看待這兩件事之間的關係呢？
   乙：這兩件事都發生在同一個超市，可見這個超市有點問題。（可見）
⑥ 甲："請""情""清""精""靖"，你發現這幾個字有什麼共同點？
   乙：這幾個字突出的特點是都有一個"青"字。（突出）
⑦ 甲：這種動物屬於珍稀動物，數量特別少。（屬於）
   乙：聽你這麼一說，我覺得真是這樣。
⑧ 甲：以後我們再遇到這種情況應該怎麼辦？
   乙：直接找老師幫忙就行了。（直接）

(二) 語言點講解及練習參考答案

本課一共有4個需要學生掌握的語言點，在學生用書的LANGUAGE CONNECTION部分有簡單的講解。在這裏，我們又做了進一步的講解，同時對學生用書中的練習題也給出了參考答案，供教師們參考。

Unit 8 Chinese Language and Characters
第八單元 語言與文字

1. 插入語

   "看起來，這一個一個的漢字學起來的確不容易。"

   插入語就是一種獨立于句子之外的、不作爲句子成分的一種獨立結構。插入語一般用在句子的前面或中間，它與前後句子之間一般用逗號隔開。不同的插入語表示不同的意義，這與插入語的構成有直接關係。如課文中的"看起來"這一插入語，表示説話人根據已有的情況做出推斷和判斷。我們在學生用書中舉了幾個插入語的例子，請老師幫助學生理解：

   你看，車來了。（用"你看"提醒對方，引起對方注意，有時並不一定是真的要對方"看"。）

   毫無疑問，這個球隊一定會贏。（"毫無疑問"是没有疑問的意思，所以用作插入語也是表示肯定的語氣。）

   據説，那些舊的四合院都已經没有了。（"據説"是"根據別人説"的意思，表示後面的内容來自別人的話，並不是自己真正看到的。）

   依我看，我們應該馬上對這件事做出決定。（"依我看"是"在我看來"的意思，通常用在發表意見之前，引出自己要説的話。）

   總的來説，今天球隊的表現是不錯的。（在分別敘述之後需要做總的概括或結論時，經常用"總的來説"作爲插入語，引出概括性的結論。）

   ### 語言點練習參考答案

   根據對話的意思，使用恰當的插入語完成對話。

   ① 甲：王老師今天會來嗎？
   　　乙：天都這麽晚了，看起來，王老師大概不會來了。
   ② 甲：你覺得這事該怎麽辦？
   　　乙：依我看，應該先找大家商量商量。
   ③ 甲：你知道漢字是誰發明的嗎？
   　　乙：據説，是一個叫倉頡的人發明的。
   ④ 甲：你們學校的漢語課怎麽樣？
   　　乙：總的來説，還不錯，老師講得很認真。
   ⑤ 甲：誰會當選下一任學生會主席？
   　　乙：毫無疑問，麥克肯定能當選。

2. 數詞活用

   "可没想到漢字會把那麽多動物五花八門的特點都表現出來。"
   "可以是可以，只是我的知識也有限，而且三言兩語也講不清楚。"

   漢語中有些數詞不表示實在的數目，而表示與數目有關的其他意思。例如，"九""百""千""萬"通常表示多，"一"表示少，等等。課文中這兩個句子，都是數詞聯合活用。"五花八門"中的"五"和"八"用在一起，表示多；"三言兩語"中"三"和"兩"用在一起，表示少。再如，"接二連三"表示頻繁，"七嘴八舌"表示雜亂等等。

在漢語中，數字往往蘊涵著豐富的文化內容，這也表現在用數詞組成的熟語中。例如：中國人喜歡偶數，於是就用"四平八穩"表示做事情穩當、不慌張的意思；"六"在漢語裏可以表示"順利"，於是就有了"六六大順"這一成語。請注意，數詞的活用多為熟語，所以需要記住它們的意思，而不能隨意創造。再看幾個例子：

最近天氣不太好，三天兩頭下雨。（"三天兩頭"字面的含義是三天裏有兩次，用來表示隔一天或幾乎每天都是這樣。形容事件發生得頻繁。）

你怎麼總是丟三落四的？（"丟三落四"意思是總是忘記什麼事情，"三""四"用來泛指。這個熟語用來形容一個人做事馬虎或記憶力不好，含有貶義。）

他是我們這裏百裏挑一的學生。（"百"形容很多，"一"形容很少。"百裏挑一"利用"百"和"一"的懸殊對比說明十分難得的狀況。這個熟語經常用來形容一個人十分出眾。）

經歷了千辛萬苦，他們終於實現了自己的夢想。（"千"和"萬"都是很大的數字，在漢語裏經常用它們組成熟語來形容"多"。"千辛萬苦"是說很多的艱辛和苦難。類似的還有"千軍萬馬""千言萬語""千差萬別""千變萬化""千山萬水"等。表示強調時也可以用"千……萬……"這一結構，如"千真萬確"就是形容非常真實。）

語言點練習參考答案

用所給的詞語完成對話。

① 甲：你最近身體怎麼樣？
  乙：我最近身體不太好，<u>三天兩頭感冒</u>。（三天兩頭）

② 甲：我的自行車鑰匙找不到了，你看見了沒有？
  乙：是不是還在自行車上？
  甲：哦，對。你看，<u>我總是丟三落四的</u>。（丟三落四）

③ 甲：這個問題你問老師了嗎？
  乙：問了。這麼復雜的問題，<u>老師三言兩語就講清楚了</u>，我真的很佩服他。（三言兩語）

④ 甲：你肯定這樣做不會有危險嗎？
  乙：放心吧，<u>絕對萬無一失</u>。（萬無一失）

3. "倒是"

"麻雀倒是不大，可是……孔雀也叫'雀'，牠可不小。"

"倒是"的用法很多，在課文中表示讓步，即表示暫且承認一個事實，後面多有"就是""可是""但是""不過"等詞與它相呼應，有一些轉折的作用，表示與前面所承認的事實不盡相同的情況。多用在口語中。"倒是"也可以說"倒"。例如：

這個地方風景倒是很好，可是交通太不方便了。

這件衣服價錢倒不貴，就是質量差了點。

"倒是"在其他語言環境中，還有與"反倒"相近的意義，用來表示跟一般情理相反的情況。如：

該買的不買，不該買的倒是買了不少。

"倒是"有時還表示對一種意見、一種情況的反駁，有一點指責的意味：

說得倒是容易，你做一做試試！

"倒是"有時還可以用來表示催促或追問。如：

你倒是快走呀！

你同意還是不同意，倒是說出來呀！

下面的練習都是課文中"倒是"的用法。

語言點練習參考答案

根據所提供的語境提示，用"倒是"完成對話。

① 甲：聽說你搬新家了，怎麼樣？
　　乙：交通倒是很方便，就是房租比較高。（交通方便；房租比較高）
② 甲：這次夏令營你參加嗎？
　　乙：我倒是很想去，但是我媽媽不同意。（我想去；我媽媽不同意）
③ 甲：今天的考試難不難？
　　乙：題目倒是不難，不過題量很大。（題目不難；題量很大）
④ 甲：聽說你認識那個體育明星？
　　乙：認識倒是認識，可是不太熟。（認識；不太熟）

4. "由/用……組成"

> "它是由'奚'和'隹'兩部分組成的。"
> "所有的用兩個字組成的新漢字，其中都有一個字表示聲音嗎？"

"由/用……組成"這個結構可以用來說明某一事物的組成部分。"由"或"用"的後面是組成某事物的具體部分或內容，它們可以是人、事、物，只要是一個整體由幾個部分組成，都可以用這個結構說明。"由"與"用"雖然都可以與"組成"搭配，但表示的意思有少許區別："由"主要表示一種憑藉，而"用"具有"需要""使用"的意思。例如：

這個足球隊由不同國家的球員組成。

用10個人組成了一個英文字母"Z"。

語言點練習參考答案

用"由/用……組成"完成對話。

① 甲：你知道"籃球明星聯隊"是怎麼回事嗎？
　　乙：大概是一支由明星們組成的籃球隊。
② 甲："贏"這個字很複雜，怎樣才能記住它的寫法？
　　乙：你只要記住它是用"亡、口、月、貝、凡"組成的就行了。
③ 甲：聽說加州大學很大，是嗎？
　　乙：它是由八個分校組成的，當然很大。

5. 數量短語的重疊

> "這一個一個的漢字學起來的確不容易。"
> "這一個一個方方正正、充滿了神奇色彩的漢字是誰發明的？"（副課文例句）

在課文的句子中，"一個"是數量短語，重疊後用在名詞的前面，表示數量多，有很強的描寫性。當數詞是"一"時，重疊後的第二個"一"通常可以省略，如副課文中的句子"古人為什麼把文字刻在一片片龜甲、獸骨上呢？"數量短語重疊後也可以用在動詞的前面，表示動作的方式，如副課文中的句子"買回藥以後，這位官員親自一樣樣地察看"就是這樣。再看兩個句子：

一群群小鳥飛過天空。

他怕我忘了，所以一遍一遍地囑咐我。

數量短語重疊使用有時也可以表示"遍及""依次"的意思。如：

她一家一家地走訪，用了一個月，才走完了所有學生的家。

我一頁一頁地看下去，竟然把吃飯都忘了。

飯要一口口地吃，事要一件件地做。

重疊使用的數量短語中的數詞不只限於"一"。如：

我們兩個兩個地走，不要著急。

遇到喜歡的襪子，她總是五雙五雙地買。

使用其他數詞時，重疊的數量短語表示以這個數字為一個"單位"，依次怎麼樣。例句中的"兩個兩個"就表示每兩個為一組，依次走。

（按：下面的練習主要是課文中的用法，但也含有少量不同的用法。）

語言點練習參考答案

用數量短語的重疊形式填空，然後讀一讀。（注意量詞的選擇）

① 他們經歷了<u>一次一次</u>的失敗，最後終於成功了。（數量多）
② 同學們<u>一個一個</u>地走進了考場。（依次）
③ 看着<u>一盤盤</u>叫不出名字的中國菜，他不知道該先嚐哪一種。（數量多）
④ <u>一張張</u>漂亮的新桌子整齊地擺在教室裏。（數量多）
⑤ 停車場裏停放着<u>一輛輛</u>嶄新的車。（數量多）

（三）功能項目說明

在和別人進行討論時，總會發表自己的意見，同時也需要對別人的意見發表自己的看法，即同意、部分同意或不同意別人的意見。本課要讓學生學習和掌握的功能項目就是表示同意和部分同意。

課文中表示同意的例句有：

> "當然了！有不少字就是用表示某一類動物的字和另一個表示聲音的字組合起來的。"

"當然"本身就表示"應當這樣"和"沒有疑問"的意思。在與別人交談時，對方說出一個意見之後，就可以用"當然了"來說明自己完全同意這一意見。

課文中表示部分同意別人意見的例句有四句：

> "麻雀倒是不大，可是……我想起來了，孔雀也叫'雀'，牠可不小。"

"可以是可以，不過我的知識也有限，而且三言兩語也講不清楚。"

"那倒不一定。但是許多表示動物的漢字就是直接按照牠們的形體特徵造出來的。"

"這倒也不一定，也有兩個字和這個新漢字的聲音都沒關係的。"

這幾個句子的句型雖然不同，但表達的意思基本一致，即對對方的觀點或意見不完全同意。

此外，在學生用書中，已經較為詳盡地列舉了其他表示同意或部分同意的句型，在指導學生做練習時，老師要提醒他們適當地使用不同的表達用語，並且要注意表達的語氣。

(四) 文化知識補充材料

根據正副課文的內容，我們補充了一些相關的文化背景知識，供老師們參考。由於篇幅的關係，其他更多的材料，我們放到網上，請老師們上網搜尋。

1. "六書"簡介

"六書"是指六種創造漢字的方法，也就是說，眾多的漢字基本上是由六種方法造出來的，即象形、指事、會意、形聲、轉注、假借。

象形

按照所對應事物的外形特徵具體地勾畫出字形就是象形造字法。例如，"日"字畫出圓圓的太陽的形狀，"龜"字像一隻龜的側面形狀等等。象形是一種最原始的造字方法，它的字形來源於實物，因此局限性很大，因為抽象的事物是很難畫出來的。用象形的方法造出的字就是象形字。課文中涉及的許多表示動物的字就都是象形字，另外不少表示具體事物的字也是象形字，如"水""山""木""草""人""刀""幾""月""雲""雨"等等。

指事

用抽象的符號或是在一個象形字的基礎上加一個抽象符號表示字義的造字法就是指事造字法。例如：在一條橫線上點一點或是畫一小橫，就表示"上"，反之就表示"下"；"刃"字是在"刀"的鋒利處加上一點，來表示刀最鋒利的部分；"木"（樹）的下面加一橫就是"本"（樹根），上面加一橫就是"末"（樹梢）等等。用指事的方法造出來的字就是指事字。在漢字中，指事字的數量很少。

會意

會意是組合兩個或多個漢字成為一個字的造字法。組成會意字的兩個字在組合成的新字中都表示意義，這個新字呈現出與兩個組成部分都有關係、卻又都不相同的新意義。如"休"是一個"亻"（人）靠著"木"（樹）的形象，表示休息的意思；"涉"的一邊是"氵"（水），表示河流，一邊是"步"，表示人的兩隻腳，合在一起就是"涉水過河"的意思。用會意造字法造出的字就是會意字。會意字也可以由多個字組成，如"眾"用三個"人"表示多的意思，"森"用三個"木"表示樹木很多的意思。

形聲

形聲是將兩個字組合而成的造字法。它與會意字不同的是，其中一個漢字表示相關的意義，稱作形旁(又稱"義符")，另一個字表示聲音，稱作聲旁(又稱"音符")。例如："櫻"字，形旁是"木"，表示它是一種樹木，聲旁是"嬰"，表示它的發音與"嬰"字相近；"指"形旁是"扌"（手），表示這個字的意思與手有關，聲旁是"旨"，表示這個字的讀音與"旨"相同或相近。用形聲造字法造出的字就是形聲字。需要注意的是，形聲字中形旁只表示該字意義的類屬，並不是該字的具體含意；而聲旁則表示該字在古代的讀音，與現代漢語的讀音往往並不相同。

轉注

對於"轉注"，歷來說法不同，有人認為它是"用字法"，而不是造字法；有人認為它也是一種造字法，只不過是用孳乳的方法造字，所造出的字並不能簡單地從字的形體上表現出來。由於前人對"轉注"的解釋很模糊，所以至今也沒有一種得到廣泛認可的說法。有人認為是同義詞的相互訓釋，如"考"和"老"；有人認為是一個詞的不斷引申；有人認為是在意義相通、聲音相同或相近的條件上不斷地孳乳……各種認識存在根本的分歧，說法不一，因此這裏不能給出準確的例字。

假借

假借造字法就是有了一個詞而沒有對應的字，人們在給這個詞造字時，沒有創造一個新的字形，而是借用另外一個與之同音的詞的字形來對應這個新詞，也就是"不造新字的造字法"。這個借過來表示新詞的字就是假借字。如，"而"本來表示男人下巴上的鬍子，後來用作表示連接的虛詞；"來"字本來表示農作物麥子，後來用作表示"來去"的"來"；"叔"表示一種摘取的動作，後來用來稱呼跟父親平輩而年齡較小的男子等。人們對"假借"的看法也不統一，有人認為是"造字法"，也有人認為是"用字法"。

關於"六書"的名稱和理論很早就有記載了。其中最有名的是東漢學者許慎在《說文解字·敘》裏所做的解釋："周禮：八歲入小學，保氏教國子，先以六書：一曰指事——指事者，視而可識，察而可見，'上''下'是也；二曰象形——象形者，畫成其物，隨體詰詘，'日''月'是也；三曰形聲——形聲者，以事為名，取譬相成，'江''河'是也；四曰會意——會意者，比類合誼，以見指撝，'武''信'是也；五曰轉注——轉注者，建類一首，同意相受，'考''老'是也；六曰假借——假借者，本無其字，依聲託事，'令''長'是也。"許慎的解說，不僅有名稱、有解說，還有例字。這是中國歷史上首次對六書下的定義。後世對六書的解說，仍以許慎的定義為核心。

2. 漢字形體的演變

從成體系的漢字算起，漢字的形體演變已有三千多年的歷史了。這個演變大體上可以分為七個階段。

我們今天所能看到最早的成體系的漢字材料就是甲骨文。所謂"甲骨文"，就是殷商時代刻在龜甲和獸骨上的文字。

公元1899年（清·光緒二十五年），在河南省安陽縣城西北五里路的小屯村發現了甲骨文。據不完全統計，對三千五百多個甲骨文字，已經考釋出兩千個左右。不認識的字多是人名、地名、族名等。奴隸時代的殷王朝是非常崇拜神的，每逢一事，總要問卜。比如出外田獵、祭祀祈年等都要問卜。從已發現的甲骨文可知，甲骨文主要是殷代王室刻在占卜用的龜甲和獸骨上的記錄，所以人們通常稱它為"卜辭"。甲骨文主要有三個特點：一是形體不固定，筆畫有多有少，寫法有反有正；二是行文的方式不統一，有從左到右的，有從右到左的，所以讀起來也很困難；三是因為文字是用鋼刀或石刀刻在龜甲和獸骨上的，所以筆畫細而硬，而且多用方筆，圓筆很少。學生用書中的圖片就是刻在龜甲上的文字。

Unit 8 Chinese Language and Characters
第八單元 語言與文字

金文是指鑄或刻在銅器上的文字。古代人稱銅爲"吉金",所以稱銅器上的文字爲"金文"。銅器中又以鐘和鼎較爲著名,因此金文也叫"鐘鼎文"。從內容上看,銅器上的文字主要是記載這件器物歸誰所有,也有記載戰功、祭祀以及受王的賞賜等內容的。從形體上看,金文是在甲骨文基礎上發展而來的,在筆畫和結構上比甲骨文簡單些,主要特點是:一是曲筆較多,線條粗而自然,字形比較工整;二是字形渾厚,不過到周朝末年趨向流利和秀麗;三是字體多不固定,一個字往往有多種寫法。

"金文"之後就發展爲"篆書",篆書可分爲"大篆"和"小篆"兩種。大篆的真跡就是"石鼓文"。唐初在陳倉(今陝西寶雞)發現了十個像鼓一樣的石墩子,上面刻有文字,人們稱之爲"石鼓文"。其內容是記載田獵之事,並且是用韻文寫成的。從字形上看,石鼓文與殷周古文不同,其特點是:一是完全線條化,線條均勻而柔婉;二是結構比較整齊,打下了方塊漢字的基礎;三是同一個器物上的異體字幾乎沒有;四是筆畫較繁,書寫不夠方便。

"小篆"是在大篆的基礎上"省改"而成的,形成于秦朝,是秦始皇統一中國後實行"書同文"政策之後頒布的標準字體。春秋戰國時,各國的文字形體大不一樣,秦統一中國後也統一了文字,這就是著名的"書同文"政策。在秦朝初年,官書都用小篆書寫。小篆是對古文字形體的全面整理,每個字都有了標準的結構,固定了偏旁部首的寫法和位置。由此,字的書寫形式變得整齊劃一,形聲字也大大增加了。

小篆筆畫曲屈回旋,寫起來很不方便,爲了使書寫更爲便捷,秦朝又發明了隸書。隸書的產生,標誌着漢字從具有象形特點的古文字變成了橫平豎直的今文字,是漢字形體演變過程中一次質的飛躍。從隸書開始,漢字的構形法則產生了一定的變化,象形特點不再那麼明顯,變成了在原來抽象的基礎上進一步抽象的純書寫符號。歷史上將這一變化稱爲"隸變","隸變"是對漢字形體規模空前的一次大調整。

楷書又叫做"真書""正書",是在隸書的基礎上經過長時間演變而成的,楷書在漢末興起,魏晉時盛行,一直流傳到現在,是通用時間最長的標準字體。楷書已經徹底擺脫了篆書的影響,點畫形態與隸書相比則更爲豐富。

草書、行書都是輔助性的字體,並不屬於漢字形體演變中的某種字體。

從甲骨文、金文到大篆、小篆,又從小篆到隸書、楷書,漢字每一階段的發展變化,都伴隨著筆畫結構的簡化,所以簡化是漢字演變的主要趨勢。中華人民共和國政府公布的《漢字簡化方案》,也正是這種簡化趨勢的反映。

3. 漢字的簡化

(1) 近代歷史上漢字的簡化

在漢字的發展史上,簡化的趨勢一直存在。在近代史中,著名的推行簡化字的學者包括喜歡用"俗字"抄書的黃宗羲、把簡化漢字與普及教育聯繫起來的陸費逵、把簡化漢字具體化並推向高潮的錢玄同等。

1935年,錢玄同編寫的《簡體字譜》共收字2400多個。1935年8月,國民黨政府教育部曾公布《第一批簡化字表》,其中有簡體字324個,都是從錢玄同的《簡體字譜》中選出的。後來由于保守勢力的反對,於1936年又下令收回了。但仍有不少簡體字出版物。

(2) 中華人民共和國成立後漢字的簡化

中華人民共和國成立以後,非常重視漢字的簡化工作。1954年底,中國文字改革委員會正式成立,擬出《漢字簡化方案草案》。這一草案於1955年2月2日在中央一級刊物上發表,徵求意見。後來,根據大家的意見做了修改,經過多次討論,終於確定了包括515個簡化字和54個簡化偏旁的《漢字簡化方案》,於1956年1月31日正式公布。1964年5月,中國文字改革委員會編輯出版了《簡化字總表》,共分三個字表:第一表是352個不作偏旁使用的簡化字,第二表是132個可作偏旁使用的簡化字和14個簡化偏旁，第三表是應用第二表所列簡化字和簡化偏旁類推出來的1754個簡化字。三表總計2238個字。1986年重新發表時又作了個別調整，總字數爲2235個。

（3）簡化字的具體情況

五十年代確定的簡化漢字的方針是"約定俗成，穩步前進"，多年來，漢字的簡化工作一直遵循着這個原則。

簡化字的來源：

① 古字：這包括古本字（如云、从、电、须等）、古異體字（如礼、尔、达、弃等）、古通用字（如才、后等）。
② 草書楷化字：如书、为、东、专等。
③ 民間流行的簡體字：如体、声、铁等。
④ 創製的新字：如拥、护、灭、丛、尘等。

漢字簡化遵循的規律：

① 省略。如：號—号，雲—云，麗—丽，裏—里，術—术，開—开，糶—粜，匯—汇……
② 改形。有三種情況：
    a. 從簡化偏旁入手：言—讠，貝—贝，食—饣，糸—纟，金—钅，門—门……
    b. 從造字方法入手：鹼—碱，骯—肮（以上兩字改換了形聲字的意符）；優—优，響—响（以上兩字改換了形聲字聲符）
    c. 從草書楷化的方法入手：長—长，頭—头，車—车，樂—乐……
③ 代替。如：穀—谷，後—后，幾—几，閭—板，幹、乾—干，隻、衹—只……

簡化漢字的積極效果：

① 減少了筆畫數。簡化字表共收簡化字2235個，筆畫總數是23025畫，平均每個字10.3畫；被代替的2261個繁體字，其筆畫總數是26236畫，平均每個字16畫。
② 提高了閱讀的清晰度。
③ 減少了通用漢字的字數（由於有同音替代的簡化方式）。
④ 有些簡化字改變了聲符和意符，在一定程度上增強了表音性和表意性。
⑤ 一些新創漢字的構造更便於分析和解釋。

簡化漢字存在的問題：

① 有些相同偏旁被簡化爲不同的偏旁。如"盧"：顱—颅（盧—卢）；爐—炉（盧—户）。
② 有的字簡化以後形體相近易混淆。如拢（攏）—扰（擾）。
③ 有的同音替代造成表意的模糊。如：不干（不乾）—不干（不幹）。
④ 有個別的簡化字削弱了表音作用。如：顾—顧；爷—爺。

簡化字雖然存在一些問題，但它符合漢字發展的總趨勢，所起的積極作用也是非常明顯的。

4. 文房四寶

"文房四寶"指的是筆、墨、紙、硯，是古代書寫漢字必不可少的工具。

先說筆，這裏的筆指的是毛筆。毛筆在中國有悠久的歷史，傳說毛筆最早是秦始皇派去築長城的大將蒙恬取中山兔毫製成的。其實早在商朝時期，人們就開始使用毛筆了。1954年在長沙左公山出土的戰國時期的毛筆是我國現存最早的毛筆，這種筆與現在的不一樣，它的筆頭是用兔毛包紮在竹管外面，再裹以麻絲，塗上漆汁製成的；筆鋒堅挺，宜於書寫。後來隨著書畫藝術的發展，製筆工藝也隨之發展。筆工們根據使用者的需要，曾試用過各種禽獸毫毛作原料，如鹿毛、獾毛、豬毛、雞毛、兔毛、羊毛、黃鼠狼毛等，結果發現兔毫、黃鼠狼毫、羊毫性能最好，這三種毫毛後來被廣泛使用，成為製筆三大原料。按照不同的原料和性能，毛筆可分為硬毫、軟毫、兼毫三種。此外，根據筆鋒的長短，毛筆又有長鋒、中鋒、短鋒之別，性能各異。由於筆為文房四寶之首，人們用得最多，所以在古代的許多詩文裏都提到了筆。

第二是墨。墨是用煤煙或鬆煙等製成的黑色塊狀物，也有用其他材料製成的其他多種顏色。用墨塊和水研出來的汁也叫墨。寫字的時候，用筆沾著墨汁在紙上書寫。早在三千年前，墨就產生了。春秋、戰國時的文字著述中，就出現了墨的內容，如《尚書·呂刑》中有"墨罰之屬千"的記載，《禮記·玉藻》中有"卜人定龜，史定墨"的記載。

第三是紙。在紙被發明之前，古人曾經在龜甲獸骨上刻辭，也曾在青銅器上鑄刻銘義。後來，人們將字寫在用竹、木削成的片上，稱為簡、牘。同時，有的也將字寫在絲織物上。東漢的蔡倫改進了造紙術，蔡倫在總結前人經驗的基礎上，採用樹皮、破漁網、破布、麻頭等作原料，製成了適合書寫且造價低廉的植物纖維紙，才使紙成為普遍使用的書寫材料。紙的應用晚於筆和墨。紙是中國古代"四大發明"之一，它的發明對於文化的傳播起了非常積極的作用，它也是中華民族對世界的偉大貢獻之一。

最後是硯。硯又稱硯臺，是研磨墨塊的工具。硯一般是由石頭製成的，中間凹陷。研磨的時候，將水放在硯臺中，將墨慢慢磨成墨汁。硯產生於春秋時期，比紙的歷史悠久。從唐代起，廣東端溪的端硯、安徽歙縣的歙硯、甘肅南部的洮硯和河南洛陽的澄泥硯就被並稱為"四大名硯"。前三種硯臺都是由堅硬的石料製成，是石硯；而澄泥硯是以沉澱千年的黃河漬泥為原料，經特殊爐火燒煉而成的，是陶硯。這四種硯臺都以質堅耐磨、儲墨不涸、積墨不腐著稱，在中國極為有名，也很有收藏價值。

"文房四寶"不僅是古代書寫漢字必不可少的工具，也是中華燦爛文化的象徵之一。

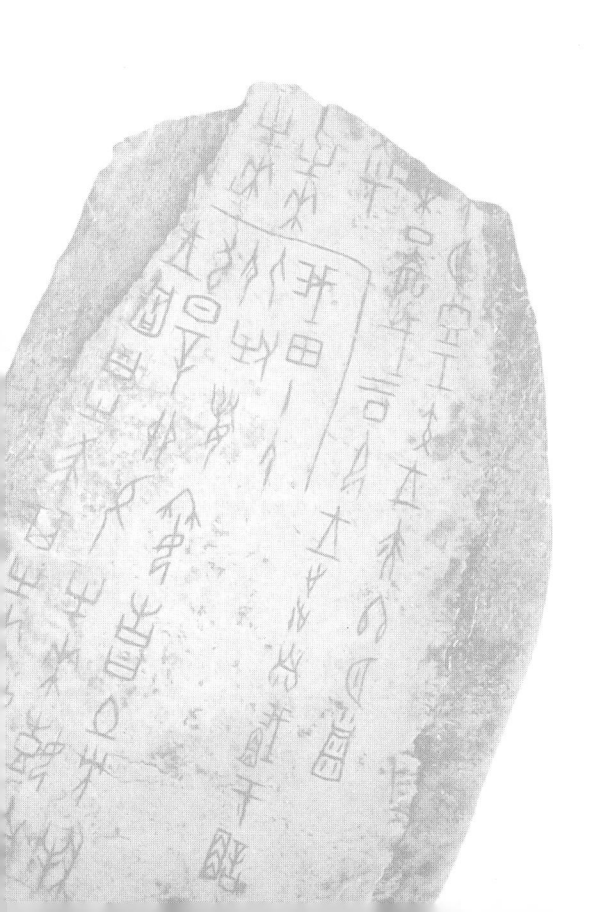

第十五課《同步訓練》參考答案及相關提示

> Section One

I. Multiple Choice (Listen to the dialogs)

答案：

1. B　　2. C　　3. A　　4. A　　5. C　　6. B
7. D　　8. D

聽力錄音文本：

1. (Woman) 小王，今天下班的時候你的車可以帶我一段嗎？
   (Man) (A) 你得再走一段吧。
   (B) 你去哪兒呢？
   (C) 你坐哪輛車？
   (D) 下一站就下車。
2. (Woman) 請問，書到期後，可以續借嗎？
   (Man) (A) 一本書可以借30天。
   (B) 如果書破損了，是要罰錢的。
   (C) 你還可以再借一個月。
   (D) 續借一次以後還可以續借嗎？
3. (Woman) 明天就要去面試，我真不知道今天應該做些什麼？
   (Man) (A) 什麼也別做了，好好睡一覺吧。
   (B) 出門的時候應該帶身份證。
   (C) 面試的機會很難得。
   (D) 能去面試挺好的。
4. (Woman) 你跟你的同屋處得怎麼樣？
   (Man) (A) 還行，沒什麼大問題。
   (B) 我的同屋昨晚沒回來。
   (C) 我不認識你的同屋。
   (D) 我住在二號學生公寓。
5. (Woman) 我想打個電話，可以把電視的聲音弄小一點兒嗎？
   (Man) 好，我把聲音調到靜音吧。
   (Woman) (A) 我的手機壞了，真不好意思。
   (B) 我已經調到靜音了。
   (C) 不用調到靜音，聲音小一點就可以了。
   (D) 現在電話的聲音大了嗎？
6. (Woman) 公司現在暫時不能給員工提供住宿，宿舍已經住滿了。
   (Man) 哦，那大概什麼時候會有空房間呢？
   (Woman) (A) 你每月得交五百塊錢的租金。
   (B) 不知道什麼時候會有人搬出去。
   (C) 你住在那邊還習慣嗎？
   (D) 我們公司的宿舍是去年修好的。

Unit 8 *Chinese Language and Characters*
第八單元 語言與文字

7. (Woman) 時間到了，圖書館馬上要關了，明天再來吧。
   (Man) 老師，再等我一會兒，我很快就看完了。
   (Woman) (A) 圖書館最近買了一些新書。
           (B) 你慢慢吃，不著急，我待會兒來找你。
           (C) 圖書館星期六晚上不開門。
           (D) 我沒關係，不過下面的大門要關了。

8. (Woman) 我昨天給你打過很多電話你都沒接。
   (Man) 你往我哪個手機上打的？
   (Woman) (A) 你們家的電話一直佔線。
           (B) 你知道我手機的號碼嗎？
           (C) 我一直打到昨晚十點。
           (D) 你有幾個手機呀？

II. Multiple Choice (Listen to the selections)
   答案：
   1. B   2. D   3. C   4. B   5. D   6. D
   7. D   8. B   9. B   10. A   11. B   12. C
   13. A   14. C

   聽力錄音文本：

   Selection 1

   (Narrator) Now you will listen twice to the following selection.
   (Woman) 同學們，你們可以過來看看，這些是我們出版社推出的新書。對很多學習漢語的人來說，漢字是一個難點，所以我們組織了一批專家編寫了這幾種學習漢字的書。今天我們展出的一共是三套，這一套是《漢字ABC》，它最適合初級水平的學生，書中介紹了很多記漢字的方法，能幫助你提高漢字學習的效率。現在我拿的這一套是《趣味漢字》，它針對的是中級漢語水平的學生，它的特點是趣味性強，讓你覺得漢字是一種非常有意思的文字……
   (Narrator) Now listen again.
   (Narrator) Now answer the questions for this selection.

   Selection 2

   (Narrator) Now you will listen twice to a conversation.
   (Man) 李豔，這個字到底怎麼念啊？
   (Woman) 哪個字？
   (Man) 左邊是"言"字旁，右邊一個"北京"的"京"字。
   (Woman) 這是"原諒"的"諒"。
   (Man) "吃惊"的"惊"，右邊也是"北京"的"京"，對不對？
   (Woman) 對。
   (Man) 我聽說，"京"字表示整個字的讀音，那為什麼這兩個字讀音不一樣？

(Woman)	這是因爲語音的變化。在古代，"京"都能表示它們的讀音。漢語經過幾千年的演變，聲音發生了很大的變化。
(Man)	這麼說來，一些有著相同偏旁的字，讀音並不一樣。
(Woman)	是的。這是漢字的一個特點。你要注意，可不能只讀"半邊"呀！
(Narrator)	Now listen again.
(Narrator)	Now answer the questions for this selection.

Selection 3

(Narrator)	Now you will listen twice to a voice message.
(Woman)	小豔，你好！上次我們談到了給我的孩子取名字的事，我今天打電話就是告訴你，剛才我們全家開了一個會，孩子的爺爺和奶奶、外公和外婆都來了，我們決定讓孩子叫張佳一。我們六個人都覺得這個名字挺好的，所以還要感謝你幫我們想出了這麼好的名字。開始的時候，爺爺說張雷這個名字挺好的，可是奶奶反對，說這個名字太難寫。外公提議說叫張明，挺不錯的，我丈夫反對，他認爲叫這個名字的人太多了。最後我們選了張佳一，覺得這個名字又容易寫，聽著又順耳，而且也有意思，表達了我們對孩子的希望。我真的很高興。
(Narrator)	Now listen again.
(Narrator)	Now answer the questions for this selection.

Selection 4

(Narrator)	Now you will listen twice to a conversation between two students.
(Woman)	我覺得寫漢字得很小心才行，有時候差一點都不行。
(Man)	我也是深有同感啊！像那個"自己"的"己"字，超出一點就是"已經"的"已"字了。
(Woman)	不瞞你說，我常常把自己的名字寫錯。
(Man)	啊？是嗎？
(Woman)	我的姓是白色的白，可我常寫成"百"。
(Man)	一百兩百的百？那你的老師還不批評你？
(Woman)	還好。更好笑的是，我還把"老師"寫成了"老帥"。
(Man)	哈哈，大概你的老師都很帥吧！
(Woman)	"老帥"們都哭笑不得了。
(Narrator)	Now listen again.
(Narrator)	Now answer the questions for this selection.

Selection 5

(Narrator)	Now you will listen once to the following selection.
(Woman)	今天這堂課我們要講一種查字典的方法。如果知道一個字的寫法，不知道它的讀音和意義，你怎樣在字典裏把它的讀音和意義查出來。你首先得確定這個字的部首，然後從字典的"部首目錄"中查出部首所在的頁碼。翻到那一頁去，接下來你就可以按照這個字的筆畫數，查出它在正文的哪一頁。不過這種方法需要你熟悉漢字常見的部首。
(Narrator)	Now answer the questions for this selection.

Unit 8 *Chinese Language and Characters*
第八單元 語言與文字

III. Multiple Choice (Reading)
答案：

1. C	2. B	3. B	4. D	5. C	6 A
7. A	8. D	9. B	10. C	11. A	12. C
13. D	14. B	15. D	16. D	17. A	18. D
19. C	20. B	21. A	22. A	23. C	24. B
25. C					

Section Two

I. Free Response (Writing)

1. Story Narration

   The four pictures present a story. Imagine you are writing the story to a friend. Narrate a complete story as suggested by the pictures. Give your story a beginning, a middle, and an end.

寫作提示：

　　這則看圖寫作主要是考察對一個事件的完整敘述，需要交待出地點、場景、主要人物以及人物的活動。

(1) 交待地點和人物的活動：

　　在紐約街頭，有一個剛到紐約的中國人……他……

(2) 交待新人物的出現以及事情發生的過程：

　　一個美國當地人看到……他看出……就熱情地問……這個中國人告訴他……

(3) 交待事情的結局：

　　美國人用手指著地鐵站……中國人非常高興，他連連表示……

2. Personal Letter

Imagine you received a letter from a pen pal in Beijing. In the letter, he asks your opinion about the significance and value of learning Chinese. Write a reply in letter format. Tell your pen pal what you think about the topic.

回信建議：

回信中應當有以下幾個內容：

(1) 問候，表示你接到了朋友的來信。

(2) 重複朋友來信中的主要信息。比如：

你在來信中談到學習漢語的作用和意義，問我……

(3) 主要內容——談談你對學習漢語的作用和意義的看法，你可以寫這樣幾個內容：

我覺得中國在世界上發揮著越來越大的作用……

學會漢語可以對中國和中國人有更多的瞭解，更容易和中國人打交道……

另外，我準備將來從事……這種工作特別需要會漢語的人材……

(4) 可以借機詢問一下你的筆友對學習英語或其他外語的意見或感受。比如：

你們在北京也學習外語嗎？可以給我介紹一下你們的情況嗎？

我聽說你們也學習英語，可以介紹一下你的感受嗎？

(5) 祝福語、署名和寫信日期。

3. E-Mail Response

Read this e-mail from a friend and then type a response.

發件人：管樺

主 題：請介紹一下本州的中文學習要求

在中國，我們有一個全國統一的課程標準。我知道美國和中國的情況不同，你們不使用全美統一的課程標準或要求，而是各州都有自己的課程標準、要求或計劃。那麼，你能就你們州中文學習的有關要求、考試方法等給我做一個介紹嗎？謝謝。

回信建議：

這個郵件希望你對你們州中文學習的有關要求、考試方法等做一個介紹，因此，除了郵件的一般格式外，只要按照信中的要求，依次給出回答就可以了：

你說得對，美國沒有……而是……

至於我們加州有關中文學習的要求等，我瞭解得不是很全面，只能簡單地……

州政府對中文學習的具體要求是……

考試的方法並不統一，比如……

4. Relay a Telephone Message

An employee at a shopping mall calls your mother on the telephone. You will listen twice to the message. Then relay the message, including the important details, by typing a note to your mother.

(Woman) 楊女士，您好，我是西單購物中心女裝部的王曉華。前天您在我們這裏看中了一款套裝，但當時沒有適合您的號碼。現在，您看中的那款套裝號碼已經來齊了，而且，其他品牌也來了不少，價格都在400~600元之間。如果您還需要，請方便時到櫃臺來直接找我。我這週上晚班，下午兩點到晚上九點前都在。

轉述建議：

這則轉述的重點在於告訴對方來電話的是什麼人，她來電話的目的等等，特別要轉述清楚有關衣服的各種信息，以及她值班的時間。

(1) 簡單說明電話的背景：

媽媽，今天西單購物中心女裝部的王曉華給您來電話了，她說您看中的……

(2) 為了轉述得完全而清楚，可以要求學生聽的時候用筆記錄一下，尤其是關於價格和值班的時間等等：

她還說，其他品牌的衣服也來了不少，而且價格……同時她還告訴您她這週……

II. Free Response (Speaking)

1. Conversation

You are going to be a learning partner to a Chinese student. You will teach him English and he will teach you Chinese. You have a conversation with him.

(1) 問題一：你學習中文多長時間了？以前都是怎麼練習會話的呢？

回答建議：

本題除了要求你如實回答以外，還要求你對自己練習會話的方法做一個簡單的介紹。如：

我學習中文已經有……年了。一般只是在課堂上……很少有機會……但是我比較注意……

(2) 問題二：我學習英文大概有五六年了吧，但就是不敢說，一說就緊張怕出錯，你有辦法幫我克服這一點嗎？

回答建議：

本題要求你幫助對方克服不敢開口說英語的問題，所以你可以介紹一下自己學習漢語的經驗。如：

以前我也不敢張嘴說漢語，後來……我覺得，只要你……就能……

要想張開嘴大膽說英語，就必須……

(3) 問題三：你什麼時間比較方便，我們商量一下具體的學習時間安排吧。

回答建議：

本題需要你提出具體的時間安排，與對方商量。你可以先說明自己的具體情況，然後徵求對方的意見：

我每天上午……一般抽不出時間。週×、週×的下午不上課，有時間，每天晚上……你呢？你覺得哪天合適？

每週的週×、週×我都有時間，上午下午都可以安排，不知道這個時間對你是否合適。

(4) 問題四：我們是不是還應該訂一個簡單的學習計劃呢？

回答建議：

對這個問題，你可以詢問對方的意見。如：

你說得很對，應該先訂一個學習計劃。你有什麼好的建議？

也可以提出自己的意見：

好的。我建議，我們每週×……每週×……學習時，可以……你看怎麼樣？

(5) 問題五：你想想還有什麼問題？

Lesson 15 *Characters Relating to Animals*

第十五課 漢字與動物

回答建議：

這是一個開放性問題，回答這道題需要想一想自己是否還有問題，如果沒有，可以直接回答沒有，如果有，就需要說明你的問題是什麼，但你必須注意對時間的充分利用。你可以這樣回答：

我沒有什麼問題了，你看看還有什麼應該想到的？

我覺得我們還應該……，你說呢？

(6) 問題六：我特別希望能夠早點開始，我們就這樣說定了？

回答建議：

這是一個準備結束談話時經常使用的表達方式，回答時，你可以簡單地做出回應。如：

我也希望能早一點和你一起學習，我們……見。

2. Cultural Presentation

Using some Chinese characters that you are familiar with, like, and understand well as examples, talk about the basic characteristics of Chinese characters in your presentation. You may proceed in two ways. You may give some examples first, followed by a summary of the characteristics of Chinese characters. Alternatively, you may talk about your understanding and impression of Chinese characters first and then cite some examples.

回答建議：

這道題要求你先選出幾個漢字，比如選出幾個表示動物的漢字，然後依次回答。

① 首先，可以先講清楚你選擇的幾個漢字各是什麼意思，也可以先說說自己對漢字的印象和瞭解：

這幾個漢字分別表示……

我覺得漢字……

② 然後依次分析它們的特點，或者結合自己對漢字的印象與瞭解對這幾個漢字進行分析：

它們都……比如這個×字，它……

這幾個字正說明了漢字是……比如這個×字……

③ 最後可以進行較爲全面的總結：

從這幾個字可以看出漢字的基本特點就是……

3. Event Plan

You class is preparing to look for a sister class in China. In your presentation, talk about your thoughts and plans with regards to this activity. Include the channels and means you intend to use to locate the class. Describe the kind of class you hope to find and the mutually beneficial activities you plan to hold with your sister class in future.

回答建議：

(1) 開頭。簡要說明這個活動的內容。如：

爲了……我們班準備在中國的某所中學尋找一個姊妹班。下面我把……說一說，大家看看是否合適。

(2) 闡明主題。

① 首先要說明自己對這個活動的看法。如：

我們搞這個活動主要是爲了……

爲了……我們準備在中國的某所中學尋找一個姊妹班……

Unit 8 *Chinese Language and Characters*
第八單元 語言與文字

② 接下來應該介紹自己關於尋找姊妹班的計劃。如：
　　我計劃先通過……確定……然後和……協商，提出我們的希望。
　　尋找姊妹班的具體方法是……
　　我們對姊妹班的具體希望是……
③ 介紹今後打算開展哪些活動。如：
　　我認爲應該和姊妹班之間開展互幫互學的活動，具體計劃是……

(3) 結束。可以進一步強調這次活動的意義，還可以對大家提出希望。如：
　　我想，通過尋找姊妹班的活動，可以……
　　我覺得，有了姊妹班之後，我們可以……
　　我希望大家在這次活動中都發揮……
　　總之，我們這次活動一定要搞得……希望大家……
也可以通過詢問的方式結束談話：
　　我的報告就到此爲止，大家還有什麽好建議？或者有什麽意見，都可以提出來，我們一起討論。

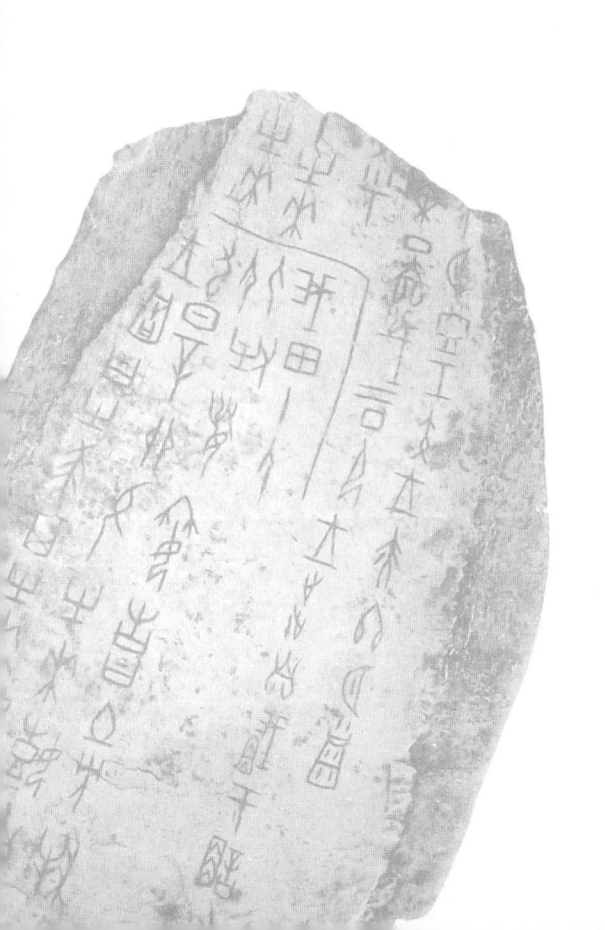

第十六課 "Prosperity Has Arrived!"
"福到了！"

一、本課教學重點
（一）讓學生理解並運用所學的詞語和知識討論與漢語諧聲詞有關的內容，同時與自己的母語相比較，説出它們之間的差異。
（二）讓學生運用本課所學的表達功能對某事物進行解説，並在解説中準確地把握該事物的特點及其象徵意義。

二、本課的難點
（一）詞語：注意"心願—心意"這組近義詞的辨析。
（二）語言點：
1. 雙重否定是漢語裏常見的語言現象，它表達的是肯定的意思，用來加強語氣，其中有的結構（如課文中的例句）含有一些古代漢語的因素，請老師多用一些例子為同學們講解。
2. "段落敘述分總式"這種篇章結構多用在對事件的敘述中。在練習時要注意無論是分述還是總述，都要緊緊地圍繞主題，整個敘述要清楚而有條理。

三、有用的教學資源
（一）一些與漢語諧聲詞相關的文化產品（如"福"字，帶有魚、蝙蝠、葫蘆圖案的中國年畫等）。
（二）一些中國人結婚、過年等活動的圖片。

四、教學安排導引
針對不同學習內容，各教學模塊及其教學設計和參考課時索引見下表。

教學模塊		交際模式	可選用的教學活動設計		課時建議
新課學習	課文閱讀與理解	理解詮釋 人際互動	教學設計1 教學設計2	教學設計分爲必選和可選兩種，可選的活動以"可選"標明，其實施順序請老師根據本班學生實際情況自定。	5—7課時
	詞語講解與練習	理解詮釋 表達演示	教學設計3 教學設計4 (可選) 教學設計5		
	語言點講解與練習	人際互動 表達演示	教學設計6 教學設計7 (可選)		
交際活動		人際互動 表達演示	教學設計8 教學設計9 (可選)		1課時
寫作訓練		表達演示	教學設計10 教學設計11 (可選)		1課時
綜合考試訓練		綜合	教學設計12		1—2課時

注：寫作訓練活動可根據本班實際情況選做；綜合測試題應根據本班實際在課堂上部分選做或讓學生課外完成。

五、具體教學活動設計的建議

教學模塊 1 — 新課學習

(一) 課文閱讀與理解：

■ 教學設計1

內容：主課文導入。

目的：通過對學生已有記憶或經驗的激活，爲理解主課文的內容以及其中的文化知識的好學習準備。

步驟：

第一步： 在進入本課學習之前，向學生提出幾個思考題，可以請學生分組討論：
① 在你的生活中，有沒有象徵着幸運的符號？
② 你所知道的幸運符號是怎麼來的？

第二步： 各小組總結討論結果，派代表在全班做報告。

第三步： 老師根據學生的報告，隨時在黑板上寫出學生提及的、與本課的語言知識或文化內容相關的字、詞及其他內容。

第四步： 根據黑板上列出的信息，請學生閱讀課文或仔細聽課文的錄音，找出這些信息在課文中的位置，開始進入主課文學習。

預期效果：通過以上活動，調動全班同學的學習積極性，從學生已有的知識或信息儲備入手開始主課文學習，幫助學生更好地掌握本課的學習重點。

■ 教學設計2

內容：課文的聽與讀。

目的：

1. 讓學生理解課文內容，掌握本課新詞語在課文中的含義，並理解本課語言點的基本用法。
2. 讓學生結合他們所熟悉的漢語故事進行討論，加深他們對漢語及漢文化的了解與理解。

步驟：

第一步： 聽課文大意。教師讓學生看著課本，聽錄音了解課文大意。結合課文的内容給學生展示並講解準備好的表示吉祥的實物、圖案及中國人結婚、過年的圖片。

第二步： 分段學習課文。
- 總體教學建議
① 老師把閱讀問題寫在黑板上；
② 讓學生帶著問題分段閱讀；
③ 隨文講解課文的生詞和學生不懂的語言現象；
④ 分段討論老師提出的問題，分小組進行討論，鼓勵學生提問題。
- 具體教學建議
建議教師在指導閱讀時將課文處理爲四個部分。

各部分具體問題

第一部分：（第1-2自然段）
　① 過年的時候，中國人爲什麽會在門上貼一個倒着的"福"字？
　② 中國人喜歡一些動植物圖案的原因是什麽？
　③ 爲什麽説"中國人生活在一個充滿著吉祥圖案的世界中"？

第二部分：（第3-4自然段）（在學習這段課文時，可以讓學生以小組爲單位，對比漢語中的"諧音表意法"，講一講在自己的母語中有没有這種現象，並進行比較，以加深理解。）
　① 中國人常常用漢語的什麽特點來表達種種美好的願望？
　② 什麽是"諧音"？什麽是"諧音表意法"？課文中舉了哪些例子？
　③ 除了課文中的例子，你還能舉出其他諧音的例子嗎？

第三部分：（第5自然段）
　① 人們爲什麽要在新婚的床上撒上棗、花生、桂圓、栗子等食品？
　② 中國人爲什麽喜歡"六"和"八"？
　③ 你知道中國人不喜歡哪些數字嗎？他們爲什麽不喜歡？你怎麽看這種現象？
　④ 你還知道哪些與漢語諧音有關的習俗嗎？

第四部分：（第6自然段）
　① 吉祥的祝福表現在哪些方面？
　② 爲什麽説"漢語給我們帶來了一個五彩的世界"？
　③ 學了這課之後，你有什麽感想？你覺得漢語有什麽特點？

　　第三步：　教師請學生再仔細讀一遍課文，然後指出自己不能理解的地方，最後就學生提出的問題，進行解答。

組織要點：
1. 利用漢語的諧音表達某種意義是一個普遍的現象，它既體現出了漢語的特點，又與漢文化緊密相關，學生們有必要了解這一點。但理解這個問題僅靠課文中的信息是遠遠不夠的，需要老師進一步講解。
2. 在講解時可以給學生展示並分析每段課文中涉及的中國吉祥物和吉祥標誌，同時也可以請學生舉出自己知道的一些中國習俗，並嘗試著分析這些習俗的意義。還可以將學生分成小組進行討論，這樣學習活動顯得更主動、輕鬆，同時，能夠讓學生在分享的過程中擴大自己的知識面。
3. 對整篇課文的學習，可以先理解課文大意，再分段閲讀、理解、討論，最後進行擴展討論。這一教學設計需要分開用幾個課時完成。

(二) 詞語講解與練習

🗣 教學設計3

內容：新詞語的講解與學習。

目的：讓學生熟悉掌握詞的使用語境，爲練習中的詞語運用奠定基礎；了解生詞構成語素的構詞能力，複習並擴展新詞語；爲閱讀掃清障礙。

重點提示：

1. 請老師在帶領學生學習課文時，注意強調含有掌握詞"心願""形形色色""借助""富裕""深奧""判斷""圍繞"的句子，並造出更多的句子，讓學生熟悉重點詞使用的語境。
2. 請注意"倒"這個字的讀音，幫助學生分辨"倒（dǎo）"與"倒（dào）"在讀音和意義上的差別。
3. 請注意單音節動詞"撒"的意義特徵，並和其他表示手上動作的動詞相比較。如"放""扔""抛"以及"蓋""鋪"等。
4. 儘量讓學生使用構詞能力強的語素組成新詞，如"器""求""倒""物""臨"等，從而達到擴展詞語的目的。比如可以做以下一些活動：
   ① 給出包括某語素的雙音節詞，讓學生猜出整個詞的意思。
   ② 小組比賽。要求學生就生詞的某個重點語素或所有構成語素組成新詞語，組成的新詞多、正確率高的小組獲勝。

組織要點：新詞語的學習活動和學生對課文的閱讀理解是同步進行的，教師在講解和組織活動時，要控制好時間，分清主次，掌握詞需要重點處理，非掌握詞可根據學生的興趣靈活處理。

🗣 教學設計4（可選）

內容：分辨多音詞。

目的：通過分辨多音詞，幫助學生掌握多音詞的不同用法，達到學習和複習的目的。

步驟：

第一步：　老師預先將本課的"倒""降"兩個字以及用它們不同的讀音組成的詞語寫成卡片；

第二步：　將學生分成兩組，每組負責一個字。先請學生讀卡片，看他們的發音是否準確。然後再請學生自己用不同的讀音組詞，並將組的詞分別寫在黑板上，看是否正確。可能的話，讓學生分辨更多的多音字，比如"教""調""覺""差"等。

可能出現的問題：

學生可能不容易區分不同的讀音，因此有可能組錯詞或不會組詞，老師要特別注意讀音的準確性。

🗣 教學設計5

內容：講解並運用詞語。

目的：通過對詞語的講解和運用，掌握本課重點詞語的意思和實際用法。

步驟：請參考學生用書中本課的詞語練習（VOCABULARY IN CONTEXT）。可以將學生分成若干組完成這個練習。

擴展：可以鼓勵學生仿照練習，自己再挑選詞語表中的幾個詞語進行講解和運用，鞏固對本課詞語的掌握。

Lesson 16 *"Prosperity Has Arrived!"*
第十六課 "福到了！"

(三) 語言點講解與練習

教學設計6

內容：說出更多的句子。

目的：通過對語言點的理解和實際運用，掌握本課的重點句型。

步驟：請參考學生用書中的語言點講解（LANGUAGE CONNECTION）及其練習。語言點的詳細講解和練習的參考答案請參照後文"六（二）"中的相關內容。

擴展：可以鼓勵學生仿照練習中的句子，自己再說出一到兩組具有相似結構的對話。

教學設計7（可選）

內容：陳述句、反問句和設問句。

目的：讓學生在反復練習中掌握並正確使用這三種句式進行表達。

步驟：請參考學生用書中"設問句"的講解及練習，將學生分成三組，一個小組先說一個陳述句，第二個小組把這個陳述句改成反問句，第三個小組再改成設問句。然後再輪換。比比看哪個小組說得最準確。

組織要點：在這個活動中，學生不僅練習了本課學到的設問句，而且複習了陳述句和反問句。注意讓學生先複習一下反問句，然後再做三種句式的比較。

教學模塊2 —— 交際活動

教學設計8

內容：說說看，它象徵什麼？

目的：通過對一個事物象徵意義的解說，學會運用本課的功能表達法。

步驟：請參考學生用書中的交際練習（COMMUNICATION CORNER）。關於這種功能的表達法請參考後文"六（三）"中的相關內容。

組織要點：這個活動的目的在於讓學生正確地解說，要在解說過程中準確地抓住事物的特徵及其象徵意義，請老師注意學生解說得是否準確。

教學設計9（可選）

內容：比比看，它們有什麼不同？

目的：通過對吉利和禁忌的數字的比較，說說中美兩國文化的差異，並發表自己的看法。

步驟：

第一步：將學生分成兩個小組，一個組負責找出中美兩國人喜歡的數字，另一個組負責找出中美兩國人忌諱的數字。

第二步：老師將每個組找出的數字分別寫在黑板上，看另一個組有什麼補充。

第三步：請每個組選出代表分析不同國家的人對某些數字喜歡或者忌諱的原因。

第四步：請各組派代表對兩國人對數字的好惡習俗發表看法。

Unit 8 *Chinese Language and Characters*
第八單元 語言與文字

> **教學模塊 3** ⟶ 寫作訓練

🎤 教學設計10

內容：我學漢語的故事。

目的：通過讓學生敘述自己學習漢語的真實故事，幫助學生進一步掌握本課所學到的詞語及其他語言知識，掌握段落敘述分總式的表達方法，同時，讓學生對自己學習漢語的心得體會做一個總結，並把自己的經驗與大家分享。

步驟：請參考學生用書中的寫作練習（WRITING TASK）。

組織要點：本練習不要求有過多的理性分析，只要求學生寫出學習的主要經過及自己的感受。

🎤 教學設計11（可選）

內容：看圖說話/回復個人信件/轉述別人的電話留言。

步驟：請根據本班學生的實際情況，在課堂上選做同步訓練中的相關寫作練習。同步訓練的答案提示請參照後文"七"中的相關內容。

> **教學模塊 4** ⟶ 綜合考試訓練

🎤 教學設計12

內容：綜合考試訓練。

目的：

1. 通過綜合考試訓練試題的自我檢測或隨堂選擇性檢測，使學生達到綜合性複習、並強化本課所學內容的目的。
2. 借助綜合訓練試題內容與課文內容的互補性，拓展學生對"漢字文化"主題相關內容的學習。

步驟：請參考學《同步訓練》相關內容。

訓練要點：

1. 完成聽力題（Rejoinders and Stimulus Types），複習、強化和評價學生對買書、談學習漢語的體會、打電話約會、關於方言的對話等話題以及相關功能項目的理解。
2. 完成閱讀題（Reading），拓展並且評價與本課話題相關內容的學習和理解，讓學生更多地接觸語言的各種實際應用，比如短文、通知、海報、新聞報導、電郵等。內容涉及十二生肖、學漢語的經歷、漢字同形異義、中國人送禮的習俗與諧音的關係、標點符號等。
3. 完成寫作訓練中的看圖寫故事（Story Narration）、個人信件（Personal Letter）、回復電郵（E-Mail Response）和電話留言轉述（Relay Telephone Message），訓練學生完整敘述一次"放風箏"的活動課，表述對幸福和快樂的看法，介紹美國人常用的祝福語，以及轉述與人告別的電話留言。
4. 完成交際訓練中的對話（Conversation）、文化表述題（Cultural Presentation）和計劃表述題（Event Plan），訓練及評價學生對事件的敘述能力和表述自己觀點的能力。這部分內容涉及暑期中文學校，對中國人祝福方式的理解，以及如何安排同學走進中文社區進行語言實踐活動。

六、教學參考資料
(一) 詞語講解及練習參考答案

本課的詞語註釋表中一共列出了39個詞語，其中要求學生掌握、理解並能正確使用的詞語9個，祇要求學生大致理解其文中的含義及主要使用場合的詞語30個。此外，我們還對本課中的一些詞進行了詞義辨析，供教師參考。

1. 倒：【動】上下或前後的位置、順序相反。
2. 吉祥：【形】運氣好；事情順利。
3. 降臨：【動】來到。
4. 心願：【名】希望將來達到某種目的的想法。

> **辨析 心願—心意**
> "心意"指對人的情意，也指心里所想。如：送點兒禮物，表表心意。|不了解她的心意。"心願"是願望的意思，和"心意"的意思不同。如：她有一個美好的心願，就是學好漢語後當漢語老師。（*她有一個美好的心意，就是學好漢語後當漢語老師。）

5. 裝飾：【名】加在身體或物體上使其美觀的東西。
6. 繡品：【名】上面有用彩色絲、絨、棉線做成花紋、圖像或文字的綢、布等。
7. 木雕：【名】用木頭刻成的形象、花紋等。
8. 瓷器：【名】用一種白色粘土（高嶺土）燒製的盛東西用的日常用具。
9. 動植物：動物和植物的合稱。
10. 蝙蝠：【名】動物名，頭和身體像老鼠，有翅膀，常常夜間活動。
11. 鯉魚：【名】魚名，身體側扁，背部黑色，腹部黃白色，是中國重要的淡水魚。
12. 葫蘆：【名】一種蔓生植物，果實中間細，像兩個球連在一起。
13. 器物：【名】各種用具的總稱。
14. 形形色色：【形】各種各樣，很多種的。
15. 諧音：【動】字詞的音相同或相近。
16. 單音節詞：只有一個音節的詞。
17. 借助：【動】靠別的人或事物的幫助。
18. 橋樑：【名】比喻能起到溝通作用的人或事物。
19. 符號：【名】表明某種事物的記號。
20. 祥瑞：【名】好事情的跡象。
21. 富裕：【形】財物充足有餘。
22. 福祿：【名】福氣大、薪水高，指生活幸福且富裕。
23. 髮菜：【名】植物名，像絲一樣，又細又長，潮濕時黑綠色，乾燥時黑色，很像亂頭髮。
24. 撒：【動】把顆粒狀的東西分散著扔出去。
25. 桂圓：【名】水果名，果實像球，外皮黃褐色，果肉白色，味甜。也叫龍眼。
26. 栗子：【名】果實名，果皮較硬。
27. 早生貴子：早一點兒生兒子。
28. 車牌：【名】車輛前部和尾部的金屬牌，上面標有車輛登記的地區和號碼等。
29. 構：【動】建立（多用於抽象的事物）。
30. 深奧：【形】道理、意義等高深不容易了解。

31. 求學：【動】到學校學習；追求知識。
32. 出行：【動】到外地去。
33. 判斷：【動】斷定，根據已有的事實或經驗得出結論。
34. 銀鎖：【名】一種銀質鎖形裝飾品。
35. 麒麟：【名】傳說中的一種動物，樣子像鹿，頭上有角，全身有鱗甲，腳像馬蹄，有尾。中國的古人認爲牠象徵祥瑞。
36. 牡丹：【名】花名，花較大，通常爲深紅、粉紅和白色。在中國文化中象徵著富貴。
37. 鴛鴦：【名】鳥名，雌雄多成對生活在水邊。中國文化中象徵恩愛夫妻。
38. 圍繞：【動】圍著事物轉動；圍在週圍。
39. 五彩：【名】各種各樣的顏色。

VOCABULARY IN CONTEXT 參考答案

A. 判斷下列詞在課文中的意思。
　　倒　　心願　　形形色色　　借助　　富裕　　撒　　深奧　　判斷　　圍繞

B. 根據詞語的意思猜詞。
① 上下或前後的位置、順序相反——倒
② 心中的願望——心願
③ 各種各樣，都不一樣——形形色色
④ 靠別的人或事物的幫助——借助
⑤ 有錢有物，財物充足——富裕
⑥ 把顆粒狀的東西分散著扔出去——撒
⑦ 形容一個道理非常高深、不容易理解——深奧
⑧ 斷定，得出結論——判斷
⑨ 圍在週圍，也可以表示以某個問題或某個事情爲中心——圍繞

C. 選擇其中三個詞造句或者編成語段。
① 借助漢語諧音詞，中國人創造出了形形色色的吉祥符號，從而讓美好的祝願天天圍繞著自己。
② 我有一個心願，就是借助航天飛機圍繞著地球飛行。
③ 我們要判斷一件事的正確與錯誤，不一定要借助特別深奧的道理，而是要根據它的真實情況。

(二) 語言點講解及練習參考答案

本課一共有5個需要學生掌握的語言點，在學生用書的LANGUAGE CONNECTION部分有簡單的講解。在這裏，我們又做了進一步的講解，同時對學生用書中的練習題也給出了參考答案，供教師們參考。

1. 雙重否定

"吉祥的祝願無處不在。"

所謂"雙重否定"，就是在一個句子中有兩個表示否定意思的詞。如在上面這個例句中，"無"和"不"都是否定詞，"無處不在"就是"沒有地方沒有"，也就是"任何地方都

有"的意思，所表達的是肯定的意思。這種用雙重否定來表達肯定的方法在漢語中用得很多，它的主要作用是加強肯定的語氣。課文中的另外兩個句子，"我們不能不說，漢語給我們帶來了一個五彩的世界"和"甚至有些人在選擇電話號碼、車牌號碼時，非有這兩個數不可"都是這樣。"非……不可"已經成了漢語中的一個固定結構，表示"一定要……"的意思。再看兩個例子：

> 我不是不想去旅遊，只是我沒有足夠的路費。
>
> 已經沒有公共汽車了，我不得不走路回家。

語言點練習參考答案

用雙重否定表達法完成對話。
① 甲：你一定要去中國學習漢語嗎？
　乙：<u>是的，我已經決定了，非去不可</u>。
② 甲：你爲什麽中學畢業就參加工作呢？
　乙：<u>家裏經濟條件不好，我不得不早點參加工作</u>。
③ 甲：你認爲火箭隊是一支怎樣的籃球隊？
　乙：<u>沒有人不知道，火箭隊是一支不錯的球隊</u>。

2. 段落敘述分總式

所謂"段落敘述分總式"是指在敘述一件事情時，先根據所敘述事情的內容分成幾個小段落分別講述，然後再綜合起來做一個總結性的結尾的敘述方法。分開說的可以是一件事情的幾個方面，也可以是一個事物的不同特點。如本課課文先說什麽是諧音以及諧音與吉祥符號的關係，再說諧音在民俗中的應用，最後總結："總之，通過諧音，中國人構築起了一個充滿吉祥的世界。"又如描寫一個物品，可以將它的特點分成一、二、三等幾點，然後再說："總之，……的這些特點……，因此我非常……"

這種敘述方法條理清晰，使讀者容易掌握敘述的內容。

語言點練習參考答案

選擇一個你喜歡的話題，如學校的社團、節日的活動、某個民族的風俗習慣等等，向你的朋友進行介紹。請你先分述與該話題有關的相關內容，最後再進行總結式說明。看看你的表達是否清晰，是否有條理。

題目：學校的……球隊

針對這個題目，你可以先介紹一下你的學校的……球隊：

> 我們學校的……球隊是……

然後可以介紹一下教練：

> 我們……球隊的教練是一個……的人，他在指導我們進行訓練時，經常……

可能隊員們之間的友好關係也值得一說：

> 球隊裏有……隊員，大家就像親兄弟一樣，非常團結……

還可以說一說球隊的戰績：

> 我們經常和……進行比賽，每次比賽，我們球隊都……所以……

如果還有其他方面的特別之處，一一敘述就可以了。

分別敘述結束後，可以用總結式的說明結尾：

> 總之，我覺得我們的……球隊是一支……我非常喜歡……能參加這樣一支球隊，我感到……

3. 設問句

> "中國人爲什麼特別喜歡這些動植物呢？是因爲這些圖案代表了吉祥。"
> "這些簡單的圖案爲什麼能表達出吉祥的意思呢？這就與漢語有關了。"

在説話或寫作時，爲了引起別人的注意和思考，或突出所要説明的内容，可以先把要説明的内容用問話的形式提出來，然後自己再將答案説出來。這種自問自答的方式叫設問，提出問題的句子叫設問句。設問句與一般的疑問句、反問句都不同，從形式上看，三種句子的句末都有表示疑問的標點符號——問號，但是，設問不是爲了提出疑問，而是先用問題引起別人的注意和思考，然後説話的人給出答案。它同反問句的區別在於反問句一般不需要回答，使用反問的形式是爲了强烈的表達自己的意見，反問句的答案只有一個。設問句的答案並不一定是已知的、確定的，因此需要把答案説出來。例如：

我們爲什麼要多運動？因爲運動能保持我們的身體和心理的健康。
是誰幫助我們解決了一個個難題？是老師！

語言點練習參考答案

請用設問句表達下列句子的意思。
① 在災難來臨時，動物幫助人們躲過了災難。
   在災難來臨的時候，是誰幫助人們躲過了災難？是動物。
② 漢語能幫助我們認識一個新的世界，所以我們要學漢語。
   我們爲什麼要學漢語？因爲漢語能幫助我們認識一個新的世界。
③ 問題不在別處，而在我們自己身上。
   問題在哪裏呢？問題就在我們自己身上。

4. "甚至"

> "人們喜歡'六''八'等數字，甚至有些人在選擇電話號碼、車牌號碼時，非有這兩個數不可。"

"甚至"是一個副詞，用來强調突出的事例，通常是對它後面的内容進行强調，從意思上説，是在前面的句子的基礎上更進了一層。後面常用"都""也"與之配合。"甚至"可以放在謂語前，也可以放在主語的前面。例如：

這個字同學們都不認識，甚至老師也不認識。
我已經忘記了他的名字，甚至連他的樣子都記不清楚了。

語言點練習參考答案

根據所提供的情景用"甚至"完成對話。
① 傑克跟一個人聊了一會兒，之後……
   戴妮：你們聊得這麼高興，那個人一定是你的好朋友吧？
   傑克：我今天剛認識他，<u>甚至還不知道他叫什麼名字呢</u>。
② 湯姆的一個朋友在運動中受了傷，湯姆把他送到醫院。回來後，媽媽問湯姆：
   媽媽：他傷得重嗎？
   湯姆：醫生説他傷得很重，<u>甚至可能有生命危險</u>。
③ 瑪麗和一個中國朋友在聊中國電影。
   瑪麗：那個演員在中國很有名嗎？
   朋友：當然，<u>甚至連小孩兒都知道他</u>。

5. **主謂賓語句**

> "我們今天已經無法判斷它們給中國人的生活帶來了多大的影響。"
> "有一次在動物園，我看見熊貓津津有味地吃著竹葉。"（副課文例句）

這兩個句子的賓語都可以構成一個完整的小句：第一句是"它們給中國人的生活帶來了多大的影響"，第二句是"熊貓津津有味地吃着竹葉"。這兩個小句分別充當動詞"判斷"和"看見"的賓語，整個大句子就叫"主謂賓語句"。在充當賓語的這兩個小句中，主語分別是"它們"和"熊貓"，謂語分別是"給中國人的生活帶來了多大的影響"和"津津有味地吃着竹葉"。這種結構的句子在漢語中有許多，課文中的"我知道這句話的意思是說中國人很棒"也是如此。再看兩個句子：

我聽說小王去英國了。

老師說中國畫跟油畫不一樣。

需要注意的是，應該把"主謂賓語句"和"雙賓語句"區分清楚。比如"我告訴她一件事"是雙賓語句，這個句子的謂語動詞"告訴"後面有兩個賓語"她"和"一件事"，這兩個賓語之間的關係是並列的；"她說她今天不能來了"是主謂賓語句，謂語動詞"說"之後的賓語"她不能來了"則是一個主語、謂語齊全的小句。

語言點練習參考答案

根據所提供的情景，用主謂賓語句完成對話。

① 傑克約李明一起打籃球。時間到了，李明還沒來。傑克問他們的一個同學……
   傑克：你看見李明了嗎？
   同學：<u>我看見李明在圖書館看書呢</u>。

② 李明下午去看電影了。回家後，媽媽問他……
   媽媽：今天的電影怎麼樣？
   李明：<u>我覺得這部電影沒什麼意思</u>。

③ 一個學生正在接受校報記者的採訪。
   記者：你對將來有什麼期望？
   學生：<u>我希望自己能夠找到一份合適的工作</u>。

④ 傑克和戴妮要去中國旅行，他們正在談論這件事。
   戴妮：這次旅行，你還有什麼擔心的嗎？
   傑克：<u>我擔心天氣不好</u>。

(三) 功能項目說明

本課要求學生掌握的功能項目是解說。在交談中，當我們要對一件事情進行說明時，就是在進行解說。解說的方式可以有很多種，常用的句型包括"……是為了……""……就是……""……就……""……，這是……""……象徵著……""……，這是因為……"。課文中有許多這樣的句子，如：

春節吃魚是為了表示"年年有餘"；把"福"字倒貼是為了表示"福到了"；吃年糕就代表"年年高"；喝髮菜湯就代表"發財"……

新婚的床上，人們為新郎新娘撒上棗、花生、桂圓、栗子，這是祝願他們"早生貴子"。

人們喜歡"六""八"等數字，甚至有些人在選擇電話號碼、車牌號碼時，非有這兩個數不可。這是因為"六"的讀音與"路"相近,"有路"就象徵著順利;"八"的讀音與"發"相近,"發"就是"發財"……

這幾段文字都是先説出一種現象或人們所做的某些事情,緊跟在後面的就是解釋出現這種現象或人們這樣做的原因。

解説也可以用來對一個事物的特點、內涵以及象徵意義加以説明。本課學生用書"CONMMUNICATION CORNER"的練習"你知道它象徵著什麼嗎?"就是希望學生能運用這種功能説明自己感興趣的一個事物的象徵意義。具體指導請參考學生用書。

(四) 文化知識補充材料

根據正副課文的內容,我們補充了一些相關的文化背景知識,供老師們參考。由於篇幅的關係,其他更多的材料,我們放到網上,請老師們上網搜尋。

1. 中國人的吉祥符號

吉祥符號反映了人類追求美好幸福、祈望吉祥平安的願望。中國吉祥符號的種類極其豐富,使用的範圍包括了人生的方方面面,例如出生、婚姻、健康、生育、考試、求學、出行等等,而且無所不在,首飾上、繡品上、木雕上、瓷器上、寢具上,都可以看到吉祥符號。

正像課文中所講的,中國人的吉祥願望有時是通過諧音表達出來的。在漢語中,單音節詞很多,有大量的同音字,有時字面説甲,實際説的卻是乙。我們已經知道,借助諧音,蝙蝠成了祥瑞之獸,常常出現在各種構圖中,北京頤和園的昆明湖就是一個蝙蝠的形狀。此外,貓和蝴蝶的形象常常在給老人祝壽時使用,因為貓、蝶與"耄耋(màodié)"聲音相近,耄耋是高齡的意思。

除了諧音以外,有些吉祥符號也利用了某些事物的形狀特點。如在中國常用石榴象徵"子女眾多",這是因為石榴的籽粒很多,通過石榴"一石多籽",再加上"籽"與"子"諧音,所以舊時中國人結婚常常會用很多帶有石榴圖案的物品。有的吉祥符號與原始圖騰有關。龍是中國古代最重要的圖騰之一,是人們膜拜的神靈,所以也成了吉祥的符號。從古至今,在建築、器物以及一些工藝品上,經常可以看到與"龍"有關的圖案,如"龍鳳呈祥""二龍戲珠"等。龍的形象無處不在,傳統的娛樂活動,也經常離不開龍,如舞龍燈、賽龍舟等,以龍命名的地名、水名、人名更是不計其數。除了龍以外,這種被人們創造出來的自然中沒有的吉祥物還有很多,如鳳、麒麟、闢邪、朱雀、玄武等。

中國人還特別講究使用吉祥字和吉祥數,"福""祿""壽"和"囍"(雙喜字)等就是吉祥字。過春節時,家家户户都要倒著貼一些寫在紅紙上的"福"字;在老人過生日的蛋糕和點心上面一般要寫"壽"字,祝願老人健康長壽;結婚的人家一般要貼上紅色的雙喜字,以示喜慶。3、6、9、8等數字在中國人看來也有著一定的吉祥意義。中國人認為"三"代表多,"九"代表無限。中國有很多以吉祥數字命名,如三九集團、三元食品等、大三元酒家等。另外中國人喜歡偶數,結婚一般喜歡選擇偶數的日子,送人禮物的數量一般也要是偶數而不能是奇數。

除此以外,象徵愛情的鴛鴦、代表富貴的牡丹、祈望喜事來臨的喜鵲、表示清高正直的鬆竹梅、寓意長壽的松鶴、與"平安"諧音的瓶子等等都是中國人喜歡的事物,也都成了在中國人的生活中常見的吉祥符號。吉祥符號是中國人文化意識和思想觀念的體現,表達了中國人對吉祥幸福的嚮往。

2. 中國人的禁忌

如果説吉祥符號體現了人們對美好、幸福的向往和追求,那麼禁忌則反映了人類對災難、疾病、瘟疫等不幸的恐懼和由此而來的避諱。以下就是中國古往今來的一些禁忌。

舊時中國人忌諱裸露自己的身體，成年人絕對不可以將肉體裸露在別人面前。民間有"男不露臍，女不露皮"的俗語。現代中國人對於裸露身體仍是有所忌諱的，不過不像舊時那樣拘泥了。

與其他國家一樣，中國人在餐桌上也有一些禁忌。使用筷子是有一些講究的，筷子的兩端一定要對齊，用餐前筷子一定要整齊碼放在飯碗的右側，用餐後則一定要整齊地豎向碼放在飯碗的正中。不應該將筷子長短不齊地放在桌子上，因為這種做法是不吉利的，有"死亡"的意思。拿筷子時不能將食指伸出，因為伸出食指有指責對方的意思，也不能用筷子指著對方。用筷子往自己盤子裏夾菜時，將菜湯落到其他菜裏或桌子上，這種做法被視為嚴重失禮。筷子如果落到地上就等於驚動了地下的祖先，也是不被允許的。

中國普遍有"好事成雙"的說法，因而送禮忌諱送奇數，但是廣東人則忌諱"4"這個偶數，因為在廣東話中，"4"聽起來就像是"死"，是不吉利的。另外，中國人對顏色的看法與西方人很不一樣，在中國人看來，白色常是大悲之色和貧窮之色，所以一般人不戴白色的花。同樣，黑色也被視為不吉利，是凶災之色，哀喪之色。而紅色則是喜慶、祥和、歡慶的象徵，受到人們的普遍喜愛。隨著與外部世界的交往越來越多，這些看法和喜好也在漸漸改變。

另外，在禁忌中也有諧音的因素，除了上面提到的"死"之外，中國人送禮時一般不送鐘錶，也不能給夫妻或正在談戀愛的人送梨或雨傘，因為"送鐘"與"送終"、"梨"與"離"、"傘"與"散"諧音，送這些禮物被認為是不吉利的。

隨着時代的發展，中國人的禁忌風俗正在不斷地改變，同時，由於中國幅員廣大，民族眾多，各地、各民族的習俗和禁忌也各有差異，這裏介紹的只是其中的一小部分。

3. 關於諧音

諧音指的是在漢語中某兩個具有不同含意的字詞讀音相同或相近的語言現象，利用諧音是中國人喜歡使用的一種語言表現形式，同時，也是提高語言表達效果的一種重要手段。比如："福"與"蝠"同音，人們就用蝙蝠的圖案表達自己追求幸福的心願；"鹿"與"祿"同音，人們就在年畫上畫鹿來討個吉利。

由於漢語單音節詞很多，所以存在著大量的諧音現象。在傳統民俗中，許多吉祥話都十分巧妙地利用了諧音，而且饒有情趣，不論是在日常生活或逢年過節，還是在婚喪嫁娶、生兒育女等人生大事中，人們都經常利用漢語諧音來表達美好的祝願。

諧音現象具有豐富的文化內涵，單以婚嫁和春節活動為例，就不勝枚舉。福建上杭一帶嫁女兒時的一個重要陪嫁物品是"筷子"，取"快子"的諧音，是"早生貴子"的意思。廣東人的聘禮中一定要有蓮子、桂花、石榴，取其"連""貴""子"的諧音，是"連生貴子"的意思。四川迎親的時候，如果嫁妝中有櫃子，一般抬在前面，也是"早生貴（櫃）子""貴（櫃）子在先"的意思。湖北黃梅的女孩子出嫁時，把女拖鞋放進男拖鞋內，取"和諧（合鞋）到老"的意思。

中國傳統節日中這種借諧音表吉利的現象更多，如中國北方春節時吃的餃子，原來叫扁食，據說宋代有一種紙幣叫"交子"，人們為取吉利，便把這種像元寶的食物稱為餃子，諧音"交子"。在老北京，春節時要吃一種"百事大吉盒"，就是在一個盒子裏裝上很多的柿餅、荔枝、桂圓、栗子、熟棗，大家一起吃，"柿"諧音"事"，"荔"諧音"利"，"栗子"諧音"立子"，"棗子"諧音"早子"，是希望來年萬事如意、大吉大利、團團圓圓、早立子、早生子。臺灣人在春節祭祖時在柏枝上插上桔子和柿子，祈求"百(柏)事(柿)大吉(桔)"。

利用諧音通常能夠在表達各種感情時獲得特殊的修辭效果，使語言更加豐富多彩，體現了漢語獨特的魅力。

4. 關於漢語

漢語是中國漢民族使用的語言，它屬於漢藏語系，其發展的歷史非常久遠，並且早在3000多年前就已經有了自己成熟的文字——漢字。

漢語是世界上使用人口最多的一種語言，也是聯合國的工作語言之一。除中國地區以外，一些東南亞國家，如新加坡、馬來西亞等國家也有很多人使用漢語。

漢語的歷史很長，一般把漢語分爲古代漢語和現代漢語。從古代到現代，漢語在語音、語法和詞彙等方面都發生了很大的變化，但是其本質特徵並沒有改變。

現代漢語一般指從1919年"五四"運動到現在，漢民族及很多少數民族用來交際的語言，其中包括普通話和各種方言。普通話是漢語的標準語，是以北京語音爲標準音、以北方方言爲基礎方言、以典範的現代白話文作爲語法規範的現代漢民族的共同語。

中國幅員遼闊，漢語的方言十分複雜。目前有七大方言：北方方言、吳方言、湘方言、贛方言、客家方言、粵方言、閩方言。各方言之間在語音、語法和詞彙方面都存在著一些差異，而語音的差異最明顯。

5. 漢語漢字傳播史

漢語、漢字是世界上最古老的語言文字之一，對週邊民族和國家產生過很大的影響。

漢語漢字的傳播最早是在朝鮮半島上開始的。據史書記載，公元前12世紀，在周武王時代，箕子就到了朝鮮，開展教育、傳播文化。這以後，朝鮮半島在漢語漢字漢文化的影響之下，成爲了"漢字文化圈"的重要成員之一。

在秦始皇時代，就不斷有被發配到越南一帶的"徙民"，他們與當地居民逐漸融合，此時，漢語漢字的傳播可能已經發生。秦以後，許多中原人士在今天的越南一帶研討、講學、著書立說，對漢語在該地區的傳播起到了十分積極的作用。著名越南學者文新説："中國語言文字曾經深刻地影響到越南語言文字。"

日本曾挖掘出刻有中國漢代文字的文物，這説明漢朝時期，漢語漢字已經傳播到了日本。據《日本書紀》記載，公元200年，漢字和大量漢文書籍已經由朝鮮半島傳入日本。到了魏晉南北朝時期，日本人已經可以用漢語漢字書寫表文了。到了唐代，日本國內的漢語文教學體系已大體完備，漢語文與儒家文化在日本上層社會和知識界的傳播也相當普遍。直到今天，漢字仍然在日文中使用。

第十六課《同步訓練》參考答案及相關提示

> Section One

I. Multiple Choice (Listen to the dialogs)

答案:

1. A　　2. D　　3. C　　4. D　　5. C　　6. C

7. D　　8. D

聽力錄音文本:

1. (Woman)　除了法語，你還學了什麼外語？
   (Man)　　(A) 我並沒有學法語。
   　　　　(B) 我學了一年的法語。
   　　　　(C) 我非學會法語不可。
   　　　　(D) 我經常上外語課。

2. (Woman)　下課以後你會去參加漢語小組的活動嗎？
   (Man)　　(A) 我知道你不喜歡學漢語。
   　　　　(B) 今天有漢語小組的活動。
   　　　　(C) 我今天沒有漢語課。
   　　　　(D) 我今天忙得要命。

3. (Woman)　我現在沒帶他的電話號碼，下次再給你吧！
   (Man)　　(A) 具體是哪一次？
   　　　　(B) 他的聯繫方式是什麼？
   　　　　(C) 好的，沒問題。
   　　　　(D) 把電話號碼給他吧。

4. (Woman)　天哪，這漢語可真把我給難住了。
   (Man)　　(A) 我學過一年外語。
   　　　　(B) 你覺得漢語容易嗎？
   　　　　(C) 難道你忘了今天有漢語課？
   　　　　(D) 不至於吧，你的水平那麼高！

5. (Woman)　不能怪漢字太難，關鍵還是自己沒認真學。
   (Man)　　你還挺能從自己身上找原因的。
   (Woman)　(A) 全怪漢字太難學了。
   　　　　(B) 難怪漢字這麼難學。
   　　　　(C) 我以後必須好好學習了。
   　　　　(D) 你以後必須好好學習了。

6. (Woman)　你總算是來了，我都等你半天了。
   (Man)　　對不起，讓你久等了。
   (Woman)　(A) 我也是剛剛才到。
   　　　　(B) 這半天怎麼發生這麼多事？
   　　　　(C) 發生什麼事了？
   　　　　(D) 你別等那麼長時間。

Unit 8 *Chinese Language and Characters*
第八單元 語言與文字

7. (Woman) 咱們多玩一會兒吧。
   (Man) 可是老師要求我們明天交漢語作文。
   (Woman) (A) 那就先交英語作文吧。
   (B) 今天多玩了一會兒。
   (C) 聽寫我已經準備好了。
   (D) 晚上回家再寫吧。

8. (Woman) 你們的口語課老師怎麼樣？
   (Man) 長得不太漂亮，上課倒真是很棒。
   (Woman) (A) 你的口語老師真差。
   (B) 她長得真漂亮。
   (C) 她上課上得真沒勁。
   (D) 可惜她不教我。

II. Multiple Choice (Listen to the selections)
答案：

1. C	2. A	3. B	4. D	5. C	6. C
7. C	8. B	9. B	10. C	11. A	12. D
13. B	14. B	15. B			

聽力錄音文本：

Selection 1

(Narrator) Now you will listen twice to the following selection.
(Woman) 您好，請問您這兒有《現代漢語詞典》嗎？
(Man) 對不起，現在沒有了。
(Woman) 可以預訂嗎？
(Man) 沒問題，請在這裏寫下書名、出版社，以及您的聯繫方式。
(Woman) 好的。一定可以訂到吧？就快期末考試了，這本詞典對我來說很重要。
(Man) 這個……我還真不敢保證。
(Woman) 大約多長時間可以給我消息呢？
(Man) 至少得三四天。
(Narrator) Now listen again.
(Narrator) Now answer the questions for this selection.

Selection 2

(Narrator) Now you will listen twice to the following selection.
(Woman) 今天站在講臺上，還真有點緊張，說些什麼呢？就談談我學習漢語的一些體會吧。我覺得有一些詞說的時候還真得小心點。昨天小芳向我借錢，我說"不行。"她聽了以後一句話也沒說就走了。後來我才突然想起，在中國不要輕易直接說"不行"，除非是對陌生人，否則會讓朋友覺得很沒有面子，甚至會很生氣。要拒絕的話，只需要說出原因，她就會明白的，所以，昨天我應該對她說："真不好意思，我現在手頭有點兒緊。"

Lesson 16 *"Prosperity Has Arrived!"*
第十六課 "福到了！"

(Narrator) Now listen again.
(Narrator) Now answer the questions for this selection.

Selection 3

(Narrator) Now you will listen twice to a voice message.
(Man) 小美，今天過得怎麼樣？我已經一整天沒有見到你了，你的胃舒服點兒沒有？下了課趕快多喝點兒熱水。我記得你晚上沒課，對嗎？我在北展路的日本飯館預訂了晚飯。這個日本飯館是新開的，我的朋友去吃過，他們說那兒的日本菜很正宗，價錢也很合適。我們下午六點在飯館門口見面怎麼樣？這個飯館的名字叫松子，就在我們常去的那個四川飯館的旁邊。回來後給我回個電話吧！
(Narrator) Now listen again.
(Narrator) Now answer the questions for this selection.

Selection 4

(Narrator) Now you will listen twice to a narration.
有一個小孩特別聰明。一次，爸爸帶他去參加晚會。晚會上，客人們看到小孩很可愛，就問了他一些問題，小孩的回答很出色。大家紛紛誇獎孩子聰明，說他以後一定會有出息。可是，有一個人卻不怎麼喜歡他，看他不過是個孩子，就很直接地說："小時候聰明，長大了可不一定聰明。"孩子馬上回答："這麼說，你小時候一定很聰明。"
(Narrator) Now listen again.
(Narrator) Now answer the questions for this selection.

Selection 5

(Narrator) Now you will listen twice to a conversation between two students.
(Man) 來中國這麼長時間了，你都去哪兒玩了呀？
(Woman) 我去了福建的廈門。
(Man) 感覺怎麼樣？
(Woman) 城市很美，可惜我聽不懂他們說的話。
(Man) 這太正常了，連我這個北方人都聽不懂，更別說你這個日本人了。
(Woman) 是嗎？我還去過一些其他的南方城市，那些地方的人說話我也聽不懂。
(Man) 沒辦法，中國太大了，過去交通很不方便，人們生活範圍又很小，所以就形成了很多方言。方言之間有的差別很大。
(Narrator) Now listen again.
(Narrator) Now answer the questions for this selection.

III. Multiple Choice (Reading)

答案：

1. C	2. A	3. C	4. C	5. B	6. B
7. D	8. D	9. A	10. B	11. C	12. D
13. C	14. D	15. D	16. A	17. C	18. A
19. D	20. B	21. C	22. D	23. A	24. A
25. B					

Unit 8 Chinese Language and Characters
第八單元 語言與文字

Section Two

I. Free Response (Writing)

1. Story Narration

The four pictures present a story. Imagine you are writing the story to a friend. Narrate a complete story as suggested by the pictures. Give your story a beginning, a middle, and an end.

寫作提示：

　　這組圖片表現了中文活動課的場景。在寫作的時候，請注意：
(1) 首先要能夠把活動課的全過程交代清楚。比如：

　　老師正在上中文課……接著，她拿出風箏，告訴大家如何放……同學們都跑到操場上放風箏……最後大家回到教室寫作文。

(2) 在描寫活動課的同時，要注意靜態的環境以及景物描述。比如：

　　教室很漂亮，牆壁四周有五顏六色的掛圖。
　　風箏的圖案非常有意思，有的是……有的是……我們非常喜歡。
　　天氣非常好……我們在操場上……非常開心。
　　有的風箏飛得很高，有的風箏糾纏在一起。

(3) 另外，要根據畫圖儘可能描寫出人物的神態。比如：

　　剛開始時，大家很著急，風箏飛起來以後，所有人都特別高興。
　　回到教室，我們仍然……為了寫好作文，大家……

2. Personal Letter

Imagine you received a letter from a pen pal. In the letter, he talks about his current life and tells you that he is not happy. Write a reply in letter format. In your letter, tell him what you think about happiness in life and give him some suggestions on how to get rid of his worries.

回信建議：

　　這是一封交流看法的個人信件，以下內容可供回信時參考：
(1) 問候語。表示收到了他的信如：

　　你好！你的信收到了……

(2) 開始話題。對方的來信提到生活中的種種不快，回信應該安慰他幾句。比如：

聽了你說的這些，我也覺得挺麻煩的。你不要太著急了，有些事情慢慢來，總會有解決的辦法。

生活中總會遇到一些不快樂的事情，每個人都一樣，重要的是怎麼看待它們。

(3) 在回信的主體部分，要談談你對幸福和快樂的看法，同時也可以徵求他的意見。以下一些角度和表達式可供參考。比如：

我的快樂非常簡單，把功課做完，和好朋友去打一場球，出一身汗，這就是美好的生活。

做喜歡做的事，看喜歡看的書，是我最大的快樂，比如《哈利‧波特》，看這本書可以讓我忘記吃飯和睡覺。

幸福就是努力的過程，只要真正努力過了，不管成功還是不成功，我都覺得很滿意。你說是不是這樣？

和好朋友一起分享一部好片子，這是我最快樂的事情。你覺得呢？

(4) 結束的祝福語可以寫"祝你每天開心""祝你快樂如意"等，然後署上名字和日期。

3. E-Mail Response

Read this e-mail from a friend and then type a response.

發件人：趙麗

主　題：祝你天天快樂！

英語裏有很多表示祝福的說法，原來我只會"Happy new year"，"Happy birthday to you"等幾個簡單的句子。最近在英文課上又學到很多，比如"Best wishes"，"God bless you"等。這些表達方式非常有用，但是我使用起來還不是很有把握。你能和我說說美國人還有哪些最常用的祝福語嗎？你們什麼情況下使用這些祝福語呢？謝謝了！

回信提示：

筆友在電郵中希望瞭解美國英語中的祝福語，你在回信時，不僅要說明一些常用的祝福語，重要的是要把這些祝福語使用的語境介紹清楚。你可以這樣表達：

英語中有很多祝福語，比如……通常用在……；……用在……；……時候用……畢業的時候，老師都會祝福他的學生有一個好的前程，老師會說"Wish you have a bright future"，意思是祝你前途光明。此外還有……

4. Relay a Telephone Message

Imagine you are sharing an apartment with some Chinese friends. You arrive home one day and listen to a message on the answering machine. The message is for one of your housemates. You will listen to the message twice. Then relay the message, including the important details, by typing an e-mail to your friend.

(Girl)劉梅，我是楊蘭，我們明天下午三點乘飛機離開紐約。這次在美國的演出非常成功，幸好有你的幫忙，非常感謝。美國之行給我留下了深刻的印象，我相信以後我們還會再來的。你說暑假期間會去上海度假，等你確定具體時間後，就通知我，我好提前做準備。保持聯繫，再見。

轉述建議：

(1) 轉述時先要交待電話是誰打來的，注意人稱的轉換：

劉梅：楊蘭給你打來了一個電話。

Unit 8 *Chinese Language and Characters*
第八單元 語言與文字

(2) 轉述的核心部分是一些具體信息。首先是楊蘭要乘飛機離開紐約，時間是明天下午三點，其次是楊蘭邀請劉梅去上海，並讓劉梅告訴她去上海的具體時間。這則電話留言的其他信息大都是客套話，你可以在轉述的最後加一句楊蘭的感謝。

II. Free Response (Speaking)

1. Conversation

The summer vacation is approaching and you are planning to attend summer classes in a language school to improve your knowledge of Chinese. You call the admissions officer and begin a conversation with him.

(1) 您好，很高興接到您的電話。您希望瞭解哪幾方面的情況呢？

回答建議：

回答這個問題時，你要儘量聯想在這樣的情況下，你需要瞭解哪些情況。你可以採用列舉法一一進行羅列，儘可能用完20秒的回答時間。比如：

我比較關心的問題有幾個，第一是收費的問題，其次我比較關心是哪些老師給我們上課，第三我想瞭解……

(2) 我們的暑期培訓班一共有三個年級，會根據你的基礎以及測試成績分班，你的中文水平怎麼樣？

回答建議：

這一問可以結合自己的實際情況進行回答。比如：

我已經學了兩年的漢語，現在可以讀一些小短文。我現在應該是中級水平。希望通過培訓班的學習，我的中文水平可以達到中高級……

(3) 我們的強化學習班一共是35天，你的暑期時間是怎麼安排的？

回答建議：

這一問是希望瞭解你能不能保證學習時間，你可以回答：

我這個暑假沒有別的安排，就是想參加強化班的學習，我的時間非常充裕。

也可以給出具體的時間安排：

我的安排是這樣的，暑假開始的時候要到外地旅遊，回來以後就參加這個強化班，其中可能有一天會請假，因為要……

(4) 你對課程的學習有什麼要求嗎？

回答建議：

這一問可以結合你平時對於中文課程的要求進行回答，比如：

我希望這個強化班的課堂氣氛能比較活躍，這樣會給我更多的機會練習說漢語……

我希望這個強化班能加強讀音和寫漢字的訓練……

(5) 你對老師的教學有哪些期望呢？

回答建議：

這一問是上一問的延伸，你可以就相關的情況進行補充，比如：

老師的教學最重要的就是要有趣。另外，如果他教的內容比較實用，將來到中國去也能夠用得上，那就更好了……

(6) 你是怎麼知道我們學校的呢？

回答建議：

回答這一問題時，要避免過於簡單，比如：

我是從報紙上看到你們的招生消息的。

這樣接下來就沒話可說了。應該儘量增加一些細節，用完20秒的回答時間。比如：

我的好朋友……前年參加了你們的培訓班，他告訴我你們的培訓班非常有意思。今年我一看到報紙上你們招生的消息，就給你們打電話了。

我平時很喜歡上網，在網上看到了……

2. Cultural Presentation

In your presentation, explain how a Chinese person expresses good wishes on a specific occasion. Good wishes may be expressed through words or by auspicious symbols. You should elaborate on the way these expressions are used and their underlying meanings.

回答建議：

先說中國人常用的祝福語以及使用的相關場合。如：

"祝你們白頭偕老、新婚幸福！"這是在婚禮上對於新郎新娘的祝福語，希望新郎新娘的生活幸福，婚姻持久。

"祝你考上理想的大學！"這是對面臨大學入學考試的中學生的祝福語，可以是在畢業晚會上，也可以是其他場合家長、老師對同學或同學之間的祝福。

"祝你一路平安！"這是對朋友、親人出行前的祝福，希望他的旅途安全順利。

"恭喜發財！新年快樂！"這是新年祝福語，祝願對方新的一年生活富裕、心情愉快。

"祝你早日康復！"這是對病人的祝福語，希望他早日恢復身體健康。

"祝你心想事成！"這是在很多場合都可以使用的祝福語，常常是因某個事情的觸動，祝願對方達成心願；也可以是新年祝福語的一部分，希望對方新年一切順利。

"祝你馬到成功！"這一句和上一句類似，也是因某個事情的觸動，祝願對方達成心願。不同的是，這個祝福語的所指更為明確，就是祝願對方要做的事情成功，而不是指其他寬泛的內容。

有關吉祥符號的問題，你可以這樣安排：

除了語言表達，中國人也通過很多吉祥符號表達美好的祝福。比如……

中國人表達吉祥的方法有時是通過諧音，比如，蝙蝠……魚……年糕……

除了諧音以外，有些吉祥符號與原始圖騰有關。比如龍、鳳、麒麟……

中國人還特別講究使用吉祥字和吉祥數。如"福""壽""祿"雙"囍"字……

3、6、9、8等數字在中國人看來也有著一定的吉祥意義，因為……

除此以外……

最後進行總結：

吉祥符號是中國人文化觀念的體現，體現了……

Unit 8 *Chinese Language and Characters*
第八單元 語言與文字

3. Event Plan

Your Chinese teacher has asked you to design an activity plan. The activity is to encourage students to practice their language skills in a Chinese-speaking community. In your presentation, explain the amount of time required for the activity, the venue, and other specific details. You should also emphasize the activity's main segments and point out the advantages and disadvantages of different choices.

回答建議：

這個問題可以分三步進行說明。

(1) 計劃的內容。你可以做幾個計劃以供選擇。例如：

我們的實踐活動可以分成兩組，一組是到唐人街逛街購物，和賣東西的中國人直接交流；另一組是訪問幾位中國家長，到中國人家做客。

(2) 說明不同計劃的利和弊。例如：

應該說這兩個計劃各有利弊。到唐人街購物，和中國人聊天，可以練習怎樣問價，怎樣和陌生人交談，但是聊的內容可能比較簡單；到中國人家做客可以練習自我介紹等方面，但是就怕準備不充分，沒話說，反而沒意思。

(3) 說明自己將怎麼做以及為什麼這麼做。例如：

我們打算……因為……

我們計劃……這樣可以……

UNIT 9 Famous People and History
名人與歷史

單元教學目標

一、溝通
1. 掌握與名人、歷史這類話題相關的重點詞語及語言點,並學會將這些語言知識運用於日常交際之中。理解一般性詞語。
2. 掌握解釋、評價、列舉等功能和表達方式。

二、比較
理解並詮釋不同國家的不同歷史特點。

三、文化
了解中國歷史上的重要人物以及中國歷史發展的大致脈絡。

四、貫連
與歷史課相貫連,了解中國歷史的發展以及歷史上的重要人物。

五、實踐活動
運用所學到的漢語和文化知識,就中國歷史或歷史人物等話題進行交流和表達。

單元導入活動說明

本單元由辨認歷史人物並說明其歷史貢獻導入。建議引導步驟如下:

第一步: 將學生分成幾個小組。在進入活動前,請學生各自說說自己最佩服的歷史人物是誰,以及佩服的理由。

第二步: 將課本上的四組圖片分給各個小組,要求學生分別辨認圖片上的人物,然後把人名及其歷史貢獻寫在卡片的背面。

第三步: 各組將討論結果向全班彙報,最後將幾個小組的彙報結果合起來,完成課本上的表格。

第十七課 Who Was Confucius? 孔子是誰？

一、本課教學重點
(一) 讓學生理解並運用所學的詞語討論本課的歷史名人，並與學生所熟悉的歷史人物作比較。
(二) 讓學生運用本課所學以及相關的表達式對某一句話或某一個成語進行解釋性的說明。

二、本課的難點
(一) 詞語：注意"感受—感覺"這組近義詞的區別。
(二) 語言點：
1. 反問句是用疑問的形式表達肯定的意思，有加強語氣的作用，但需要讓學生知道，並不是在所有的情況下都可以使用反問句，若不當用而用，就會顯得說話人沒有禮貌。
2. "而"作為一個連詞，它的用法比較複雜。在本課中需要重點掌握的是表示轉折這一用法。

三、有用的教學資源
(一) 有關孔子及儒家思想的介紹。
(二) 中國漢語網（www.linese.com）。

四、教學安排導引
針對不同學習內容，各教學模塊及其教學設計和參考課時索引見下表。

教學模塊		交際模式	可選用的教學活動設計		課時建議
新課學習	課文閱讀與理解	理解詮釋 人際互動	教學設計1 教學設計2	教學設計分為必選和可選兩種，可選的活動以"可選"標明，其實施順序請老師根據本班學生實際情況自定。	5—7課時
	詞語講解與練習	理解詮釋 表達演示	教學設計3 教學設計4 (可選) 教學設計5		
	語言點講解與練習	人際互動 表達演示	教學設計6 教學設計7 (可選)		
交際活動		人際互動 表達演示	教學設計8 教學設計9 (可選)		1課時
寫作訓練		表達演示	教學設計10 教學設計11 (可選)		1課時
綜合考試訓練		綜合	教學設計12		1—2課時

注：寫作訓練活動可根據本班實際情況選做；綜合測試題應根據本班實際情況在課堂上選做或讓學生課外完成。

五、具體教學活動設計的建議

教學模塊 1 —— 新課學習

(一) 課文閱讀與理解

🗣 教學設計1

內容：主課文導入。

目的：通過課前熱身活動，爲進入課文學習做好準備。

步驟：

第一步： 請學生講一講他們所了解的孔子，並説一説他們所知道的美國著名教育家的事蹟。可向學生提出下列思考題：
① 你知道哪些有名的教育家？請説説他們的事蹟。
② 中國人很尊敬孔子，你知道爲什麼嗎？

第二步： 小組討論，然後每個小組派一個代表向全班彙報。

第三步： 教師在小組彙報時，要在黑板上寫出學生提及的、與本課重點詞語和單元主題有關的詞語及信息。

第四步： 根據黑板上列出的信息，請學生閱讀課文或仔細聽課文的錄音，找出課文中這些信息所在的位置，開始進入正式的主課文學習。

預期效果： 通過以上熱身活動，調動全班同學進入積極的學習狀態，使學生對本課的主要內容有一個基本假設，有助於他們理解後面的課文內容。

🗣 教學設計2

內容：課文的聽與讀。

目的：

1. 讓學生理解課文內容，掌握本課新詞語在課文中的含義，並理解本課語言點的基本用法。
2. 讓學生對孔子的思想有大概的了解。

步驟：

第一步： 聽課文。教師讓學生看着課本，聽錄音了解課文大意。
① 老師把閱讀問題寫在黑板上；
② 讓學生帶着問題分段閱讀；
③ 隨文講解課文的生詞和學生不懂的語言現象。

第二步： 分段學習課文。
• 總體教學建議
① 老師把閱讀問題寫在黑板上；
② 讓學生帶着問題分段閱讀；
③ 隨文講解課文的生詞和學生不懂的語言現象；
④ 分段討論老師提出的問題，分小組進行討論，鼓勵學生提問題。
• 具體教學建議
建議教師在指導閱讀時將課文處理爲四個部分。

各部分具體問題

第一部分：（第1自然段）
① 孔子是一個什麼樣的人？課文中提到的和你所了解的有什麼不同？
② 《論語》是一部什麼樣的書？說一說其中的名言。

第二部分：（第2-3自然段）
① 為什麼很多人從很遠的地方到孔子這裏來學習？
② "學而時習之，不亦說（悅）乎"是什麼意思？你對於這種"快樂"是怎麼看的？
③ 兩個學生問了同樣的問題，為什麼孔子的回答卻完全相反？你喜歡這種回答方式嗎？為什麼？

第三部分：（第4-5自然段）
① 課文中是怎樣解釋"仁"的？
② 談談你對"己所不欲，勿施於人"這句話的理解。
③ 孔子認為一個人應當怎樣獲得財富？你同意這種觀點嗎？
④ 什麼樣的人是快樂的？有財富的人一定會快樂嗎？

第四部分：（第6-7自然段）
① 為什麼孔子的學生那麼熱愛他、尊敬他？
② 你聽說過老子嗎？談談你對老子的了解。

第三步：教師請學生再仔細讀一遍課文，然後指出自己不能理解的地方，最後就學生提出的問題，進行解答。

組織要點：對整篇課文的學習，可以先理解課文大意，再分段閱讀、理解、討論，最後進行擴展討論。這一教學設計需要分開用幾個課時完成。

(二) 詞語講解與練習

教學設計3

內容：詞語辨析。
目的：比較近義詞"感覺"和"感受"的詞義及用法，並學會正確地使用。
步驟：
第一步：請參考"六（一）"中對"感覺—感受"二詞的辨析，講解兩詞的異同。
第二步：舉出一些例句，讓學生在具體的語句中理解這兩個詞的區別。例如：
我感覺他好像知道這件事情。
我感覺有點兒不舒服。
只有親自參加這個活動，才能感受到它的樂趣。
母親讓我感受到家的溫暖。
第三步：老師給出語境，讓學生用"感受"或"感覺"造句。語境參考如下：
① 房間裏溫度太高了。
② 去原始森林旅遊。
③ 特別冷的時候喝一杯熱咖啡。
④ 生病的時候朋友來看我。
⑤ 去中國學漢語，中國人很熱情。
⑥ 大家都看出來小王今天特別高興。

Lesson 17 *Who Was Confucius?*
第十七課 孔子是誰？

教學設計4（可選）
內容：詞語比賽。
目的：通過活動，掌握本課的新詞語。
步驟：
第一步： 將學生分成A、B兩組。
第二步： 教師將本課需要掌握的詞語製作成卡片，通過提問爲學生創造運用詞語組成完整句子的語境，使學生在與教師交流的過程中理解並掌握目標詞的使用。比如，老師拿出寫有"博學"的卡片，提問："孔子是一個什麼樣的人？"預期的回答是："孔子是一位博學的人。"
第三步： 將學生回答的時間記錄下來，看看相同時間內哪一組說得多，多者爲勝。

教學設計5
內容：選詞填空。
目的：掌握本課重點詞語的實際運用。
步驟：請參考學生用書中的詞語練習（VOCABULARY IN CONTEXT）。
組織要點：本課的詞語練習緊扣"名人與歷史"這一單元主題，借助望梅止渴的歷史故事，使學生理解並學會使用本課的掌握詞。由於望梅止渴的故事難度偏大，所以建議在做練習之前，先給學生講一下故事的大意，以免給學生增加額外的學習負擔。

(三) 語言點講解與練習

教學設計6
內容：根據情景，練習使用句型。
目的：學會理解和運用本課的語言點。
步驟：請參考學生用書中本課的語言點練習（LANGUAGE CONNECTION）。詳細講解請參照後文"六（二）"中的相關內容。
擴展：可以鼓勵學生仿照練習中的句子，運用本課學到的詞語再說出一到兩個句子。

教學設計7（可選）
內容：比一比，看誰說得多。
目的：通過活動，掌握漢語中的一些類前綴。
步驟：
第一步： 將學生分成A、B兩組，並在黑板上分出兩個相應的區域。
第二步： 教師用卡片的形式提出幾個類前綴（如：非，大，反，多，單，超），讓學生組成詞語。組得多的一組爲勝。

教學模塊2 — 交際活動

教學設計8
內容：解釋成語的含義。
目的：在交際活動中學習、掌握對某一成語或某一句話進行解釋性說明的方法。
步驟：請參考學生用書中本課的交際練習（COMMUNICATION CORNER）。

教師手冊

Unit 9 Famous People and History
第九單元 名人與歷史

擴展：爲了充分調動學生參與，也可以讓學生根據"自相矛盾"這一成語故事分角色表演。一人賣矛和盾，一人上前質疑，還可以有一個旁白做解說。這個練習關鍵在於讓學生掌握解釋性説明這一功能項目，學習成語。

教學設計9（可選）

内容：談談你對孔子的看法。
目的：學習掌握怎樣對一個人進行評價。
步驟：將學生分成幾個小組，讓學生以小組的形式進行討論，每組由一個同學記錄，並最後在全班宣讀討論結果。討論的題目可以有以下幾個：
① 你同意課文中對孔子的評價嗎？爲什麼？
② 你喜歡孔子教育學生的方法嗎？爲什麼？
③ 你覺得孔子宣傳的"仁"與我們所説的"愛"一樣嗎？請比較一下。
④ 你希望有孔子這樣的老師嗎？爲什麼？
⑤ 你心目中理想的教師是什麽樣的？

預期效果：這個活動鼓勵學生在理解課文内容的基礎上進行拓展學習，通過積極的討論，就上述問題發表不同的意見，學習並掌握評價這一功能項目。

教學模塊 3 — 寫作訓練

教學設計10

内容：介紹並評價一個你熟悉的人。
目的：通過活動學會如何對人進行評價。
步驟：請參考學生用書中本課的寫作練習（WRITING TASK）。

教學設計11（可選）

内容：看圖寫話/回復個人信件/表達個人觀點。
步驟：請根據本班學生的實際情況，在課堂上選做同步訓練中的相關寫作練習。同步訓練的答案提示請參照後文"七"中的相關内容。

教學模塊 4 — 綜合考試訓練

教學設計12

内容：綜合考試訓練。
目的：

1. 通過綜合考試訓練試題的自我檢測或隨堂選擇性檢測，使學生達到綜合性複習、並強化本課所學内容的目的。
2. 借助綜合訓練試題内容與課文内容的互補性，拓展學生對"名人"主題相關内容的學習。

步驟：請參考《同步訓練》相關内容。

訓練要點：
1. 完成聽力題（Rejoinders and Stimulus Types），複習、強化和評價學生對與請客吃飯、買東西、請假、學漢語、撰寫論文、參觀宋慶齡故居、和影星對話、組織成語比賽、介紹孫中山、望子成龍等話題相關的功能項目的理解。

2. 完成閱讀題（Reading），拓展並且評價與本課話題相關內容的學習和理解，讓學生更多地接觸語言的各種實際應用，比如短文、通知、海報、新聞報導、電郵等。內容涉及參觀博物館、颱風預報、匡衡的故事、孔子像、李白的故事、古代讀書人的地位、春秋戰國時代的社會與文化等。

3. 完成寫作訓練中的看圖寫故事（Story Narration）、個人信件（Personal Letter）、回復電郵（E-Mail Response）和電話留言轉述（Relay Telephone Message），訓練學生描述講座地點的變更，陳述對未來的打算，描述喜歡的樂隊和歌星，以及學會約人見面等。

4. 完成交際訓練中的對話（Conversation）、文化表述題（Cultural Presentation）和計劃表述題（Event Plan），訓練及評價學生對事件的表達能力和表述自己觀點的能力。這部分內容涉及在中國的旅遊，對歷史名人的了解及看法，以及計劃並說明一次關於本校歷史與名人的展覽活動。

六、教學參考資料

(一) 詞語講解及練習參考答案

本課的詞語註釋表中一共列出了38個詞語，其中專有名詞3個，要求學生掌握、理解並能正確使用的詞語11個，只要求學生大致理解其文中的含義及主要使用場合的詞語24個。此外，我們還對本課中的一些詞進行了詞義辨析，供教師參考。

1. 思想家：【名】對客觀現實有自己的想法並能形成系統的人。
2. 教育家：【名】從事教育工作並形成自己教育理念的人。
3. 聖人：【名】指品格高尚、非常有智慧的人。
4. 智慧：【名】判斷、發明創造的能力。
5. 長者：【名】年紀大有高尚品德的人。
6. 部：【量】量詞。
7. 細節：【名】細小的環節或情節。
8. 感受：【動】受到影響，體會。

> **辨析 感受─感覺**
> "感受"和"感覺"都可以做動詞，但是意思不同。"感受"是內心的活動，程度較深；"感覺"除了表現內心的活動以外，還可以表現感覺器官的活動。例如：學了一年漢語，對學外語的酸甜苦辣我感受很深。│我感覺有點兒冷，得再穿一件衣服。

9. 親切：【形】熱情而又關心。
10. 先後：【副】前後相繼。
11. 實踐：【名】人們改造自然和改造社會的有意識的活動。
12. 徵求：【動】用書面或口頭詢問的方式求得意見。
13. 相反：【形】事物的兩個方面相互矛盾、相互排斥。
14. 困惑：【形】感到疑難，不知道怎麼辦。
15. 急躁：【形】遇事容易激動不安；想馬上達到目的，不做好準備就開始。
16. 內向：【形】思想感情不外露，性格不活潑。
17. 鼓勵：【動】激發；勉勵。
18. 交往：【動】互相來往。
19. 原則：【名】說話、做事所依據的準則。
20. 一輩子：一生的時間。

Unit 9 *Famous People and History*
第九單元 名人與歷史

21. 強迫：【動】加壓力使服從。
22. 位置：【名】地位；職位；身份；角色。
23. 手段：【名】為達到某種目的而使用的具體方法。
24. 修養：【名】養成的正確地與人交往和處理事情的態度。
25. 愛心：【名】關心、愛護別人的思想和感情。
26. 神態：【名】表情和態度。
27. 安詳：【形】神情平靜，動作不慌忙。
28. 嚴肅：【形】（神情、氣氛等）使人感到緊張；（態度）認真。
29. 威嚴：【名】讓人尊敬的氣派和身份。
30. 博學：【形】學問多廣而精。
31. 學無常師：求學沒有固定的老師。指凡是有點學問、長處的人都是老師。
32. 固定：【形】不變動的。
33. 請教：【動】請求指導。
34. 創立：【動】最早建立。
35. 學說：【名】學術上的有系統的主張或見解。

專有名詞

36. 《論語》：古書名，主要記錄了孔子和他的學生們的言行。
37. 老子：人名。姓李，名耳，又叫老聃，道家學派的創始人。主張"清靜""無為"。《道德經》裏記錄了許多他說過的話。
38. 儒家：先秦時期的一個思想流派，以孔子為代表，主張禮治，強調傳統的倫常關係等。

VOCABULARY IN CONTEXT 參考答案

選詞填空。

智慧　感受　先後　徵求　困惑　急躁　鼓勵　交往　強迫　手段

有一年夏天，曹操帶領部隊去打仗，天氣熱得出奇，天空中一絲雲彩也沒有。部隊在彎彎曲曲的山道上行走著，到了中午時分，士兵的衣服都濕透了，行軍的速度也慢了下來，好幾個體弱的士兵竟然<u>先後</u>暈倒在路邊。

曹操看到行軍的速度越來越慢，十分著急。可是，幾萬人馬連水都喝不上，大家怎麼能加快速度呢？曹操叫來嚮導，<u>徵求</u>他的意見，問他有什麼辦法。可是嚮導搖搖頭說沒有辦法，因為泉水在山谷的另一邊，太遠了。曹操想了想，說："不行，時間來不及。"可是怎麼樣才能<u>鼓勵</u>士兵們儘快前進呢？他知道用<u>強迫</u>的<u>手段</u>是不行的。曹操抬頭看了看前邊的樹林，靈機一動，對嚮導說："你什麼也別說，我有辦法了。"他騎馬趕到隊伍前面，用馬鞭指著前方對士兵們說："前面有一大片梅林，那裏的梅子又甜又酸，好吃極了。我們快點趕路，繞過這個小山就到梅林了！"士兵們聽後，大家都好像<u>感受</u>到了梅子吃在嘴裏的滋味，也不覺得口渴了，精神也一下子變好了，腳步也大大加快了。

就這樣，曹操用自己的<u>智慧</u>，解決了難題。

（這個成語是"望梅止渴"）

Lesson 17 *Who Was Confucius?*
第十七課 孔子是誰？

(二) 語言點講解及練習參考答案

本課一共有4個需要學生掌握的語言點，在學生用書的 "LANGUAGE CONNECTION" 部分有簡單的講解。在這裏，我們又做了進一步的講解，同時對學生用書中的練習題也給出了參考答案，供教師們參考。

1. 反問句

"你的父親和哥哥都在，怎麼能聽到就去做呢？"

反問句是一種用疑問形式表達強調語氣的句型，用這樣的句型並不是要提出疑問、要求回答，而是對自己所要表述的觀點加以強調。如果問句本身是否定的，它的意思就是肯定的；相反，如果問句本身是肯定的，它的意思則是否定的。如：

你不是已經知道了嗎？（你已經知道了。）
難道這樣的電影不值得看嗎？（這樣的電影值得看。）
她怎麼會說這種糊塗話？（她不會／不應該說這種糊塗話。）
他哪兒有錢？（他沒錢。）

反問句的句型大概有這樣幾種：

(1) 使用"難道"。如：
    難道我說得還不明白嗎？
(2) 使用一些表示疑問的詞，如"怎麼""哪兒""誰"等。如：
    你怎麼會不知道這件事呢？
    小王哪兒能不來呢？
    誰說這部作品能獲獎？
(3) 使用"不是"。如：
    他不是已經畢業了嗎？

注意：反問句不能隨便使用，一定要注意語言環境、說話對象以及說話語氣，否則就會讓人覺得不禮貌或沒有教養。

語言點練習參考答案
請每個同學設計出三個情景，並請另一名同學根據情景說出應該使用的反問句。 情景1： 小兵跟長輩說話時不太禮貌，爸爸看到後很不高興，就對小兵說…… 反問句： 你怎麼能這樣跟長輩說話？ 情景2： 小兵也覺得委屈，說…… 反問句： 我這樣說話，難道有什麼不對嗎？ 情景3： 爸爸更生氣了，說…… 反問句： 你這樣使用反問句就是不禮貌，我以前告訴過你的，難道你都忘了嗎？ 按：這個練習可以像上面那樣將三句話連成一組對話，也可以分別說出三個不相關的句子。

2. 難怪

"難怪他的學生都那麼熱愛他、尊敬他呢。"

表示對一件事情有所醒悟，明白了其前因後果。"難怪"一般用在主語的前面。在使用"難怪"的小句前面或後面經常有另一個說明原因的小句。如：

難怪這水果這麼新鮮，原來是剛剛摘下來的。

他生病住醫院了，難怪沒參加畢業典禮呢。

外面下大雪了，難怪天這麼冷。

語言點練習參考答案

根據提供的情景用"難怪"造句。

情景1：　他沒來上課。
句子：　　難怪他沒來上課，原來他生病了。

情景2：　他去上海了。
句子：　　難怪我打電話時他不在，原來他去上海了。

情景3：　小王昨天去參加比賽了。
句子：　　小王昨天去參加比賽了，難怪他沒來上課。

情景4：　我沒告訴他這件事。
句子：　　這件事我沒告訴他，難怪他亂猜。

情景5：　原來昨天是情人節。
句子：　　難怪他昨天給女朋友送花，原來昨天是情人節。

情景6：　我們班籃球比賽得了冠軍。
句子：　　我們班的籃球比賽得了冠軍，難怪他那麼高興。

3. 類前綴

"我更願意把孔子看作是一個富有智慧的、和藹可親的長者。"

我們在第十四課中講過了前綴和後綴。在漢語裏，還有一些類似前綴或後綴的成分，一般稱為"類前綴"或"類後綴"。與"前綴"一樣，"類前綴"位於一個單音節或雙音節詞的前面，但是它的意義尚處在虛化的過程中，在某些情況下，它們還具有實在的意義，不像"前綴"那樣已經完全虛化。例如，"大海"的"大"是類前綴，"大"本來所具有的含義在"大海"中還有所保留。"類前綴"可以作為合成詞的第一個音節，構成相當數量的詞語。如：

可——可愛、可親、可笑、可憐；
不——不科學、不道德、不文明、不禮貌；
非——非正式、非金屬、非賣品；
大——大海、大地、大陸；
反——反科學、反常規、反季節；
多——多媒體、多角度、多向、多項；
單——單程、單晶體、單方面、單聲道；
超——超音速、超大型、超高壓。

由於"類前綴"處於一種虛化的過程中，所以，在由"類前綴"組成的合成詞中，"類前綴"與它後面的詞之間的關係不很一致：有的幾乎組成了一個不可拆分的詞，如"可愛""可親""單程""大海"等；有的卻顯示出較明顯的短語性質，如"不科學""反常規""多項"等。但兩種情況下"類前綴"所呈現出的性質與特點基本上是一致的。

語言點練習參考答案

本語言點的練習是做一個關於類前綴的"賓果"遊戲，老師可以在黑板上寫出上面列出的類前綴，答案也請參考上面的例子。需要注意的是讓學生搞清楚由類前綴組成的詞與其他的詞之間的區別。如"單人床"是由"單人"和"床"組成的，"多義詞"是由"多義"和"詞"組成的，它們並不是由類前綴"單"或"多"組成的詞。

4. 連詞"而"

"他們倆一個性格很急躁，……而另一個性格很內向，所以要鼓勵他。"

"而"是一個連詞，連接兩個詞、短語或分句。用"而"連接的兩部分之間可以是並列關係、先後承接關係、遞進關係、偏正關係或轉折關係。例如：

她的文筆簡練而生動。（並列關係）

各組的成績都很好，而三組的成績最突出。（遞進關係）

我為了進一步了解中國文化而努力學習漢語。（偏正關係）

這裏已經是春暖花開，而北方還是寒冷的冬天。（轉折關係）

"而"作為一個連詞，多用在書面語中。與其他一些連詞不同的是，"而"只起到連接作用，至於它所連接的兩部分具有什麼樣的關係，則是"而"無法顯現出來的，要靠前後兩部分的內容來決定。如上文第二個例句，若改為"各組的成績都很好，而第三組的成績卻不理想"，就變成了轉折關係。

本課主要要求學生掌握"而"所連接的轉折關係和並列關係這兩種用法。

語言點練習參考答案

請每個同學設計出兩個情景，並請另一名同學根據情景用"而"造句。

情景1：　對比兩個城市的氣候。
句子：　北京的冬天比較乾燥，而上海的冬天比較潮濕。
情景2：　對比兩個人的性格。
句子：　小張喜歡熱鬧，而小王喜歡安靜。
情景3：　說明一種語言的特點。
句子：　法語的發音比較容易，而語法比較難。
情景4：　評價一個地方。
句子：　這是一個美麗而安靜的地方，我很喜歡。
情景5：　評價一個人的語言水平。
句子：　他的發音清晰而標準，當翻譯很合適。

(三) 功能項目說明

本課的功能項目是對某一個詞語、某一句話或某一種說法進行解釋性的說明。在本課課文中，有幾處引用了孔子的話，然後進行了解釋。例如：

孔子說："己所不欲，勿施於人。"意思是自己不想要的東西或不想遇到的事情，不要強迫別人接受。

"學而時習之，不亦說（悅）乎？"意思是學了一門知識，要不斷地複習。

簡單地說，"仁"就是愛，就是對別人的關心。

Unit 9 *Famous People and History*
第九單元 名人與歷史

他的學生認爲他"學無常師",也就是說沒有固定的老師。

從這裏我們可以看到,"意思是……""……就是……""也就是說,……"等都是完成解釋性說明這一功能的常用表達方式。除此之外,我們還可以使用以下表達方式:

……說的是……

這句話來源於……,意思是……

我理解這句話的含義,就是……

解釋性說明是在日常交流中經常使用的一種表達方式。一般是先提出一個需要解釋的内容,然後用一個比較固定的短語或結構引出具體的解釋。用來引出解釋的固定結構可以有多種形式。需要注意的是,不同的短語或結構所表達的意義也不完全相同。如"意思是……""就是……""說的是……"等都是簡單直接的解釋方式;"也就是說……"強調後面所做的解釋是前面内容的另一種說法;"我理解……的含義,就是……"這樣的結構則是一種較爲含蓄、謙虛的說法,強調後面的解釋只是自己的理解,含有"不一定正確"的意思。但不管使用哪一個,都是起到解釋的作用。

COMMUNICATION CORNER 參考答案

本課的交際廳練習"這是什麼意思呢?"要求向同伴解釋成語以及成語的含義,其目的是練習"解釋"這一功能項目。課本中提供了相應的表達建議,供學生們在進行解釋時參考。同時,我們還提供了以下成語及解釋供老師們參考:

畫蛇添足——意思是說所做的事情超出了應該做的範圍,反而導致了與預期完全相反的結果。

望梅止渴——這個成語的意思是用想象中的一種並不存在的事物來滿足自己的需要,達到精神上的安慰。

井底之蛙——這個成語是形容一個人見識太少,像一隻井底的青蛙,只看見水井上面的一小塊天,不知道除了自己能看到的天地以外,還有更爲廣大的世界。

走馬觀花——這則成語的意思是說人在參觀或觀察某種事物的時候,只是速度很快地瀏覽,沒有仔細認真地觀看,因此不能得出很準確的結論。"走"在古代是"跑"的意思,騎在馬上,飛快地跑著看花,當然看不清花的樣子了。

(四)文化知識補充材料

根據正副課文的内容,我們補充了一些相關的文化背景知識,供老師們參考。由於篇幅的關係,其他更多的材料,我們放到網上,請老師們上網搜尋。

1. 孔子與儒家學説

孔子(公元前551-公元前479年)是中國古代傑出的思想家、教育家。孔子的名字叫孔丘,"孔子"是人們對他的尊稱。

孔子是中國儒家學説的創始人,他建立了以"仁""義""禮"爲核心的儒家思想體系,兩千多年來,這一學説對中國文化產生了巨大的影響。

"禮"是儒家學説的一個重要内容。在孔子看來,"禮"是人人必須遵守的行爲規範,包括制度、規則、禮節儀式等方面。孔子對禮是非常重視的,不但認真學習,身體力行,而且要求弟子們都要嚴格遵守。"仁"是儒家學說的核心。孔子認爲,"仁"的一個重要特性就是"愛人",它不僅是每個人必備的修養,同時又是治國平天下必須遵循的原則。他在倡導"仁"政的基礎上,進一步提出了一種"大同"的社會理想,這種"大同"的社會,實際上就是"仁"的精神得到充分而全面體現的社會。"義"也是儒家學説中的重要概念。"義"是應當的、合理的意思,它體現了"仁"的精神,也是"仁"在行爲上的具體實踐。

儒家學說在剛出現的時候，並沒有立即成爲主流思想。到了公元前二世紀，當時的中國已是一個強大、統一的中央集權制國家，統治者發現孔子創造的這一學說很適於維護封建社會的穩定，於是就把它定爲整個社會必須遵從的主導思想。

孔子除了是一位思想家還是一位教育家。在孔子的時代，普通百姓沒有受教育的條件，而孔子辦私學，"有教無類"，讓普通人都可以受到教育。據說，他的學生達3000人之多，其中非常有成就的就有72人。他在教學中重視因材施教，重視對學生的啓發，循循善誘，因勢利導，所以受到學生的尊崇。他的學生中有很多繼承了他的思想，努力去實現他的政治抱負，並作出了一定的成就。

《論語》是一部記載孔子的思想和言行的儒家經典著作，包括孔子的語錄以及他和學生們的對話錄。在中國歷史上有"半部《論語》治天下"的說法，意思是說，只要學到了《論語》中一半的理論，就足以去治理國家了。由此可見，孔子的思想對中國的影響力是非常大的。

繼孔子之後，又產生了一位儒家思想的代表人物——孟子。他所提出的"性善"論及"仁政"學說就是對孔子思想的繼承和發展。唐代以後，《孟子》一書被當作經典，孟子被尊爲"亞聖"，地位僅次於孔子，對傳統文化也產生了很大的影響。

2. 關於春秋戰國時期的百家爭鳴

春秋戰國時期（公元前770年–公元前256年）是中國社會制度的一個過渡時期，代表各個階層、各派政治力量的學者或思想家都企圖按照本階層或本集團的利益與要求，對宇宙、社會以及萬事萬物作出解釋或提出主張，於是思想領域出現了"百家爭鳴"的局面。

所謂"諸子百家"是對這一時期衆多思想學派的統稱，其中主要有儒家、道家、墨家和法家，另外還有陰陽家、雜家、名家、縱橫家、兵家、小說家等。現將幾個主要的學派介紹如下：

道家是諸子百家中最重要的思想學派之一。道家學派在春秋時期的代表人物是老子，在戰國時期的代表人物是莊子。老子名叫李耳，是道家學派的創始人。他的《道德經》開創了中國古代哲學思想的先河，對中國古代思想文化的發展產生了深遠的影響。老子認爲，宇宙的本原是"道"。"道"的概念在本質上既不可以界定，又不可以言說，是整體與過程的統一。在人生論上，老子強調"無爲而治"和"無爲而無不爲"，即不刻意去做什麼事情，而是依事物的自然特性，順其自然地去做。莊子名周。他繼承和發展了老子的思想，強調個人與宇宙的契合。在人生論上，莊子採取安命與齊物的人生態度，追求超脫與自由的精神境界。莊子的學說對中國藝術精神產生了巨大的影響。

墨家學派的創始人是墨子。墨子名翟，是戰國初期魯國人。墨子反對世卿世祿制度，主張任用官吏時要重視才能，打破舊的等級觀念，使"官無常貴，而民無終賤"。他要求有一個安定的社會，要使"饑者得食，寒者得衣，勞者得息"。墨子還提出了"兼愛""非攻"等理論。

法家學派早期的代表人物有李悝、吳起、商鞅、慎到、申不害等人，到後期，韓非是集大成者。韓非是荀子的大弟子，與李斯是同學，出身於貴族家庭。《韓非子》一書是他總結前期法家思想的成果。秦始皇讀了《孤憤》《五蠹》這些文章，曾感嘆地說："寡人得見此人與之遊，死不恨矣"。韓非注意吸取法家不同學派的長處，提出了"法""術""勢"相結合的法治理論。"法"指"法令"，是社會的準則與根本；"術"是政治鬥爭的策略手段；"勢"是指君王的地位和權力。韓非認爲只有這三者結合起來，才能建立起中央集權的封建國家。韓非的學說對秦始皇統一中國、鞏固政權起了積極作用。

3. 關於孫中山與辛亥革命

孫中山是近代中國的民主革命家，作爲一位偉大的愛國者，他是民主革命先驅。他本名孫文，流亡日本時曾化名中山樵，後人習慣稱他爲中山先生。

1866年（清同治五年）11月12日，孫中山誕生在廣東香山縣（今中山縣）翠亨村的一個貧苦農家。他出生的年代，正是中國社會動盪不安、急劇變化的時期，人民在苦難的生活中挣扎。

12歲時，他投奔了在檀香山（即夏威夷的火奴魯魯）從事農業的哥哥孫眉，此後又在香港、廣州等地讀書，受到了較系統的現代教育。

1892年7月，他以優異的成績在香港西醫書院畢業，後在廣州、澳門等地行醫。由於他醫術高超，前來求醫的人很多。但他認爲"醫國"比"醫人"更重要，便借用醫術聯絡有志改造中國的仁人志士。

1894年10月，孫中山再次遠渡重洋，到檀香山聯絡華僑，宣傳革命思想。經過多方聯絡發動，孫中山於同年11月24日，在檀香山建立了中國最早的民主革命團體——興中會，提出"驅除韃虜，恢復中國，創立合衆政府"的主張，第一次在中國提出推翻封建統治、建立歐美式資產階級民主共和國的理想，成爲中國資產階級民主革命的第一個綱領。

1905年8月20日，孫中山在東京成立同盟會，提出"民族""民權""民生"的"三民主義"。自1895年至1911年，孫中山多次策劃反清武裝起義，雖屢屢失敗卻從沒放棄。

1911年10月10日，武昌起義爆發，很快得到各省響應，清朝滅亡。因爲這一年是辛亥年，所以這次革命被稱爲"辛亥革命"。

1912年元旦，孫中山在南京就任中華民國臨時大總統，創立了中國歷史上第一個共和政體。1912年4月孫中山辭去了大總統的職位，袁世凱竊取了大總統職位後陰謀復闢帝制，孫中山于1913年發動"二次革命"，反對袁世凱稱帝。1914年孫中山在日本組織成立中華革命黨。1917年，孫中山在廣州召開非常國會，組織中華民國軍政府，孫中山被推舉爲大元帥，開展護法運動。1919年改組中華革命黨爲中國國民黨，擔任總理。1921年，非常國會又於廣州議定組織中華民國正式政府，孫中山再次就任大總統。1923年，孫中山第三次在廣州建立政權，成立陸海軍大元帥大本營，復任大元帥。同年接受蘇俄和中國共產黨的建議，決定國共兩黨實行合作，推進國民革命。1924年1月召開中國國民黨第一次全國代表大會，改組了國民黨，重新解釋"三民主義"。同年秋，馮玉祥發動"北京政變"，孫中山應邀北上，共商國是。1925年3月12日，孫中山因肝癌不治，逝世於北京。

孫中山領導人民推翻清王朝的統治，爲中國的獨立、自由和富強而奮鬥終生，爲中國的民主革命事業作出了偉大貢獻，因此永遠受到中國人民的崇敬和懷念。辛亥革命結束了統治中國長達兩千年之久的封建專制制度，建立了中國歷史上第一個民主共和國，具有劃時代的歷史意義。

第十七課《同步訓練》參考答案及相關提示

> Section One

I. Multiple Choice (Listen to the dialogs)

答案:

1. C 　　2. B 　　3. B 　　4. A 　　5. C 　　6. A

7. C 　　8. D

聽力錄音文本:

1. (Woman) 這個星期天有空嗎？我和我先生想請大家一起吃個飯！
   (Man) (A) 真不好意思，我再給你打電話吧！
   (B) 恭喜你們！我一定找時間去看你們。
   (C) 不行，哪能讓你請我們呢！
   (D) 算了吧，客氣什麼，你們以後再來啊！

2. (Woman) 我們可以打開窗換換氣嗎？
   (Man) (A) 這裏的窗戶剛換過。
   (B) 我把空調打開吧。
   (C) 我也覺得很納悶兒。
   (D) 明天我就找人來把窗修好。

3. (Woman) 請問一下，如果我在你這兒買一塊表，保修期是多長時間？
   (Man) (A) 您隨便挑，挑中了，我給您試。
   (B) 三個月之内壞了，您都可以拿來換。
   (C) 這塊表，我們會爲您保留十天。
   (D) 您別擔心，修好了以後我會通知您的。

4. (Woman) 您好，我昨天在您這兒買的牛奶是過期的。
   (Man) (A) 實在抱歉，我現在替您換一盒新的。
   (B) 實在抱歉，我現在替您熱一熱。
   (C) 別擔心，過幾天自然會好的。
   (D) 別擔心，這些牛奶我兩天就喝完了。

5. (Woman) 老師，今天我不太舒服，我想請個假回家休息。
   (Man) (A) 還行，沒什麼大問題。
   (B) 好的，我們家就在附近。
   (C) 好的，需要我找個人送你回家嗎？
   (D) 不行，我現在很忙，沒時間。

6. (Woman) 你以前學過漢語嗎？
   (Man) 學過，不過是三年前，都快忘光了。
   (Woman) (A) 那你現在得好好加油了。
   (B) 每天都得預習，這很重要。
   (C) 三年的時間可以學很多的東西。
   (D) 你這三年都在學呀？

Unit 9 *Famous People and History*
第九單元 名人與歷史

7. (Woman) 我寄給你的包裹你收到了嗎？
   (Man) 沒有呀，你什麼時候寄的？
   (Woman) (A) 我想寄幾本書給你。
   　　　　(B) 我是通過快遞寄的。
   　　　　(C) 早就寄了，我明天去問問。
   　　　　(D) 我收到了很多禮物。

8. (Woman) 你的學期論文寫得怎麼樣了？
   (Man) 正發愁呢，你寫完了嗎？
   (Woman) (A) 老師說下個學期可以免修了。
   　　　　(B) 我上個學期寫的論文得到了老師的表揚。
   　　　　(C) 選題很容易吧？
   　　　　(D) 我跟你一樣，連題目都沒定。

II. Multiple Choice (Listen to the selections)
　　答案：

1. A	2. B	3. C	4. C	5. B	6. C
7. A	8. A	9. B	10. C	11. D	12. B
13. B	14. C	15. D			

聽力錄音文本：

Selection 1

(Narrator) Now you will listen twice to the following selection.

(Woman) 各位遊客，上午好，歡迎您來到宋慶齡故居參觀。從1963年4月一直到她去世，宋慶齡在這裏工作生活了18個春秋。整個庭院佔地面積兩萬多平方米，建築面積約五千平方米。我們所在的這個二層小樓，就是當年宋慶齡居住的地方，它也是這個院子的主體建築。樓下是客廳和餐廳，樓上是臥室、書房和辦公室，室內仍保持著原樣。大家看，日曆還在1981年5月29日，掛鐘的指針停留在20點18分，這是宋慶齡離開我們的時間……

(Narrator) Now listen again.
(Narrator) Now answer the questions for this selection.

Selection 2

(Narrator) Now you will listen once to a conversation.
(Man) 你好，我是你的忠實影迷。我能跟你照個相嗎？
(Woman) 對不起，我現在得趕時間。
(Man) 那您給我簽個名，行嗎？
(Woman) 不好意思，我沒帶筆。
(Man) 我有！我有！
(Woman) 好，那簽在哪兒呢？
(Man) 就寫在我的T恤衫上吧！您可不可以寫得大一點、清楚一點，我怕別人不認識！
(Woman) 好的。
(Narrator) Now answer the questions for this selection.

Lesson 17 *Who Was Confucius?*
第十七課 孔子是誰？

Selection 3

(Narrator) Now you will listen twice to a voice message.

(Woman) 陳燕，我是吳麗！你去哪兒了呢？這麼一大早就出去了！昨天晚上，我們幾個人一起商量，想搞一個成語表演比賽，這既可以幫助我們很快記住更多的成語，也可以增加學習的趣味性。而且，很多成語背後都有一個有趣的故事，表演性非常強。我們想老師也一定會同意的。細節我們還沒商量，看你什麼時候有空，我們話劇團的成員一起提個計劃出來。回來後給我回個電話吧！還有，我們還得爲自己選些成語故事來表演，大家平時多留意一下吧！

(Narrator) Now listen again.

(Narrator) Now answer the questions for this selection.

Selection 4

(Narrator) Now you will listen twice to the following selection.

(Woman) 孫中山先生本名叫孫文，住在日本時曾化名中山樵，因而有了"中山"這個名字。他出生在一個普通的農民家庭，少年時代曾留學美國，從20歲開始，他先後在廣州、香港學醫，畢業後，在澳門、廣州行醫，並致力於救國的政治活動。1911年，孫中山組織發動了辛亥革命，推翻了清王朝的統治。1912年元旦，孫中山在南京就任中華民國臨時大總統。1925年，孫中山因病逝世。他一生致力於民主革命，是中國民主革命的先行者。

(Narrator) Now listen again.

(Narrator) Now answer the questions for this selection.

Selection 5

(Narrator) Now you will listen once to the following selection.

(Man) 我同事小黃要當媽媽啦！

(Woman) 是嗎？我們公司也有兩個人快做媽媽了。

(Man) 今年怎麼這麼多人要生孩子啊！

(Woman) 你不知道嗎？今年是龍年，她們都想生個龍子龍女。

(Man) 爲什麼她們喜歡龍子龍女呢？

(Woman) 因爲望子成龍啊。

(Man) 哦！那我們呢？

(Woman) 過兩年再說吧。

(Narrator) Now answer the questions for this selection.

III. Multiple Choice (Reading)

答案：

1. B	2. D	3. C	4. A	5. C	6. D
7. A	8. C	9. C	10. B	11. A	12. B
13. B	14. C	15. D	16. A	17. B	18. C
19. D	20. D	21. B	22. C	23. A	24. D
25. D					

Unit 9 *Famous People and History*
第九單元 名人與歷史

Section Two

I. Free Response (Writing)

1. Story Narration

The four pictures present a story. Imagine you are writing the story to a friend. Narrate a complete story as suggested by the pictures. Give your story a beginning, a middle, and an end.

寫作提示：

這四幅圖片表現了校園生活中常見的具體情景，主要考察學生對一個事件的完整敘述，其中涉及對人物具體動作及神態的描寫。在敘述時要交代清楚事件的過程，並儘量使用恰當的動詞以及形容詞，這樣能夠讓敘述更加準確生動。

(1) 首先簡要交代事件發生的背景。

　　一天，……在校園裏看見一張關於講座活動的海報，他對這個講座的題目很感興趣，就決定……

(2) 根據圖片的提示，清楚地敘述事件的過程。

　　他按照海報上的時間來到講座的地點後，卻發現教室裏沒人。他……就給另一個同學打電話，希望瞭解講座地點是否有變動。他的同學告訴他，他把教室記錯了。講座的地點是在……他趕到那個教室，看到……講座就要開始了。

(3) 注意描寫人物內在的心理活動以及表情神態，可以用下面這些方法引出對人物心理的描寫：

　　看到教室裏沒有人，他覺得特別奇怪……

　　看看講座的時間馬上就要到了，他著急起來……

　　他想，到底是自己記錯了時間還是講座取消了呢？

　　聽了同學的電話，他才明白原來自己記錯了教室，急急忙忙趕到另一教室……

(4) 也可以通過人物之間的對話，使敘述更加具體生動。如：

　　他著急地問：「講座有什麼變化嗎？怎麼教室裏沒人？」

Lesson 17 *Who Was Confucius?*
第十七課 孔子是誰？

2. Personal Letter

Imagine you received a letter from a pen pal. In the letter, he talks about his aspirations in life. He says Bill Gates has influenced him a great deal, and that as a result, he wants to major in computer science when he goes to college. Write a reply in letter format. Tell your pen pal about your plans for the future, and tell him why you made such plans.

回信建議：

這是一封交流看法的信件。關於這類信件的一般格式和步驟，在上冊同步訓練的參考答案中已做過介紹。這封回信的主要內容是談對未來的想法以及產生這一想法的原因，可以參考以下表達：

我對未來的打算是這樣的……

我之所以有這樣的想法，是受了……的影響。他是……

上大學後，我打算學……專業，因為……

我想先學習……然後再學習……我這樣計劃，一方面是因為……另一方面是因為……

我認為，學好這一專業，以後就可以在……領域裏大有作為……

3. E-Mail Response

Read this e-mail from a friend and then type a response.

發件人：王非

主　題：我買到票啦

上次和你說起的周杰倫北京演唱會，我終於買到票啦！我實在太開心了，因為他是我最喜歡的歌手。他的歌曲透出中華傳統文化的氣息，但是所採用的音樂形式卻有很多現代的元素，比如R&B形式，個性很鮮明。你最喜歡的歌星是誰？可以跟我聊聊美國學生喜愛的歌星或者樂隊嗎？

回信建議：

這封電郵的目的是希望瞭解美國學生喜愛的歌星或者樂隊。回信的基本結構可參考上冊《教師用書》的相關建議，這裏只作簡單提示。

(1) 簡短開頭，直接切入正題。你可以說：

恭喜你買到了周杰倫演唱會的票。沒想到你這麼喜歡……

(2) 就來信提出的問題作具體說明。你可以說：

我喜歡的歌星（樂隊）是……因為……

據我所知，美國中學生喜歡的歌星有很多，不過大部分人喜歡……因為……

(3) 結束談話。比如：

非常高興和你交流，希望經常聯繫。

今天我們先談到這兒，如果你還希望知道別的情況，我們下次還可以接著聊。

4. Relay a Telephone Message

Imagine you are sharing an apartment with some Chinese friends. You arrive home one day and listen to a message on the answering machine. The message is for one of your housemates. You will listen twice to the message. Then relay the message, including the important details, by typing an e-mail to your friend.

(Girl) 王麗，我是趙娜，我剛剛從香港回來，你托我買的東西沒有買到。在香港我們一直在逛街，但就是沒有碰到你要的東西，十分抱歉。我們這次拍了很多照片，明天晚上有

Unit 9 *Famous People and History*
第九單元 名人與歷史

空的話，到我家來玩吧，另外還有一個小禮物要送給你。如果沒有其他情況，我就在家等你了。

轉述建議：

(1) 轉述開始時要注意稱呼的使用，在這則信息中，留言中的"我"在轉述時要換成"她"。例如：

王麗，你的朋友趙娜給你打來一個電話……

(2) 轉述時要重點突出主要信息，不能遺漏。在這則留言中，主要的信息有：趙娜沒有買到王麗要的東西；趙娜拍了很多照片；趙娜給王麗帶了一個禮物；趙娜請王麗明天晚上去她家玩。你可以這樣敘述：

她說了這樣幾件事：第一……第二……第三……最後，她……

II. Free Response (Speaking)

1. **Conversation**

Your vacation has begun. You have left the United States and are traveling to China. On the plane, you chat with the passenger sitting beside you.

(1) 問題一：這趟旅行時間真長啊，真夠累人的。

回答建議：

這不是一個問題，只是兩個人聊天時開始的話題，所以可以就相關的內容做出應答。例如：

是啊，我第一次坐這麼長時間的飛機。不過，我一直都想去中國，雖然累一點，但是……

回答時注意時間的把握。

(2) 問題二：你打算到中國哪些地方呢？

回答建議：

這個問題可以直接回答。比如：北京，內蒙古，陝西，山西，等等。要注意，如果只是這樣簡單、直接地回答，二十秒的時間就會剩餘很多，所以中間可以加連接詞，或者加一些不是特別必要的話。如：

我打算去北京和內蒙古。陝西也是我非常想去的地方。另外，我的朋友跟我說，山西也有很多古蹟，所以我也打算去那裏看看。

(3) 問題三：你爲什麼想去這些地方呢？

回答建議：

直接說出你想去這些地方的原因。你可以使用下面的表達式：

我想去……是因爲……

我之所以想去……是因爲……

(4) 問題四：你到中國以後，是和旅行社聯繫還是計劃自己旅遊？

回答建議：

對這個問題，你可以做出選擇，最好同時說出理由。如：

我想和旅行社聯繫。這樣的話……比較方便……

我想自己旅遊。因爲……

(5) 問題五：我這次主要是呆在東部的幾個城市，東部這幾個城市也是很值得看看的。

回答建議：
　　這也不是一個問題，但你需要對這些話做出應答。如果你對東部的城市有些瞭解的話，你就可以接著他的話說：
　　　　你說得對。我早就聽說上海是一個發展很快的城市。還有杭州，風景也非常好，特別是西湖，名氣很大，我早就想去那裏看看了，只可惜沒有機會。
　　如果你對東部城市不太瞭解，你也可以巧妙地回避。如：
　　　　是嗎？我也聽說東部的城市很值得看，不過這一次我的時間不太多，我想先去北京、內蒙古、陝西、山西這幾個地方，以後再去東部參觀。

(6) 問題六：總之，中國是很值得一遊的國家，祝你旅途愉快，一定要注意身體啊！
回答建議：
　　這也不是一個需要正面回答的問題，只要你的回答與他的話相關就可以。對於"中國是很值得一遊的國家"，你可以接著說：
　　　　是啊，中國的歷史很長，有很多名勝古蹟，許多地方的風景也很漂亮。下次來中國，我還想去……
　　由於對方祝福你"旅途愉快"，你可以回應："也祝你旅途愉快！"

2. Cultural Presentation

Choose ONE famous Chinese historical or cultural figure whose life you are familiar with. In your presentation, describe clearly this person's life and influence.

回答建議：
　　注意要選擇你很熟悉的一位中國歷史文化名人，從他的經歷、主要貢獻、歷史影響等幾個方面展開表述。以孫中山爲例，在表述中，除了他的主要經歷以外，要突出他提出三民主義、推翻封建帝制等歷史貢獻。詳細情況可以參考本課教師用書的相關材料。

3. Event Plan

Your school has decided to hold an exhibition showcasing its history and alumni celebrities. You are in charge of organizing this event. In your presentation, briefly introduce the reason for this exhibition. You should also explain clearly how the exhibition will be presented and work out all the needs and requirements, such as getting students' collaboration.

回答建議：
　　對於這個問題的回答，可以分以下幾個部分：

(1) 敘述本次展覽活動的緣起。敘述展覽活動的緣起要結合實際。比如，學校創辦紀念日，或創辦者的生日，等等。
　　　　這個星期天是我們學校建校六十週年的紀念日，所以學校決定舉辦一次有關……的展覽。

(2) 說明具體展覽方式的選擇。對於展覽方式，你可以提出不同的選擇，並說明你做出選擇的理由。在說明的過程中，你要對不同選擇的利與弊做出分析。
　　　　這次展覽我們可以採用不同的方式，比如採用……方式。我們之所以採用……方式，是因爲它有很多好處……

(3) 提出相關要求。比如，你希望同學們怎樣跟你配合，需要大家做些什麼，等等。

Unit 9 *Famous People and History*
第九單元 名人與歷史

第十八課 China Highlights
我知道的中國歷史和文化

一、本課教學重點
（一）讓學生理解並運用所學的詞語討論與中國歷史文化相關的內容，並與學生所熟悉的西方歷史作比較。
（二）讓學生學會運用"列舉"的方式進行表達。

二、本課的難點
（一）詞語：注意"提起—提及"的辨析。
（二）語言點：
1. "從……起"這一結構既可以表示時間上的起點，也可以表示空間上的起點，注意兩者的區別。
2. "而"作爲一個連詞，它的用法比較複雜。本課的重點是其表示轉折的用法。

三、有用的教學資源
（一）《上下五千年》（上、下）（彩圖版），作者：林漢達，上海人民出版社（2003年）。
（二）《國史十六講》，作者：樊樹志，中華書局（2006年）。
（三）《中國文化概論》，作者：張岱年，北京師範大學出版社（2004年修訂版）。

四、教學安排導引
針對不同學習內容，各教學模塊及其教學設計和參考課時索引見下表。

教學模塊		交際模式	可選用的教學活動設計		課時建議
新課學習	課文閱讀與理解	理解詮釋 人際互動	教學設計1 教學設計2	教學設計分爲必選和可選兩種，可選的活動以"可選"標明，其實施順序請老師根據本班學生實際情況自定。	5—7課時
	詞語講解與練習	理解詮釋 表達演示	教學設計3 教學設計4 教學設計5(可選)		
	語言點講解與練習	人際互動 表達演示	教學設計6 教學設計7(可選)		
交際活動		人際互動 表達演示	教學設計8		1課時
寫作訓練		表達演示	教學設計9(可選) 教學設計10		1課時
綜合考試訓練		綜合	教學設計11		1—2課時

注：寫作訓練活動可根據本班實際情況選做；綜合測試題應根據本班實際情況在課堂上選做或讓學生課外完成。

五、具體教學活動設計的建議

教學模塊 1 → 新課學習

(一) 課文閱讀與理解

🗣 **教學設計1**

內容：主課文導入。

目的：通過課前熱身活動，爲進入課文學習做好準備。

步驟：

第一步： 請學生說一說他們所了解的中國歷史與文化，可以向他們提出以下問題：
① 關於中國的歷史與文化，你印象最深刻的是什麼？
② 你知道哪些著名的中國歷史或文化名人？

第二步： 以小組爲單位，請各小組成員帶着上述兩個問題進行組內交流。

第三步： 每個小組派代表在黑板上寫出本組提及的人物或事件。

第四步： 請學生閱讀課文或聽課文錄音，找一找課文中有哪些信息在小組討論與交流中已經提及，然後進入正式的主課文學習。

預期效果：通過以上熱身活動，調動全班同學進入積極的學習狀態，使學生對本課的主要內容有一個基本假設，有助於他們理解後面的課文內容。

🗣 **教學設計2**

內容：課文的聽與讀。

目的：

1. 讓學生理解課文內容，掌握本課新詞語在課文中的含義，並理解本課語言點的基本用法。
2. 了解與課文內容相關的中國歷史與文化。

步驟：

第一步： 聽課文。教師讓學生看着課本，聽錄音了解課文大意。

第二步： 分段學習課文。

・總體教學建議
① 老師把閱讀問題寫在黑板上；
② 讓學生帶着問題分段閱讀；
③ 隨文講解課文的生詞和學生不懂的語言現象；
④ 分段討論老師提出的問題，分小組進行討論，鼓勵學生提問題。

・具體教學建議
建議教師在指導閱讀時將課文處理爲五個部分。

各部分具體問題
第一部分：（第1-2自然段） ① 讀了這一部分，你記住了中國的哪些朝代？請把它們一一列舉出來。 ② 你覺得學習中國歷史或文化對你是一種挑戰嗎？為什麼？
第二部分：（第3-4自然段） ① 說到"一"，你會想到中國歷史和文化中的哪些內容？ ② 秦始皇做了哪些事情？ ③ 黃河跟中國文化有什麼關係？
第三部分：（第5-6自然段） ① 《三字經》是怎樣的一本書？你能說出其中的一些句子嗎？請說出來。 ② "四"這個數字讓人想到中國文化中的哪些內容？你知道中國古代的"四大發明"是什麼嗎？ ③ 中國最主要的菜系有幾個？說說你對中國菜的印象。
第四部分：（第7-8自然段） ① 你能說出"五岳"是指哪幾座山嗎？ ② 什麼是六藝？它們和你現在學習的科目有何異同？
第五部分：（第9-10自然段） ① 中國有幾大古都？你去過或聽說過哪些？ ② 你覺得用數字記憶中國的歷史和文化怎麼樣？你還有別的好方法嗎？說出來大家一起分享吧。

第三步： 教師請學生再仔細讀一遍課文，然後指出自己不能理解的地方，最後就學生提出的問題，進行解答。

組織要點： 對整篇課文的學習，可以先理解課文大意，再分段閱讀、理解、討論，最後進行擴展討論。這一教學設計需要分開用幾個課時完成。

(二) 詞語講解與練習

🗣 教學設計3

內容：詞語辨析。

目的：明確"提起"與"提及"的差異，學會正確的使用方法。

步驟：

第一步： 請參考"六（一）"中對"提起—提及"二詞的辨析，講解兩詞的異同。

第二步： 通過例句分析，讓學生在具體的語句中理解兩詞的差異。

組織要點： 由於"提起"在日常口語交際中使用頻率較高，而"提及"則較少使用，因此可以讓學生先用"提起"造句，再看哪些句子可以用"提及"替換，哪些不行，以此體會二者的不同用法。

教學設計4

內容：用詞語完成對話。

目的：掌握本課重點詞語的實際運用。

提示：請參考學生用書中的詞語練習（VOCABULARY IN CONTEXT）。

教學設計5（可選）

內容：詞語賓果遊戲。

目的：通過掌握詞與詞義的對應記憶，強化對詞語的理解。

步驟：

第一步： 教師將本課的掌握詞事先做成卡片，有詞的一面朝裏貼在黑板上；

第二步： 教師或一名同學口述某個詞的解釋，請另一名同學任意翻開一張詞語卡片，如果是和解釋不對應的詞語，則將其翻回去；反之，將其有詞的一面朝外貼在黑板上；

第三步： 教師或一名同學繼續口述其他詞的解釋，另一名依照上法繼續找和該釋義對應的詞語卡片，以所有詞語卡片全部正貼爲結束，並記錄將全部卡片翻完的時間；

第四步： 可採用小組競賽的方式，用時最短的小組勝出。

(三) 語言點講解與練習

教學設計6

內容：根據要求完成句子。

目的：通過對重點語言點的理解和實際運用，掌握其用法。

步驟：請參考學生用書中的語言點練習（LANGUAGE CONNECTION）。語言點的詳細講解及練習的參考答案請參照後文"六（二）"中的相關內容。

擴展：可以鼓勵學生仿照練習中的形式，運用本課學到的詞語再說出一到兩個句子。

教學設計7（可選）

內容：一問一答。

目的：通過實際運用，掌握本課的語言點。

步驟：兩人一組，選擇本課語言點中的一個或兩個（如"既然……就""所謂"），首先共同設計情境，然後兩兩進行對話。

組織要點：要設計恰當的情境與問題，必須首先掌握本課語言點的適用條件，這是本活動的關鍵。相關內容可參考後文"六（二）"中的說明。

教學模塊 2 — 交際活動

教學設計8

內容：列舉所知道的內容。

目的：在交際活動中學習，掌握"列舉"這一表達方式。

步驟：請參考學生用書中交際練習（COMMUNICATION CORNER）的具體提示。功能項目講解請參考後文"六（三）"中的相關內容。

Unit 9 *Famous People and History*
第九單元 名人與歷史

教學模塊 3 —— 寫作訓練

教學設計9（可選）
內容：介紹一個學校。
目的：通過活動掌握歸納、列舉的表達方法。
步驟：請參考學生用書中的寫作練習（WRITING TASK）。
重點提示：在運用列舉的方法進行表達時，所涉及的項目應該在三個以上。

教學設計10
內容：看圖寫話/回復個人信件/表達個人觀點。
步驟：請根據本班學生的實際情況，在課堂上選做同步訓練中的相關寫作練習。同步訓練的答案提示請參照後文"七"中的相關內容。

教學模塊 4 —— 綜合考試訓練

教學設計11
內容：綜合考試訓練。
目的：
1. 通過綜合考試訓練試題的自我檢測或隨堂選擇性檢測，使學生達到綜合性複習、並強化本課所學內容的目的。
2. 借助綜合訓練試題內容與課文內容的互補性，拓展學生對"歷史與名人"主題相關內容的學習。

步驟：請參考《同步訓練》相關內容。

訓練要點：
1. 完成聽力題（Rejoinders and Stimulus Types），複習、強化和評價學生對維修古建築、遊覽長城、遊覽西安、募捐、書寫材料的發明等話題及相關功能項目的理解。
2. 完成閱讀題（Reading），拓展並且評價與本課話題相關內容的學習和理解，讓學生更多地接觸語言的各種實際應用，比如敘事或評論性短文、寓言故事、成語故事以及幽默故事等。內容涉及茶的發現、中國古代四大美女、聞雞起舞的故事、安妮的笑話、狐假虎威的故事、中國人的住房等。
3. 完成寫作訓練中的看圖寫故事（Story Narration）、個人信件（Personal Letter）、回復電郵（E-Mail Response）和電話留言轉述（Relay Telephone Message），訓練學生完整敘述在餐館中發生的事件，表述個人看法，談論中文學習與了解中國文化之間的關係，談論校園生活，以及描述一次約會細節信息等。
4. 完成交際訓練中的對話（Conversation）、文化表述題（Cultural Presentation）和計劃表述題（Event Plan），訓練及評價學生對事件的表達能力和表述自己觀點的能力。這部分內容涉及學習歷史的話題，對"尊老愛幼"的理解，以及說明開通中文博客的計劃。

六、教學參考資料

(一) 詞語講解及練習參考答案

本課的詞語註釋表中一共列出了48個詞語，其中專有名詞16個，要求學生掌握、理解並能正確使用的詞語8個，只要求學生大致理解其文中的含義及主要使用場合的詞語24個。此外，我們還對本課中的一些詞進行了詞義辨析，供教師參考。

1. 挑戰：【動】鼓動對方跟自己競賽。
2. 一無所知：什麼都不知道。
3. 朝代：【名】建立國號的君主（一代或幾代相傳）統治的整個時期。
4. 減：【動】從原來的數量中去掉一部分。
5. 數：【動】查看（數目）；一個一個說出（數目）。
6. 一統天下：統一國家；統管、統領（某一領域）。
7. 封建：【名】一種政治制度或社會形態。
8. 領土：【名】在一國主權管轄下的區域，包括領陸、領水、領海、領空。
9. 面積：【名】平面或物體表面的大小。
10. 統一：【動】部分聯成整體，不一致歸於一致。
11. 貨幣：【名】錢。
12. 皇帝：【名】封建王朝的最高領導人。
13. 提起：【動】說到。

> **辨析 提起─提及**
> "提起"和"提及"都有談到、說起的意思，但是"提及"比"提起"更書面化一些。此外，"提起"還有"振作起"的意思，而"提及"則沒有。如：提起他，沒有人不說好的。｜提及那段往事，他不由得感慨起來。｜有些關鍵問題，合同中沒有提及。｜提起精神，趕快幹活。（*提及精神，趕快幹活。）

14. 有所：【動】有一些（後常加雙音節動詞）。
15. 母親河：【名】對和民族世代生活有非常大關係的河流的親切稱呼。
16. 搖籃：【名】比喻人才成長的地方或生命、文化、運動的發源地。
17. 管：【動】過問；干涉。
18. 《三字經》：書名。據說爲南宋王應麟（或者宋元人區適子）所作，每句三個字，背起來很方便。和《百家姓》《千字文》同爲中國古代兒童的識字課本。
19. 人之初，性本善：《三字經》裏的兩句話。人剛剛出生的時候，本性都是善良的。
20. 性相近，習相遠：《三字經》裏的兩句話。人們的天性都差不多，只是後天的環境和所受的教育不同，人們的習性才有了差別。
21. 背：【動】憑記憶說出讀過的文字。
22. 識字：【動】認識文字。
23. 加油：【動】進一步努力。
24. 五岳：【名】中國歷史上五大名山的總稱，指東岳泰山（在山東）、西岳華山（在陝西）、南岳衡山（在湖南）、北岳恒山（在山西）、中岳嵩山（在河南）。
25. 五帝：【名】傳說中的五位帝王，有多種說法，其中比較常見的說法是黃帝、顓頊、帝嚳、唐堯、虞舜五位帝王。

Unit 9 Famous People and History
第九單元 名人與歷史

26. 五霸：【名】春秋時代先後稱霸的五個諸侯，一般指齊桓公、晉文公、秦穆公、宋襄公和楚莊王。
27. 神仙：【名】神話中的人物，有超人的能力，可以長生不老。
28. 禮儀：【名】禮節和儀式。
29. 射箭：【名】中國古代儒家要求學生掌握的一種基本才能和技藝。在一定的距離外用箭射靶。
30. 駕車：【名】中國古代儒家要求學生掌握的一種基本才能和技藝。指的是駕駛馬車。
31. 六藝：【名】中國古代儒家要求學生掌握的六種基本才能和技藝，分別是禮（禮儀）、樂（音樂）、射（射箭）、御（駕車）、書（識字）、數（計算）。
32. 演講：【動】講話。就某個問題對聽眾說明事理，發表見解。

專有名詞

33. 夏：朝代名。約從公元前2070年到公元前1600年。啟建立的中國歷史上的第一個奴隸制國家。中心區域在現在的河南省西部和山西省南部一帶。
34. 西周：朝代名。約從公元前1046年到公元前771年。從周武王姬發打敗商朝開始到周平王姬宜臼把都城搬到洛邑前一年結束。都城在鎬京（現陝西省西安西南）。
35. 春秋：時代名。一般把公元前770年到公元前476年劃爲春秋時代，簡稱春秋。因魯國的編年史書《春秋》包括這一段時間而得名。
36. 戰國：時代名。從公元前475年到公元前221年。因爲諸侯連年戰爭，所以稱爲戰國。
37. 兩晉：朝代名。從公元265年到公元317年，是西晉和東晉的合稱。晉武帝司馬炎建立西晉，都城在洛陽；晉元帝司馬睿建立東晉，都城在建康（現在南京）。
38. 南北朝：時期名。從公元420年到公元589年，中國形成南北對立的局面，歷史上稱爲南北朝。公元420年到公元589年，宋、齊、梁、陳四朝先後在南方建立政權，史稱南朝；公元386年到公元581年，北魏（後分爲東魏和西魏）、北齊、北周先後在北方建立政權，史稱北朝。
39. 隋：朝代名。從公元581年到公元618年。隋文帝楊堅建立，統治時間很短。都城在長安（現在陝西省西安）。
40. 宋：朝代名。從公元960年到公元1279年，是北宋和南宋的合稱。宋太祖趙匡胤建立北宋，都城在開封；宋高宗趙構重建南宋，都城在臨安（現在浙江省杭州）。
41. 元：朝代名。從公元1206年到公元1368年。1206年蒙古族領袖元太祖鐵木真建立政權，1271年忽必烈定國號爲元。都城在大都（現在北京）。
42. 清：朝代名。從公元1616年到公元1911年。清太祖愛新覺羅·努爾哈赤建立政權，開始稱爲後金，公元1636年改爲清。公元1644年入關，都城在北京。
43. 道教：中國的一種宗教。由東漢張道陵創立，入道者需出五斗米，所以又稱爲五斗米教。後又分化爲很多派別。道教把老子看作教祖，尊稱他爲太上老君。
44. 泰山：山名。位於山東省，爲五岳中的東岳，被稱爲"五岳之尊"，以雄偉著名。
45. 華山：山名。位於陝西省，爲五岳中的西岳，以險著名。
46. 衡山：山名。位於湖南省，爲五岳中南岳，以秀美著名。
47. 恒山：山名。位於山西省，爲五岳中北岳，以幽美著名。
48. 黃山：山名。位於安徽省。以奇松、怪石、雲海、溫泉四絕著名。

Lesson 18 *China Highlights*
第十八課 我知道的中國歷史和文化

VOCABULARY IN CONTEXT 參考答案

用下列詞語完成對話。

挑戰　一無所知　減（去）　數（數）　統一　提起　管　背　演講

① 你覺得這次考試怎麽樣？
　<u>這次考試很難，對我來說是一個挑戰。</u>

② 畢業以後王蘭到哪裏去工作了？
　<u>我對她畢業後的情況一無所知。</u>

③ 我最近胃口太好了，什麽都想吃，體重增加得特別快，你說我該怎麽辦啊？
　<u>你該減肥了。你必須減少食量，否則你會更胖的。</u>

④ 大事兒、小事兒都得告訴我，聽明白了嗎？
　<u>爲什麽要告訴你？你管得太多了。</u>

⑤ 你們餐廳服務員的衣服五花八門，穿什麽式樣的都有，不太合適吧？
　<u>我們現在還沒有統一的服裝，過幾天就有了。</u>

⑥ 你幹嘛那麽生氣？
　<u>這件事對我的影響太大了，一提起這件事，我就生氣。</u>

⑦ 最近學校有什麽活動？
　<u>學校最近要舉行一次演講比賽，我打算報名參加。</u>

⑧ 咱們到底還有多少錢？
　<u>我也不清楚有多少錢，等我數一數就知道了。</u>

（二）語言點講解及練習參考答案

　　本課一共有5個需要學生掌握的語言點，在學生用書的"LANGUAGE CONNECTION"部分有簡單的講解。在這裏，我們又做了進一步的講解，同時對學生用書中的練習題也給出了參考答案，供教師們參考。

1. "既然……就……"

"既然我們來到中國，就應該對中國的歷史和文化有些瞭解。"

　　"既然……就……"這個結構用來連接兩個句子。"既然"是一個連詞，一般用在前一個小句裏，提出已經實現的或者已經肯定的事實、情況，然後在後一個小句中進行推論或提出結論。後一個小句中，通常有"就""也""還"與之呼應。請注意：在這個句式中，由"既然"所表示的前提必須是明確的。例如：

　　A：我有些不舒服。
　　B：你既然不舒服，就回家休息吧。

再看幾個句子：

　　既然他一定要申請這所大學，我就不提其他的建議了。
　　既然你已經知道了，我就不用再說了。
　　既然大家都同意這個計劃，我們就按照它做吧。

Unit 9 *Famous People and History*
第九單元 名人與歷史

語言點練習參考答案

請將下面的句子補充完整。
① <u>既然你這麼誠心</u>，那我就不客氣了。
② 既然大家都知道了，<u>我就不用多說了</u>。
③ 既然已經晚了，<u>就住在這裏吧</u>。
④ <u>既然今天沒有時間</u>，那就明天再來吧。
⑤ <u>既然大家對這個問題很有興趣</u>，那我們就討論一下吧。
⑥ <u>既然這個辦法不行</u>，那就<u>再想想別的辦法吧</u>。

---

2. "大都"

"我們要是跟中國人説話，提起黃河和長江，他們大都會覺得我們對中國有所瞭解。"

"大都"是一個範圍副詞，表示幾乎接近全部或一個整體中的絕大部分。一般用在動詞或形容詞的前面。它和"大多"的意思相近，但是在程度上稍有區別，"大多"通常表示大多數，而且常常與"都"連用。"都"與"大都"的區別在於"都"表示全部。如：

　　我們班的學生大都來自韓國。
　　這個商店的商品大都比較貴。
　　這些學生大都去過中國。

語言點練習參考答案

根據所給線索，用"大都"造句。
　　線索1：我們班的同學……
　　句子：我們班的同學大都沒去過中國。
　　線索2：森林裏……
　　句子：森林裏的小動物大都害怕老虎。
　　線索3：這個飯店的菜……
　　句子：這個飯店的菜大都比較辣。
　　線索4：動物園裏……
　　句子：動物園裏的動物大都比較懶。
　　線索5：圖書館……
　　句子：這個圖書館裏的書大都是別人捐贈的。

---

3. "所謂"

"所謂的五岳原本是中國傳説中神仙居住的地方。"

"所謂"就是"通常所説的"的意思。一般用在提出需要解釋的詞語或概念之前，"所謂"引導的短語可以放在句首，也可以放在句尾。如：

　　A：什麼叫白領？
　　B：所謂白領，其實是對一種職業地位的稱呼，多指那些在公司上班的高級職員。

再看幾個句子：

所謂常青藤學校，是指美國東北部地區的八所名校。

所謂反問句，就是沒有疑問、而又以疑問句形式出現的句子。

1840年，英國發動了對中國的侵略戰爭，這就是所謂的"鴉片戰爭"。

需要注意的是，"所謂"還有另外一種意思，有時可以表示不真實或具有否定傾向，與本課中的用法不同。如：

她就是所謂的教授，什麼都不懂。

在我看來，這個所謂"包治百病"的秘方，其實什麼病也治不好。

語言點練習參考答案

請想出五個詞語或概念，並用"所謂"進行解釋。

① 所謂少數民族，是指在多民族國家中人數比較少的民族。
② 所謂珍稀動物，是指珍貴而數量少的動物。
③ 所謂甲骨文，是指刻在龜甲和獸骨上的文字。
④ 所謂中秋節，是指中國的一個傳統節日，在農曆八月十五日這一天。
⑤ 所謂特奧會，是指專為智力發展有障礙人士舉行的奧林匹克運動會。

---

4. "從……起"

   "從那時起，中國開始形成了一整套封建制度。"

"從……起"這一結構表示起點，可以是時間的起點，也可以是空間的起點。表示起點的詞語放在"從……起"中間，整個結構做句子的狀語，可以放在句首，也可以放在動詞前。如：

從昨天晚上起，我一直沒吃飯。

他從大學畢業起就一直在這裏工作。

前排從左起第三個人就是我們的漢語老師。

語言點練習參考答案

根據自己掌握的歷史知識，用"從……起"說出一個歷史史實。

① 從九十年代起，我們這個州就開始和中國建立合作關係了。
② 美國太平洋鐵路從費城起，直到舊金山。
③ 中國從秦朝起建立了統一的國家。
④ 明長城西從嘉峪關起，東到山海關。
⑤ 第二次世界大戰從1939年起，到1945年結束。
⑥ 西漢開創的絲綢之路，東邊從西安起，經過甘肅、東亞、西亞，連接到地中海。

---

5. "由/通過……+V"

   "這些菜早就通過各種途徑傳到了美國，你想吃什麼都很方便的。"

"由/通過……+V"可以表示經過某個途徑產生某種結果。表示途徑的詞語放在"由/通過……+V"之間，"由/通過"與後面的詞語組成的介詞結構一般表示具體的途徑，有時也可以表示比較抽象的意義。如：

  世界杯足球賽的比賽情況通過電視以及網絡傳到了全世界各地。

  有一些疾病是由動物傳給人類的。

  我通過反復思考才理解了這個問題。

語言點練習參考答案

請用"由/通過……+V……"這個結構完成下列句子。

① 學校的棒球隊在比賽中得了冠軍，這一消息<u>通過廣播傳到了每個人的耳朵裏</u>。
② 造紙術是由中國人發明的，後來<u>由中亞傳到了歐洲</u>。
③ 中國的瓷器主要是<u>通過海路運到非洲的</u>。
④ 他考上大學的喜訊<u>通過郵遞員傳到了他的家鄉</u>。

(三) 功能項目說明

  列舉是漢語中經常使用的表達方式，就是把同一類別中的事物排列出來，這樣可以起到清楚表達的作用。本課正課文就大量使用了這一表達方式。例如：

  "四"可以讓我們聯想到許多中國的文化，如四大菜系，四大發明，文房四寶……

  所謂的五岳原本是中國傳說中神仙居住的地方，後來被道教繼承了，用來指中國人崇拜的五座名山，分別是泰山，華山，衡山，恒山和嵩山。

  他們要學習禮儀、音樂、射箭、駕車、識字寫字、算術，這叫做"六藝"。

  北京、西安、洛陽、安陽、開封、杭州、南京都曾經做過中國的首都。

  在本課學生用書的交際練習（COMMUNICATION CORNER）中，提供了許多這一表達方式的範例，請教師在教學中參考。

(四) 文化知識補充材料

  根據正副課文的內容，我們補充了一些相關的文化背景知識，供老師們參考。由於篇幅的關係，其他更多的材料，我們放到網上，請老師們上網搜尋。

1. **中國歷史朝代表**

  夏 約公元前21世紀–約公元前16世紀
  商 約公元16世紀–約公元前1066
  周 西周   約公元前1066–公元前771
     東周   公元前770–公元前256
     春秋時代 公元前770–公元前476
     戰國時代 公元前475–公元前221
  秦 公元前221–公元前206
  漢 西漢   公元前206–公元23
     東漢   公元25–公元220
  三國 魏   公元220–公元265

	蜀	公元221-公元263	
	吳	公元222-公元280	
晉	西晉	公元265-公元316	
	東晉	東晉	公元317-公元420
		十六國	公元304-公元439
南北朝	南朝	宋	公元420-公元479
		齊	公元479-公元502
		梁	公元502-公元557
		陳	公元557-公元589
	北朝	北魏	公元386-公元534
		東魏	公元534-公元550
		北齊	公元550-公元577
		西魏	公元535-公元557
		北周	公元557-公元581
隋	公元581-公元618		
唐	公元618-公元907		
五代十國	五代	後梁	公元907-公元923
		後唐	公元923-公元936
		後晉	公元936-公元946
		後漢	公元947-公元950
		後周	公元951-公元960
	十國	公元902-公元979	
宋	北宋	公元960-公元1127	
	南宋	公元1127-公元1279	
遼	公元907-公元1125		
西夏	公元1032-公元1227		
金	公元1115-公元1234		
元	公元1279-公元1368		
明	公元1368-公元1644		
清	公元1644-公元1911		

2. 關於《三字經》

《三字經》是中國古代兒童最重要的啓蒙教材之一，從南宋起到清朝末年一直被廣泛使用。此書共三百八十句，每句三字，句句押韻，琅琅上口，深入淺出，流暢有趣。內容分爲六個部分，每一部分有一個中心，涵蓋面極廣，涉及倫理道德規範、名物常識、經史子集、歷史次第等。書中的許多語句，如"養不教，父之過""勤有功，戲無益"等已成爲世代傳誦、膾炙人口的名言警句。該書對歷史知識的敘述尤爲精煉，僅用了三百字就概括了五千年的中華歷史。在中國古代啓蒙教材中，《三字經》是影響最大、最有代表性的。

《三字經》的内容在不同歷史時期都有修改或增加。僅目前所見的就有宋末元初的1068字本，明代的1092字本，明末的1122字本，清初的1140字本及1170字本等多個版本。

關於《三字經》的作者一直都有爭議。有的說是宋末的區適，也有人認爲是明代的黎貞，但一般認爲是宋代王應麟所作，書中有關元明清部分爲後人所加。

《三字經》很早就傳到了朝鮮半島與日本，清朝雍正五年（公元1727年），《三字經》被譯成俄文流傳到俄國，此後陸續被譯成英、法等多種文字。1990年秋，聯合國教科文組織將《三字經》選入《兒童道德叢書》，向全世界發行。

3. 關於"五岳"

"五岳"是中國五大名山的總稱。即東岳泰山、西岳華山、南岳衡山、北岳恒山、中岳嵩山。五岳各具特色，向來有"泰山雄、衡山秀、華山險、恒山奇、嵩山奧"的說法。

東岳泰山：位於山東泰安境內，綿延200多公里，總面積爲426平方公里。自漢代有"五岳"的提法以來，泰山就處於"五岳獨尊"的地位。中國歷代有多位封建帝王在這裏舉行封禪典禮。在泰山，既可以飽覽歷史文化的精品，又可以領略大自然的神奇之美。泰山主峰"玉皇頂"，海拔1545米。

西岳華山：華山位於陝西省華陰縣境內。華山之險居五岳之首，有"華山自古一條路"的說法。華山有東、西、南、北、中五峰。南峰又稱落雁峰，是華山主峰，海拔2083米，也是華山最險峻的一座峰。

南岳衡山：衡山位於湖南省中部，距衡陽市中心50公里。衡山以壯美的自然風光和佛、道兩教共存形成的人文景觀著稱，素有"五岳獨秀"之稱。衡山"春看花，夏觀雲，秋望日，冬賞雪"，一年四季景色各有不同。自晉朝以來，南岳佛道共存，爲宗教史上所罕見。南岳又是一座天然的植物園和動物園，這裏有600多種樹木和800多種草本植物，還有極其珍貴的華南竹雞、杜鵑、鷹嘴龜、娃娃魚等。

北岳恒山：恒山位於山西省大同市渾源縣境內，總面積147.51平方公里，主峰天峰嶺海拔2017米。恒山曾名常山、恒宗、元岳、紫岳、玄岳，素以"奇"而著稱。恒山由於綿延五百里，氣勢壯觀，因此古有"恒山如行"之說。恒山上的蒼松翠柏、廟觀樓閣、奇花異草、怪石幽洞構成了著名的恒山十八景。恒山還有堪稱世界一絕的懸空寺。

中岳嵩山：嵩山位於河南省登封市西北，東周時因其地處"天地之中"而被尊爲中岳。嵩山有很多景色優美的山峰和寺廟古蹟，有"上有七十二峰，下有七十二寺"之說，很早以前就是佛教勝地，著名的少林寺就在這裏。

4. 關於"六藝"

"六藝"是中國古代要求學生掌握的六種基本才能：禮、樂、射、御、書、數。這一提法最早出自《周禮·保氏》。其中"禮"是指道德和禮儀規範，"樂"是指舉行各種儀式時的音樂舞蹈，"射"是指射箭技術，"御"指駕馭馬車的技術，"書"是關於漢字構造的知識，"數"是指數學。其中禮、樂是核心，書、數是基礎，射、御等技藝也很重要，其成績可作爲獎勵的依據。古代的"六藝"教育強調人各方面能力的全面發展。

到了漢代，"六藝"又有了另外一層含義，儒家的六本經典也被稱爲"六藝"，即《詩經》《尚書》《禮記》《樂書》《易經》《春秋》。

5. 中國的七大古都

歷史上中國有許多城市曾作過都城，最著名的有七個，號稱七大古都，即安陽、西安、洛陽、開封、南京、杭州、北京。

安陽：在公元前14世紀就被定爲都城。當時，商代的第20代國王盤庚把國都遷到殷（今河南安陽小屯村），一直延續到商代末年，歷時273年。從商代一直到公元6世紀的2000年間，中原王朝曾多次建都於安陽。由於戰亂，這座古城早已成爲廢墟。宋代以後，這裏不斷發現殷代的文化和建築遺存，特別是1949年以後，經幾次大的發掘，基本弄清了城市的規模和布局，人們把這些城市建築遺跡稱爲殷墟。

　　西安：是一座歷史悠久的古城，從公元前11世紀到公元10世紀中葉，先後有西周、秦、西漢、前趙、前秦、後秦、西魏、北周、隋、唐共10個朝代在西安建都，歷時1062年。西安作都城的時間之長不僅是中國之最，即使在世界名城中也非常罕見。現在的西安城牆是明代保留下來的，也是目前中國保存最好的古城牆之一。

　　洛陽：歷史上曾經有東周、東漢、魏、西晉、北魏、隋、唐、後梁、後唐等9個朝代在這裏建都，因此有"九朝故都"之稱。洛陽城最興盛的時期是隋、唐時期。現在的洛陽舊城是宋代修築的。清代初年，洛陽又得到重建，其規模和建築基本上延續到1949年前夕。

　　開封：位於河南省東部，戰國時期的魏國，五代時期的後梁、後晉、後漢、後周以及後來的北宋和金等7個朝代在這裏建都，其中最興盛的時期是北宋年間。當時的開封叫做東京，有名的畫作《清明上河圖》就展示了當時東京的繁華。宋朝的東京在中國的城市建築史上占有重要的地位。

　　南京：位於長江下游的南岸、現在的江蘇省境內。三國時的東吳和後來的東晉、宋、齊、梁、陳等六個朝代都在這裏建過都，所以又有"六朝古都"之稱。朱元璋建立的明朝最初也在這裏建都。

　　杭州：位於浙江省，五代十國時期吳越國以杭州做國都，這是杭州作爲都城的開始。南宋紹興八年（1138年），南宋政權正式定都杭州（當時叫臨安），這使杭州正式成爲一個朝代的首都，杭州也是當時中國的第一大城市。元朝占領杭州後，對城市建築破壞很大，但劫後的杭州仍然顯示出與當時其他城市的不同風格，被當時的意大利旅行家馬可·波羅稱爲"世界上最名貴富麗之城"。

　　北京：遼代把北京建爲南京，又叫燕京。當時遼代有5個京城，燕京只是其中之一，卻是最大的一個，這是北京作爲都城的開始。金朝時北京叫中都，元朝叫大都，明清時期稱北京。北京現在的規模和布局大體上是元代奠定的。明代時在元大都的基礎上作了一些改造，到清代，北京的城市佈局、宮城及幹道系統均沿用明朝，未做改動，只是在內城建立了許多占地較大的王親貴族府第，在西郊建立了許多離宮園林。

6. 絲綢之路與海上絲綢之路

　　絲綢之路一詞最早來自德國地理學家費迪南·馮·李希霍芬（Ferdinand von Richthofen）1877年出版的《中國》，簡稱爲"絲路"，是指西漢時，由張騫出使西域開闢的從長安（今西安）經甘肅、新疆，到中亞、西亞，並連接地中海各國的陸上通道。因爲由這條路運送的貨物中以絲綢製品的影響最大，故得此名。絲綢之路的基本走向定於兩漢時期，包括南道、中道、北道三條路線。歷史上的絲綢之路不是一成不變的，隨著地理環境的變化和政治、宗教形勢的演變，不斷有一些新的道路被開通，也有一些道路被改變，甚至被廢棄。經過幾個世紀的不斷努力，絲綢之路向西伸展到了地中海，廣義上絲路的東段已經到達了韓國、日本，西段至法國、荷蘭。通過海路還可達意大利、埃及，成爲亞洲和歐洲、非洲各國經濟文化交流的大通道。

　　海上絲綢之路，是指中國與世界其他國家和地區之間海上交通的路線。中國的物品除通過陸上交通線大量輸往中亞、西亞和非洲、歐洲國家外，也通過海上交通線銷往世界各國。因此，在德國地理學家李希霍芬將橫貫東西的陸上交通路線命名爲"絲綢之路"後，有的學者又進而加以引申，稱東西方的海上交通路線爲"海上絲綢之路"。中國的陶瓷、絲綢等商品也經由這條海上交通路線銷往各國，西方的香藥也通過這條路線輸入中國。海上絲綢之路形成於漢代，漢代時開通了從廣東到印度的航道。宋代以後，隨著中國南方的進一步開發和經濟重心的南移，從廣州、泉州、杭州等地出發的海上航路日益發達，從南洋到阿拉伯海，甚至遠達非洲東海岸，這是海上絲綢之路的主線。

Unit 9 *Famous People and History*
第九單元 名人與歷史

第十八課《同步訓練》參考答案及相關提示

> **Section One**

I. Multiple Choice (Listen to the dialogs)
   答案：
   1. D   2. C   3. B   4. B   5. A   6. D
   7. D   8. A

   聽力錄音文本：

1. (Woman) 你們這個學期還有歷史課嗎？
   (Man)   (A) 我們不上社會課了。
           (B) 我們學校已經有一百多年的歷史了。
           (C) 有些歷史人物我還真想不起來了。
           (D) 這門課都快期中考試了。

2. (Woman) 你看過少林寺的功夫表演嗎？
   (Man)   (A) 那兒沒有學少林功夫的地方。
           (B) 我有一個好朋友想看表演。
           (C) 我一直沒有機會去看。
           (D) 我非常想學少林功夫。

3. (Woman) 你對中國歷史知道得怎麼這麼多呀？
   (Man)   (A) 因為中國歷史很難記住。
           (B) 因為爺爺常給我講一些歷史故事。
           (C) 因為我的專業不是歷史。
           (D) 因為中國歷史上有很多名人。

4. (Woman) 昨天那個關於唐朝歷史的講座怎麼樣啊？
   (Man)   (A) 昨天的講座是下午四點開始的。
           (B) 昨天的講座吸引了很多人。
           (C) 我們的老師主持了昨天的講座。
           (D) 留學生們聽了昨天的講座。

5. (Woman) 我論文的內容是和中國秦朝有關的。
   (Man)   你要寫秦朝，總不能不去看看西安吧？
   (Woman) (A) 我已經聯繫好旅遊團了。
           (B) 我對秦朝不瞭解。
           (C) 我來中國旅遊過四五趟。
           (D) 我很喜歡中國的兵馬俑和長城。

6. (Woman) 要不是你提醒我，我肯定忘了買那本《上下五千年》了。
   (Man)   那麼重要的書你怎麼會忘記呢？
   (Woman) (A) 你記著要提醒我呀。
           (B) 我的朋友今天去了書店。
           (C) 我沒有買《上下五千年》。
           (D) 我要買的書太多了。

7. (Woman) 劉老師讓我們畫500年前的中國。
   (Man) 500年前的中國？那你想畫些什麼？
   (Woman) (A) 要畫的內容很少嗎？
   　　　　(B) 你畫的內容太多了。
   　　　　(C) 你不要畫500年前的中國。
   　　　　(D) 可畫的內容太多了。

8. (Woman) 看起來你很喜歡這個地方。
   (Man) 那當然，這是我的第二故鄉！
   (Woman) (A) 你不是本地人嗎？
   　　　　(B) 你是什麼時候回老家的？
   　　　　(C) 這是你第二次來嗎？
   　　　　(D) 你不喜歡這兒嗎？

II. Multiple Choice (Listen to the selections)
   答案：

1. C	2. C	3. B	4. D	5. D	6. A
7. C	8. D	9. C	10. B	11. B	12. A
13. D	14. D	15. C			

   聽力錄音文本：

Selection 1

(Narrator) Now you will listen twice to the following selection.
(Woman) 你有沒有注意，咱們經常走的那條街上的房子正在維修呢。
(Man) 我注意到了，聽說那些房子有一百三十多年的歷史了，太破了，是應該好好修修，修好了應該保護起來。
(Woman) 這誰都知道啊，可說起來容易做起來難。這些房子都是木結構的，保護起來多難呀！
(Man) 雖然不容易，但總能想到辦法的。
(Woman) 可要花的代價也不會太小。
(Narrator) Now listen again.
(Narrator) Now answer the questions for this selection.

Selection 2

(Narrator) Now you will listen twice to a voice message.
(Woman) 小甜，我是王蘭，聽說你打算去長城玩，正好上個週末我和朋友一起去了司馬臺長城，感覺非常好，你就去那兒吧。司馬臺長城是四百多年前修建的，雖然不是最古老的長城，但它極好地保留了明代的原貌。司馬臺這一段長城都建在特別陡峭的山峰之間，以驚、險、奇著稱。而且很多部分沒有經過修整，有些危險，但是非常壯觀。同時由於這個景點剛開發不久，商業化的程度還不是很高。
(Narrator) Now listen again.
(Narrator) Now answer the questions for this selection.

Unit 9 *Famous People and History*
第九單元 名人與歷史

Selection 3

(Narrator)   Now you will listen twice to a conversation between two students.
(Man)   上個週末我去西安了。
(Woman)   真的嗎？週末只有兩天時間你怎麼能去那麼遠的地方呢？
(Man)   難道我還騙你？有了特別快車，去西安的時間大大縮短了，兩天的時間就夠了。
(Woman)   你爲什麼要去西安？
(Man)   西安是中國最有名的古都之一，像漢朝、唐朝的首都都在西安，所以我很想去看看。對了，我還給你帶了一點紀念品呢。
(Woman)   謝謝，謝謝！
(Man)   不用客氣，這是我的一點心意。
(Narrator)   Now listen again.
(Narrator)   Now answer the questions for this selection.

Selection 4

(Narrator)   Now you will listen twice to the following selection.
(Man)   各位同學大家好，我想大家可能都在新聞中看到了，前幾天我國南方的一些城市受到了颱風的襲擊。這場突如其來的自然災害給當地的人們帶來了巨大的損失，一共有兩百多人喪生，上千人無家可歸。今天我們發起的這個募捐活動，就是爲了幫助那些在這場自然災害中受災的人們。我希望大家伸出自己熱情的雙手，可以捐錢，也可以捐衣服。如果我們每個人都貢獻一份力量來幫助他們的話，那麼他們一定可以儘快渡過這一難關！
(Narrator)   Now listen again.
(Narrator)   Now answer the questions for this selection.

Selection 5

(Narrator)   Now you will listen once to the following selection.
(Woman)   剛才去博物館參觀，看到了古人使用的各種不同的書寫材料。在紙發明以前，我們的先人在獸骨、金屬器物、石頭、竹片和絲綢上刻字、鑄字、寫字，他們真是了不起。
(Man)   可是紙的發明更是了不起。
(Woman)   也是，還多虧了東漢的蔡倫，又改進了造紙技術。從那以後，紙的質量大大提高了，數量也比以前增加了很多。
(Man)   可不，寫字也變得更加方便了。
(Narrator)   Now answer the questions for this selection.

III. Multiple Choice (Reading)
答案：

1. D	2. D	3. C	4. B	5. D	6. B
7. D	8. A	9. B	10. B	11. D	12. A
13. D	14. A	15. C	16. B	17. A	18. A
19. C	20. B	21. A	22. B	23. A	24. D
25. A					

Lesson 18 ***China Highlights***

第十八課 我知道的中國歷史和文化

Section Two

I. Free Response (Writing)

1. Story Narration

The four pictures present a story. Imagine you are writing the story to a friend. Narrate a complete story as suggested by the pictures. Give your story a beginning, a middle, and an end.

寫作提示：

　　這四張圖片說的是一群同學在餐館聚餐，結帳時，大家按AA制付錢。其中一個同學發現錢包裹沒有錢，就跟旁邊的同學借。後來借錢的人把錢還給了他的同學。

　　這則看圖寫作主要是考察對一個事件的完整敘述，其中涉及對場景的描寫，因此使用恰當的關聯詞語以及描述場景的語言就顯得十分重要。

2. Personal Letter

Imagine you received a letter from a pen pal. In the letter, he says that learning English has been like opening a window for him, through which he can enjoy a colorful English world. He also asks about your study of the Chinese language and what you think of it. Write a reply in letter fomat. Tell your pen pal what you think about the relationship between learning the Chinese language and understanding Chinese culture.

回信建議：

　　這是一封交流看法的信件。關於這類信件的一般格式和步驟，在前面各課同步訓練的參考答案中已做過介紹。這封回信的主要內容是如何看待中文學習與瞭解中國文化的關係，同時也要求談一談中文學習的情況和感受。你可以從課時、學習進度、教材以及學習難度等方面來談學習情況。關於中文學習與瞭解中國文化的關係，你可以結合你的實際經驗來談，最好能舉出幾個例子。下面的表達方式也許對你的回信有幫助：

　　　　我覺得學習中文與瞭解中國文化這兩方面可以互相促進，因為……

　　　　中文學習對我來說就好像是多了一雙眼睛……

　　　　學習中文讓我瞭解到許多中國文化，對中國文化的瞭解又可以加深我對語言的理解……

Unit 9 *Famous People and History*
第九單元 名人與歷史

3. E-Mail Response

   Read this e-mail from a friend and then type a response.

   發件人：趙虎

   主　題：校園文化活動

   　　這週我們學校的體育節開幕了。每個學期，我們學校都會有各種不同主題的校園文化活動。你最近忙什麼呢？你們學校都有什麼樣的校園文化活動呢？能給我介紹介紹嗎？

   回信建議：

   　　這封電郵的目的是希望瞭解美國中學生的校園生活。回信的基本結構可參考前面各課的相關建議，這裏只作簡單提示。

   (1) 簡短開頭，直接切入正題。你可以說：

   　　　聽說你們學校在舉辦體育節，正好我們也在舉行……活動。

   (2) 就來信提出的問題作具體說明。你可以說：

   　　　我們學校的校園生活很豐富。我們每年都要舉行運動會，參加的人很多……

   　　　除了運動會以外，我們還有……活動，例如……

   (3) 結尾。比如：

   　　　非常高興和你交流，希望經常聯繫。

   　　　今天我們先談到這兒，如果你還希望知道別的情況，我們下次還可以接著聊。

4. Relay a Telephone Message

   Imagine you are sharing an apartment with some Chinese friends. You arrive home one day and listen to a message on the answering machine. The message is for one of your housemates. You will listen twice to the message. Then relay the message, including the important details, by typing an e-mail to your friend.

   (Boy) 王陽，我是李明。你的感冒好些了嗎？明天可以來上課了吧？我今天中午又去了一趟 "校園書店"，老闆告訴我，我們想買的那本《絲綢之路》明天有貨。你回來以後給我一個電話。如果你明天能來上課，我們中午下了課一起去 "校園書店" 吧！好好休息，再見。

   轉述建議：

   (1) 轉述開始時要注意稱呼的使用，在這則信息中，留言中的 "我" 在轉述時要換成 "他" 或 "李明"。例如：

   　　　王陽，你的朋友李明……

   (2) 轉述時要重點突出主要信息，不能遺漏。在這則留言中，主要的信息有：李明問王陽明天能不能去上課；《絲綢之路》明天有貨；如果王陽明天能去上課，下課後一起去校園書店；給李明回電話。

Lesson 18 *China Highlights*
第十八課 我知道的中國歷史和文化

II. Free Response (Speaking)

1. Conversation

    Recently you have learnt a lot about Chinese history and have come to know of many Chinese stories, both inside and outside the classroom. You chat with your Chinese cyber friend about a history topic.

    (1) 問題一：你喜歡學歷史嗎？

    回答建議：

    　　對於這個問題，你可以直接從正面回答，談你的感受。例如：

    　　　　我覺得學習歷史很有意思，但有些難，特別是……

    　　　　我不太喜歡學歷史，因爲……

    (2) 問題二：有關中國歷史，你對哪一部分最感興趣？

    回答建議：

    　　直接說出你感興趣的內容。如：

    　　　　我對……最感興趣，因爲……

    　　　　我覺得……最有意思，因爲……

    　　你也可以先重複問題，然後再加以說明。如：

    　　　　有關中國歷史的內容，我對……最感興趣。我覺得……

    (3) 問題三：你對美國歷史最感興趣的是什麼？

    回答建議：

    　　對這個問題的回答，可以參考問題二的建議，根據你自己的實際感受進行回答。

    (4) 問題四：給你印象最深的歷史人物是誰，爲什麼？

    回答建議：

    　　直接說出給你印象深刻的歷史人物，並說明原因。

    　　　　……給我的印象最深。因爲……

    (5) 問題五：你們老師是怎樣教歷史課的？

    回答建議：

    　　對這個問題，你可以抓住一個方面進行發揮，也可以比較全面地說，還可以進行簡單的評價。如：

    　　　　我們老師很喜歡用講故事的方法教歷史。每講到一個歷史人物或歷史事件的時候，他都會……這樣講的好處是……

    　　　　我們老師通常用……方法教歷史。有時候他也……或者……

    (6) 問題六：在你們同學之間，最喜歡討論哪方面的歷史話題？

    回答建議：

    　　你可以選擇一個話題多說一些，也可以採取列舉多個話題的方法來回答這個問題。你可以說：

    　　　　同學們最喜歡討論的話題是……因爲大家都對……感興趣。

    　　　　同學們喜歡討論的話題很多，比如……但最喜歡的話題是……

Unit 9 *Famous People and History*
第九單元 名人與歷史

2. Cultural Presentation

"Respecting the old and loving the young" is regarded as a traditional virtue in China. In your presentation, talk about your understanding of such family relationships. You should also describe the main manifestations of such relationships and the cultural concepts related to them.

回答建議：

這個問題可以從兩個方面進行表述。

一是這種人際關係的具體表現。你可以從中國人幾代同堂的家庭模式、贍養老人的方式、對子女教育的方式以及日常禮節等方面加以說明。

二是所反映出的文化觀念。這主要體現了中國家庭中注重長幼、尊卑的觀念，以及由此產生的強調社會秩序和良好人際關係的社會倫理觀念。

3. Event Plan

You are planning to launch your Chinese blog. In your presentation, explain why you want to start such a blog. You may also describe how you will design the webpage or how you intend to let your friends know about your blog, etc.

回答建議：

對於這個問題的回答，可分以下幾個部分：

(1) 說明開通中文博客的緣由。

在這一部分裏，你可以先從你對博客的認識談起，可以直接敘述你認識、瞭解博客的簡要過程，對博客的態度和看法，以及產生開通自己的博客的具體原因等。注意這一部分敘述的內容要突出你對博客的積極看法和態度，才能和後面兩部分的陳述相呼應。

(2) 重點闡述開通個人中文博客的好處。

在這一部分裏，你可以用列舉的方式，一一說明個人博客的好處，可以先提出觀點，然後分別進行簡要的解釋和說明，這樣可以使你的陳述條理清晰、理由充分。而在每一個具體觀點的解釋或說明中，既可以用比較的方式突出個人博客的長處，也可以通過具體的實例進行說明。

(3) 具體說明一下你打算如何設計你的博客頁面。

你可以從頁面的主要風格，所運用的工具、軟件或所借助的網站，以及大致包含的主要版塊等方面說明你的設計方案，並通過這些方面來突出你博客的主要特點。你可以用下列表達方式：

我計劃將我的博客頁面設計成……不但有……還有……

我設計出的頁面會很有特點。一是……二是……

(4) 最後，你可以再簡要介紹一下你打算如何宣傳自己的博客，比如：

為了讓更多的朋友知道我的博客地址，我會……

UNIT 10 Literature and Arts
文學與藝術

單元教學目標

一、溝通
1. 掌握與中國文學藝術這類話題相關的重點詞語及語言點，並學會將這些語言知識運用於日常交際之中。理解一般性詞語。
2. 學會使用商量的語氣來徵詢別人的意見，客氣地和別人協商事情。

二、比較
通過與自己國家的文學藝術比較，了解中國文學和藝術的特點，進一步理解並詮釋不同國家和民族在文學藝術方面的共性與個性。

三、文化
了解中國的小說、詩歌等文學樣式，了解中國主要民間藝術形式，並借此了解中國人的藝術觀與審美情趣。

四、貫連
與社會課、歷史課相貫連，從社會學、文化學和藝術史的角度理解並能簡單解釋不同國家和民族的文學藝術樣式反映出的民族特色和民族心理。

五、實踐活動
運用本單元所學到的漢語和文化知識進行實際交流和表達；試著學習剪紙或書法等，向同伴介紹其基本特點與技法。

單元導入活動說明

本單元介紹中國的文學與藝術。重點可以放在中國小說、詩歌，或其他有特色的中國藝術形式如書法、中國繪畫、民間藝術等方面。可參考以下活動步驟：

第一步： 請學生講述自己所了解的中國文學故事（如《西遊記》《三國演義》《水滸傳》）。

第二步： 分組就中、美民間藝術形式的比較進行討論，小組討論後形成相對一致的意見，然後各組派代表在全班發言。

Unit 10 *Literature and Arts*
第十單元 文學與藝術

第十九課 "To Borrow Arrows with Thatched Boats"
草船借箭

一、本課教學重點
（一）讓學生理解並運用所學的詞語討論與中國文學相關的內容，同時能夠與自己國家的文學進行簡單比較。
（二）讓學生運用本課所學的表達式就某個具體問題與人溝通，進行商議。

二、本課的難點
（一）詞語：注意"吩咐—囑咐"和"順著—沿著"這兩組近義詞的辨析。
（二）語言點：
　　1. 副詞"未必"和"一向"的用法。
　　2. 存現句。
　　3. 趨向補語和賓語的位置，趨向補語的引申用法。

三、有用的教學資源
（一）由中國古代文學作品改編的電影（如動畫片《花木蘭》《梁山伯與祝英臺》等）。
（二）由中國古代文學作品改編的電視劇（如《水滸傳》《紅樓夢》等）。
（三）由中國古代文學作品改編的電子遊戲產品（如"三國"題材的電子遊戲）。

四、教學安排導引
針對不同學習內容，各教學模塊及其教學設計和參考課時索引見下表。

	教學模塊	交際模式	可選用的教學活動設計		課時建議
新課學習	課文閱讀與理解	理解詮釋 人際互動	教學設計1 教學設計2	教學設計分爲必選和可選兩種，可選的活動以"可選"標明，其實施順序請老師根據本班學生實際情況自定。	5—7課時
	詞語講解與練習	理解詮釋 表達演示	教學設計3 教學設計4 教學設計5 (可選)		
	語言點講解與練習	人際互動 表達演示	教學設計6 教學設計7 (可選)		
交際活動		人際互動 表達演示	教學設計8 教學設計9 (可選)		1課時
寫作訓練		表達演示	教學設計10 教學設計11 (可選)		1課時
綜合考試訓練		綜合	教學設計12		1—2課時

注：寫作訓練活動可根據本班實際情況選做；綜合測試題應根據本班實際情況在課堂上選做或讓學生課外完成。

五、具體教學活動設計的建議

教學模塊 1 — 新課學習

(一) 課文閱讀與理解

🗣 **教學設計1**

内容：主課文導入。

目的：通過對學生已有記憶或經驗的激活，爲理解主課文、了解其中的文化含義做好準備。

步驟：

第一步： 在進入本課學習之前，向學生提出幾個思考題，可以請學生分組討論：
　① 你知道哪些中國的文學作品？請給大家講一講。
　② 你聽說過有關中國古代"三國"的故事或看過取材於《三國演義》的影視作品嗎？如果聽說過或看過，你最喜歡裏面的哪個人物？爲什麼？

第二步： 小組討論，然後每個小組派一個代表向全班彙報。

第三步： 教師在小組彙報時，要在黑板上寫出學生提及的、與本課重點詞語和單元主題有關的詞語及信息。

第四步： 根據黑板上列出的信息，請學生閱讀課文或仔細聽課文的錄音，找出課文中這些信息所在的位置，開始進入正式的主課文學習。

🗣 **教學設計2**

内容：課文的聽與讀。

目的：讓學生理解課文內容，掌握本課新詞語在課文中的含義，並理解本課語言點的基本用法。

步驟：

第一步： 聽課文。教師讓學生看著課本，聽錄音了解課文大意。

第二步： 分段學習課文。

　・總體教學建議
　① 老師把閱讀問題寫在黑板上；
　② 讓學生帶著問題分段閱讀；
　③ 隨文講解課文的生詞和學生不懂的語言現象；
　④ 分段討論老師提出的問題，分小組進行討論，鼓勵學生提問題。

　・具體教學建議
　　建議教師在指導閱讀時將課文處理爲四個部分。

Unit 10 *Literature and Arts*
第十單元 文學與藝術

各部分具體問題
第一部分：第1自然段 ① 《三國演義》主要是説什麽故事？ ② 你知道的《三國演義》裏的人物有哪些？
第二部分：第2-4自然段 ① 諸葛亮和周瑜分別是什麽人？他們在一起商量什麽事情？ ② 你知道中國古代有哪些兵器？ ③ 如果你是諸葛亮，你會用什麽方法去完成造箭任務？
第三部分：第5-7自然段 ① 魯肅和周瑜對什麽事覺得納悶？ ② 你覺得諸葛亮爲什麽要請魯肅陪他一起去取箭？
第四部分：第8-11自然段 ① 諸葛亮爲什麽敢冒險到曹操軍營附近去？ ② 曹操是著名軍事家，就這一次他和諸葛亮打交道的表現，你給他打多少分？ ③ 課文最後周瑜説的話在文章中起什麽樣的作用？

第三步： 教師請學生再仔細讀一遍課文，然後指出自己不能理解的地方，最後就學生提出的問題，進行解答。

組織要點：
1. 本課課文是根據歷史題材長篇小説《三國演義》中"草船借箭"的內容進行改編的。學生可能不清楚事件的歷史背景，而且作品中人物衆多，人物關係複雜，可能會給學生的理解造成一定困難。教師可以通過課前的介紹或讓學生通過網絡查詢相關信息。
2. 對整篇課文的學習，可以先理解課文大意，再分段閱讀、理解、討論，最後進行擴展討論。這一教學設計需要分開用幾個課時完成。

(二) 詞語講解與練習

● 教學設計3
內容：選詞填空。
目的：通過填空練習，使學生在具體語境中體會詞語的用法，從而加深記憶。
步驟：請參考學生用書中的詞語練習（VOCABULARY IN CONTEXT）。
預期效果：這個練習不但可以使學生複習並更好地掌握課文中所學的重要詞語，練習語料還是主課文故事的補充。

● 教學設計4
內容：用詞語完成句子。
目的：通過用所給詞語完成句子，鞏固重點詞語的用法。
步驟：請參考學生用書中的詞語練習（VOCABULARY IN CONTEXT）。

教學設計5（可選）

目的：通過用所給詞語完成對話，鞏固重點詞語的用法。

內容：

1. 甲：你覺得要多長時間可以把這項工作做完？
   乙：<u>預計半個月時間可以做完</u>。（預計）
2. 甲：今天讓大家留下來開會，到底是什麼事？
   乙：<u>下週要開運動會了，我們要商議一下參加什麼集體項目</u>。（商議）
3. 甲：媽媽不是讓你擦地嗎？你怎麼玩上電子遊戲了？
   乙：<u>媽媽吩咐的事情我早就做完了</u>。（吩咐）
4. 甲：爸爸媽媽終於同意我去中國留學了。
   乙：<u>你是怎麼說服他們的</u>？（說服）

（三）語言點講解與練習

教學設計6

內容：語言點講解與練習。

目的：學習和掌握本課的語言點。

步驟：請參考學生用書中的語言點練習（LANGUAGE CONNECTION）。語言點的詳細講解請參考後文"六（二）"中的相關內容。

教學設計7（可選）

內容：用所給的詞語或句式給你的朋友寫一封電子郵件，介紹你所熟悉的一個地方或你參加過的一次活動。

目的：運用本課重點詞語和語言點完成模擬真實生活的語言交際任務。

步驟：

第一步：構思。教師引導學生回憶一次活動的經過或描述一個地方的風景，擬定郵件的主要內容。

第二步：寫作。郵件裏要用上"未必""一向""順著"三個詞語中的任意兩個，並使用一個存現句。

第三步：互評與修改。學生分成小組，在組內每名同學分別朗讀自己所寫的郵件，由其他同學發表評論意見，並幫助修改，最後給一個評價。

第四步：點評與講解。各小組選擇一篇郵件在全班朗讀，朗讀後由教師進行點評，對普遍出現的問題加以講解。

組織要點：要找到一個合適的表達內容，又要把這幾個詞語和句式都用上，是這個練習活動的難點。老師可以給以適當的引導，或者給一個示範樣本。

教學模塊2 —— 交際活動

教學設計8

內容：您看這樣安排怎麼樣？

目的：通過模擬真實情景學習商議的方法。

步驟：請參考學生用書中的交際練習（COMMUNICATION CORNER）。

Unit 10 Literature and Arts
第十單元 文學與藝術

預期效果： 本次交際活動要求學生首先要對整個交際任務有一個全面的考慮，構擬一個初步計劃，然後帶著這個計劃去和相關人員協商，聽取意見，在充分溝通與交流之後達成一致意見。在這個過程中，可以培養學生用客氣的、協商的口吻與別人交談。如果把這種協商再細分爲面商和信函協商，則可以進一步練習使用恰當的口語和書面語表達自己的意思。

教學設計9（可選）
內容： 週末去哪裏？
目的： 學生自己設計一個週末活動，並就此打電話徵求另一個同伴的意見，在活動中鞏固本課所學的表示協商的常見表達式。
步驟：
第一步： 要求每個同學設計一個有意思的週末活動，把活動的時間、地點、參加者、內容等簡單地寫下來。
第二步： 模擬給一個同伴打電話（表演者有權在班上任意指派一名同學來配合自己），就週末活動的所有細節進行協商。
第三步： 請同學評議協商過程中的成功之處及存在的問題，老師再加以點評。
組織要點： 適當的交際策略是協商取得成功的重要因素，提醒學生注意運用禮貌的語言及說服的技巧。

教學模塊 3 ── 寫作訓練

教學設計10
內容： 詩歌改寫。
目的： 通過將詩歌改寫成故事，鍛鍊學生的想象力和成段表達的能力，體會中國人表達情感的方式與學生所在國的異同。
步驟： 請參考學生用書中的寫作練習（WRITING TASK）。
可能出現的問題：
　　對於漢語詩歌不熟悉，對於中國古代人表達情感的方式不理解，是學生在改寫過程中可能遇到的最大問題，老師可以適當加以說明。

教學設計11（可選）
內容： 看圖寫話/回復個人信件/表達個人觀點。
步驟： 請根據本班學生的實際情況，在課堂上選做同步訓練中的相關寫作練習。同步訓練的答案提示請參照後文"七"中的相關內容。

教學模塊 4 ── 綜合考試訓練

教學設計12
內容： 綜合考試訓練。
目的：
1. 通過綜合考試訓練試題的自我檢測或隨堂選擇性檢測，使學生達到綜合性複習、並強化本課所學內容的目的。

2. 借助綜合訓練試題內容與課文內容的互補性，拓展學生對"文學與藝術"主題相關內容的學習。

步驟：請參考《同步訓練》相關內容。

訓練要點：

1. 完成聽力題（Rejoinders and Stimulus Types），複習、強化和評價學生對參觀文學館、買文學名著、買電影光盤、看電影等話題及相關功能項目的理解。
2. 完成閱讀題（Reading），拓展並且評價與本課話題相關內容的學習和理解，讓學生更多地接觸語言的各種實際應用，比如短文、廣告、書信等實用語體，具體內容涉及學習中國畫、介紹書籍、競賽通知、參加太極拳學習班、雜誌徵訂廣告、胎毛筆的介紹等。
3. 完成寫作訓練中的看圖寫故事（Story Narration）、個人信件（Personal Letter）、回復電郵（E-Mail Response）和電話留言轉述（Relay Telephone Message），訓練學生完整敘述在音像店買光盤的系列事件，表達對暢銷書的意見和看法，介紹最感興趣的文學形象，以及描述男友道歉的有趣情景等。
4. 完成交際訓練中的對話（Conversation）、文化表述題（Cultural Presentation）和計劃表述題（Event Plan），訓練及評價學生對事件的表達能力和表述自己觀點的能力。這部分內容涉及大學申請，對中國歌曲或樂曲特點的理解，以及説明把同學們的作品集結成書的計劃。

六、教學參考資料

(一) 詞語講解及練習參考答案

本課的詞語註釋表中一共列出了40個詞語，其中專有名詞8個，要求學生掌握、理解並能正確使用的詞語10個，只要求學生大致理解其文中的含義及主要使用場合的詞語22個。此外，我們還對本課中的一些詞進行了詞義辨析，供教師參考。

1. 四大名著：指羅貫中的《三國演義》、施耐庵的《水滸傳》、吳承恩的《西遊記》和曹雪芹的《紅樓夢》四部小説。
2. 傳奇：【名】指情節離奇或人物行爲超越一般的故事。
3. 丞相：【名】官名。中國古代幫助皇帝的職位最高的官員。
4. 説服：【動】用理由充分的話使對方同意。
5. 聯合：【動】聯繫使不分散。
6. 作戰：【動】打仗。
7. 聯軍：【名】由兩支或兩支以上的武裝組織聯合而成的軍隊。
8. 擺：【動】安放；排列；列出。
9. 陣勢：【名】軍隊作戰的布置。
10. 主帥：【名】（軍隊中）具有最高權力的指揮者。
11. 軍師：【名】在軍中擔任謀劃的人，即現在的參謀。現指給人出主意的人。
12. 商議：【動】爲了對一些問題有一致的意見而進行討論。
13. 交戰：【動】雙方作戰。
14. 兵器：【名】直接用於殺傷敵人和破壞敵方作戰設施的器械、裝置。
15. 誤事：【動】耽誤事情。
16. 預計：【動】事先計算、計劃或估計。

17. 參謀：【名】軍隊中參與軍事計劃等事務的人員。
18. 草把：【名】把草紮在一起形成的東西。
19. 不相干：【動】沒有關係。
20. 動靜：【名】（打聽或偵察到的）情況。
21. 吩咐：【動】口頭命令或指派。

> **辨析 吩咐—囑咐**
> "吩咐"和"囑咐"都是動詞，"吩咐"主要是指派或命令對方做什麼，一般用於上級對下級、長輩對晚輩；"囑咐"是讓對方記住應該怎樣，不應該怎樣。例如：領導吩咐我們今天一定要完成任務。|媽媽囑咐孩子過馬路要小心。

22. 軍營：【名】軍隊居住的房子或地方。
23. 水寨：古代水軍在水上安紮的營寨。
24. 呐喊：【動】大聲喊叫助威。
25. 虛實：【名】指實際情況或內部情況。
26. 輕易：【形】隨隨便便。
27. 逼近：【動】靠近，接近。
28. 上當：【動】受騙；吃虧。
29. 順風：【動】車、船等行進的方向跟風向相同，也常作為祝人旅途順利、平安的吉祥話。
30. 自負：【形】認為自己了不起。
31. 讚嘆：【動】稱讚。
32. 神機妙算：對事情有很好的預見，善於根據客觀情況做出決定。

專有名詞

33. 羅貫中：人名。元末明初著名的小說家、劇作家。主要作品是《三國演義》。
34. 三國：時代名。指中國歷史上魏（220-265）、蜀（221-263）、吳（222-280）三國鼎立時期。
35. 漢獻帝：皇帝的諡號。原名劉協。公元190年到220年在位。漢朝最後一位皇帝。
36. 建安：年號名。是漢獻帝的年號，公元196年到220年。
37. 曹操：人名。東漢末年的丞相。著名的政治家、軍事家和文學家。
38. 諸葛亮：人名。三國時蜀國的丞相，是著名的政治家、軍事家。
39. 孫權：人名。三國時吳國的皇帝。
40. 周瑜：人名。三國時吳國的大將。

Lesson 19 "To Borrow Arrows with Thatched Boats"
第十九課 草船借箭

VOCABULARY IN CONTEXT 參考答案

A. 選詞填空。

說服　聯合　商議　吩咐　輕易　逼近　自負　讚嘆

東漢末年,曹操帶兵進攻東吳,<u>逼近</u>東吳邊境,劉備和孫權<u>聯合</u>起來對抗曹軍。當時,曹操的部隊在長江北岸,孫劉的聯軍在長江南岸。周瑜和諸葛亮定下了火攻曹軍的計劃,打算用火船燒毀曹軍戰船。可是當周瑜<u>說服</u>部下準備好船隻以及引火的材料後,他才想起來,這個計劃不能實現,因爲當時是冬天,刮的是西北風。要想借助風勢火燒曹操的戰船,必須要刮東南風才行。現在怎麼會有東南風呢?周瑜是個非常<u>自負</u>的人,不願意和其他人<u>商議</u>解決的辦法,自己急得病倒了,沒有人知道他的心事。諸葛亮來看望周瑜,猜透了他的心事,給他寫下了十六個字的藥方:欲破曹公,宜用火攻;萬事具備,只欠東風。周瑜連忙向諸葛亮請教辦法。諸葛亮懂得天文,預料幾天內會刮東南風,就說自己能用法術借來東南風。後來,果然刮起了東南風,於是吳軍火攻成功,曹軍大敗。

B. 請你根據提供的情景,使用指定的詞語完成句子。

① 孩子不想吃早飯……
<u>每天媽媽總是要想辦法說服孩子吃一點早飯。</u>(說服)

② 班級之間要進行籃球賽……
<u>我們兩個班最好能聯合起來組一個球隊參加比賽。</u>(聯合)

③ 媽媽要到外地開會……
<u>媽媽出差前一再吩咐我每天要記得餵狗,好像她不在家狗就會餓著似的。</u>(吩咐)

④ 學漢語遇到了困難……
<u>雖然在學漢語的過程中遇到了不少困難,但我不會輕易放棄的。</u>(輕易)

⑤ 小王考上了最好的大學……
<u>小王終於考上了這個地區最好的大學,大家都讚嘆說:"真是好樣的!"</u>(讚嘆)

(二) 語言點講解及練習參考答案

本課一共有6個需要學生掌握的語言點,在學生用書的"LANGUAGE CONNECTION"部分有簡單的講解。在這裏,我們又做了進一步的講解,同時對學生用書中的練習題也給出了參考答案,供教師們參考。

1. "未必"

"十萬枝箭十天都未必能造好,三天怎麼行呢?"

這個句子裏的"未必"是一個副詞,是"必定"的否定形式,表示一種主觀的推測,表示不一定、不能確定的意思,後面常接動詞或形容詞。例如:

天氣預報說今天有雨,但是看現在的樣子未必會下。

你這個主意未必是一個好主意。

聽來的消息未必可靠。

有時"未必"的後面也可以不接其他成分,甚至可以單用。例如:

他說這次比賽我們的球隊一定能贏,我看未必。

A:這回我們可以申請到去中國留學的名額了吧?
B:未必。

和"不一定"相比,"未必"的否定性更強。同時,"未必"有較強的書面色彩。

語言點練習參考答案

請根據情景提示設計問答對話，要求用"未必"回答問題。

① 情景提示：王紅不喜歡流行音樂。
問題：王紅過生日時，我送她這張CD怎麼樣？
回答：她不太喜歡流行音樂，送這張光盤未必合適。

② 情景提示：王老師已經六十歲了，可是顯得很年輕。
問題：王老師的頭髮怎麼一直那麼黑？
回答：年紀大點兒也未必就得是白頭髮啊。

③ 情景提示：沒有人告訴李麗今天要開會。
問題：李麗怎麼沒來開會？
回答：這幾天她好像沒有來學校，所以她未必知道這件事。

2. **存現句**

"江面上起了大霧。"

"江面上起了大霧"是一個存現句。存現句是一種描寫性的句子，表示某個處所存在著某一種情況，或某個處所有某個事物出現或消失。存現句由三部分組成：句首是表示處所或方位的詞語（不用介詞），是被描寫的對象。中間是謂語動詞，表示人或事物存在、出現或消失，而且常跟著助詞"著"。這裏的謂語動詞一般有兩類，一類是表示人或物體變化運動的，如"站""有""跑"等；一類是表示人對物體進行安放或處置的，如"掛""托""放"等。第三部分是動詞後的名詞性賓語，常帶數量詞或定語，表示出現或消失的事物。例如：

樹上有幾隻小鳥。
大路當中站著一隻黃狗。
他臉上堆著笑。
牆上掛著一幅中國畫。

表示時間的詞語也可以做存現句的主語。比如：

上個月花了五百塊。

語言點練習參考答案

請根據給出的情景，説出相應的存現句。

① 很多人　　主席臺
存現句：主席臺上坐著很多人。

② 花園裏　　玫瑰
存現句：花園裏長滿了玫瑰。

③ 妹妹　跑
存現句：那邊跑來了我的妹妹。

④ 左邊　臺階
存現句：左邊有一段很陡的臺階。

⑤ 朋友　學校
存現句：學校裏有很多我的朋友。

3. 復合趨向補語

"諸葛亮輕鬆'借'回來十萬枝箭。"

漢語語法學界所謂"趨向補語"中的"補語"，在英語語法學界稱之為adjunct（附加語）或adverbial（狀語）。

在句子中有時趨向補語和賓語會同時出現，這時的趨向補語與賓語的位置就顯得比較複雜。賓語是動作的受事，趨向補語表示動作的趨向，常用"來""去"充當。復合趨向補語是由動詞加"來""去"等詞組成的，如"回來""出去"。如果賓語是表示事物的，一般放在復合趨向補語的後面，但也可以放在表示趨向的"來""去"之前。如：

諸葛亮輕鬆"借"回來十萬枝箭。（諸葛亮輕鬆"借"回十萬枝箭來。）

類似的例子還有：

姐姐寄回來許多照片。（姐姐寄回許多照片來。）
他拿去了很多書。（他拿了很多書去。）

但是，如果賓語是表示處所的詞語，則一定要放在復合趨向補語的中間：

參觀的人走進車間去了。（★參觀的人走進去車間了。）

語言點練習參考答案

請把下面的詞語排列成完整的句子。

① 買　她　回　水果　來　從　一些　商店
　她從商店買回來一些水果。或 她從商店買回一些水果來。
② 哥哥　借　去　幾本　我　用　正在　書　的　了
　哥哥借去了我正在用的幾本書。或 哥哥借了我正在用的幾本書去。
③ 教室　走　來　外　從　進　一位　老師　男
　一位男老師從教室外走進來。
④ 搬　房間　小王　自行車　進　去　把　了
　小王把自行車搬進房間去了。

4. 復合趨向補語的引申用法

"船用青布蒙起來。"

"起來"這一趨向補語除了表示動作趨向以外，還有一些引申用法。如例句中的"起來"，它並不像"他從椅子上站起來"這樣的句子表示動作向上的趨向，而是表示動作的完成，兼有達到一定目的的作用。類似的例子還有：

他把桌子上的書收拾起來了。
看見那個人，我想起來一件事。

"起來"作為復合趨向補語，還可以表示一個動作或一種狀態開始並繼續。例如：

中秋過後，天氣就漸漸涼起來了。
他的話讓大家都笑了起來。

Unit 10 Literature and Arts
第十單元 文學與藝術

語言點練習參考答案

① 動詞——裝
　句子：趕緊把你買的東西都裝起來，我們該回家了。
② 動詞——藏
　句子：不知道是誰把我的新書藏起來了。
③ 動詞——收
　句子：請大家把桌子上所有的書和筆記本都收起來。
④ 動詞——包
　句子：能麻煩您幫我把這些東西都包起來嗎？
⑤ 動詞——蓋
　句子：你盛完飯把鍋蓋起來，不然飯都涼了。

5. "一向"

"周瑜一向很自負。"

　這個句子裏的"一向"是一個副詞，表示"從過去到現在"，有"一貫如此，從不改變"的意思。可以用來表示人、事物或動作的某種特點或狀態。"一向"的後面通常是動詞或形容詞。它和"一直"的不同在於"一直"常常表示行爲動作的延續。例如：
　　大家一向認爲他是一個好人。
　　學校一向重視給所有的同學創造各種學習機會。
　　小王一向熱情好客。
　　一向貧窮落後的地區現在也開始慢慢發展起來了。

語言點練習參考答案

用"一向"完成句子。
① 藍天賓館的價格一向比較貴。
② 我的爸爸對我們一向很嚴格。
③ 我們這個城市的夏天一向比較涼快。
④ 這個公園遊人一向比較多。
⑤ 食堂的飯菜一向不是很好吃。

6. 比較"沿著"與"順著"

"周瑜看到二十只船沿著江岸一字排開。"

　"沿著"和"順著"都是介詞，意思相近，表示趨向同一路線。在表示具體路線時，用"沿著"和"順著"都可以，但是"順著"在口語中更常用；在表示抽象意義時，"沿著"有因襲、繼承、發展的含義，而"順著"含有按照順序依次發展的意思。例如：
　　順著/沿著河邊一直走。
　　雨水順著頭髮不停地往下流。
　　如果在山裏迷了路，你一定要設法順著/沿著原路再走回來。

請大家順著我手指的方向看。
我們不妨順著/沿著這樣的思路進一步往下想。
沿著正確的方向前進。

語言點練習參考答案

請根據下面給出的詞語用"沿著"或者"順著"說出完整的句子。
① 這條路　到達
　　順著/沿著這條路可以直接到達你的目的地。
② 雨水　流下來
　　雨水沿著/順著雨傘的邊緣流下來。
③ 正確的方向　勝利
　　沿著正確的方向前進才能取得最後的勝利。
④ 河邊　看見
　　沿著河邊走，就可以看見一棟很高的樓，那就是我們公司。
⑤ 小路　有
　　順著/沿著這條小路往右拐，有一排紅房子的地方就是你要找的地方。

(三) 功能項目說明

本課的功能項目是用某些詞語和表達式與別人就某個問題進行協商。本課多次出現這樣的表達方式，例如：

水上作戰，您看用什麼兵器最好？
現在軍中缺箭，想請您負責造十萬枝箭，怎麼樣？
十天行嗎？

類似的例子很多：

請你幫我一個忙，行嗎？
這種顏色的衣服我穿合適嗎？

在學生用書的"COMMUNICATION CORNER"中，已經較為詳盡地列舉了常用的表示協商的句型。在指導學生做練習時，老師要提醒他們注意表達的語氣，說話要客氣，適當地使用不同的表達用語。在本課的同步訓練中，也有相關的練習，可以選做。

(四) 文化知識補充材料

根據正副課文的內容，我們補充了一些相關的文化背景知識，供老師們參考。由於篇幅的關係，其他更多的材料，我們放到網上，請老師們上網搜尋。

1. 中國的詩歌

詩歌是中國文學中最早出現的藝術形式之一，也是中國文學中發展得最充分的體裁。

《詩經》是中國最早的一部詩歌總集。其中最早的作品產生於西周初年，最晚的產生於春秋中葉。比《詩經》稍晚的還有一種詩體，就是楚辭。楚辭的代表作家是屈原。《詩經》中的"國風"和楚辭中的《離騷》是中國古代詩歌的兩個代表。從創作方法來說，"國風"和《離騷》分別開創了中國詩歌現實主義和浪漫主義的傳統。

漢魏六朝時期，中國詩歌出現了一種誕生於民間的新詩體——樂府。這個時期出現的《孔雀東南飛》，它是中國第一首長篇敘事詩，與《木蘭辭》被並稱爲"樂府雙璧"。漢末出現的《古詩十九首》，標誌著五言詩這種詩體基本成熟了。

唐代，詩歌得到了空前的發展，是中國詩歌發展的鼎盛時期。這個時期產生了許多偉大的詩人，李白、杜甫、白居易等世界聞名的大詩人就是其中的傑出代表。他們的詩作膾炙人口，成爲傳世的經典。

《全唐詩》是唐詩總集，由清人彭定求、曹寅等18人編訂，共900卷，收錄唐詩48900餘首，涉及作者2200餘人，大致按時代前後排列，並附有小傳。《唐詩三百首》是清朝蘅塘退士孫洙編選的，他精選出了310首唐詩。孫洙的題詞"熟讀唐詩三百首，不會做詩也會吟"，充分體現了這個唐詩選本的意義和功用。

宋代繼承了唐代的優良傳統，詩、詞方面出現了許多著名的作家，而詞的發展成了宋代文學的主要標誌。詞是一種音樂化的文學樣式。北宋初年的詞，大多描寫兒女之情，著名的作家如晏殊、晏幾道父子。柳永是第一個大量寫"長調"的詞人，內容反映了都市中下層人民的生活和知識分子懷才不遇的苦悶。蘇軾的詞具有豪放之氣，自由奔放，使詞脫離音樂，成爲一種獨立的新詩體。北宋末年，出現了中國文壇上著名的女詞人李清照。到了南宋，又出現一大批愛國詞人，最著名的是辛棄疾。他的詞在風格上繼承了蘇軾詞豪放的特色，並加以變化。

2. 中國戲劇

元代是中國戲曲史的第一個繁盛期。它以其元曲聞名於世，而元曲中影響最大的是北雜劇（亦稱元雜劇），著名作家有關漢卿、王實甫、白樸、馬致遠等，他們的出現使北雜劇成爲文學主流。

中國戲曲的第二個繁盛期是明清傳奇。自清代前期起，戲曲舞臺發生了極大的變化，昆曲、高腔折子戲的盛行，地方戲的興起，都給戲曲舞臺增添了活力。從此，戲曲舞臺不再是傳奇戲的天下，戲曲的表演場所也由廳堂亭榭變爲了茶肆歌臺。

清中葉的乾隆五十五年，即公元1790年，爲慶祝乾隆的八十壽辰，三慶班進京獻藝，帶來了與昆曲皆然不同的一種地方曲調——徽調，"徽班進京"給京城觀衆以耳目一新之感。之後又有很多徽調戲班相繼進京。徽調以其通俗質樸之氣贏得了京城觀衆的歡迎，從此在京城紮下了根。

繼徽班進京之後，湖北漢調藝人也於道光年間（1828年前後）進京與徽班藝人同臺獻藝。徽、漢唱腔在京城融合，經過數十年的發展，終於在1840年前後，形成一種獨具北方特色的皮黃腔，這就是京劇。

京劇的第一個繁盛期出現在清同治、光緒年間。當時出現了一批優秀的京劇演員，並在此時贏得了宮廷的喜愛。宮內優厚的物質條件促進了它藝術上的成熟。20世紀初，新思潮極大地促進了京劇藝術的發展，京劇又迎來了它的第二個繁盛期。這一時期優秀的京劇演員層出不窮，京劇流派產生極多，如旦行的梅蘭芳、尚小雲、程硯秋、荀慧生；生行的餘叔岩、馬連良、麒麟童；淨行的金少山、郝壽辰、侯喜瑞；醜行的蕭長華等。這個繁榮期一直持續到20世紀40年代末。

此外，20世紀初也產生了許多新興地方戲，如越劇、評劇、黃梅戲等。

3. 中國小說

中國小說起源於神話傳說，保存中國古代神話最多的作品是《山海經》。

魏晉南北朝，出現了誌怪小說的代表作《搜神記》和誌人小說的代表作《世說新語》。這個時期的小說有簡單的情節，有一定的人物，有的還有一定的描寫，已成爲一種獨立的文體。但內容上注重實錄，形式上"粗陳梗概"，只能算是小說的雛形。

傳奇是唐代興起的一種新型文言小說，唐傳奇的出現標誌著中國古代小說的成熟。其特點表現在：（1）開始有意虛構；（2）以人物爲中心，情節曲折，描寫細緻，篇幅加長；（3）內容由"誌"鬼神之"怪"到"傳"人事之"奇"。唐傳奇重要的作家作品包括蔣防的《霍小玉傳》、白行簡的《李娃傳》、元稹的《鶯鶯傳》、李朝威的《柳毅傳》、李公佐的《南柯太守傳》、杜光庭的《虬髯客傳》等。宋初李昉主編的《太平廣記》是第一部古代小說總集，保存了很多唐傳奇。

宋元話本是宋元時期說話藝人講故事的底本，它的出現是"小說史上的一大變遷"，文學語言由典型的文言變爲通俗的白話，並形成了中國古代小說重視情節，把環境、人物描寫與情節發展、人物行動緊密結合的特色。著名的話本有《清平山堂話本》《三國誌平話》《大宋宣和遺事》《武王伐紂平話》《大唐三藏取經詩話》等。講述歷史的話本對長篇章回小說的出現產生了重要影響。

元明時代出現的章回小說是古代長篇小說的主要形式，其特點是分回標目，段落大體整齊。明清章回小說代表了古代小說的最高成就。其主要類型有：

(1) 歷史演義：反映某一特定歷史階段發生的重大事件，以朝代興衰爲主體，以總結歷史經驗教訓爲宗旨，代表作是《三國演義》，還有《東周列國志》等。
(2) 英俠傳奇：側重表現歷史上傳說中的英雄個人、英雄家族、英雄群體，多有虛構。代表作是《水滸傳》，還有《楊家將演義》《水滸後傳》《說岳全傳》等。
(3) 神魔小說：以神魔怪異爲題材，多想象虛構。代表作是《西遊記》，還有《封神演義》等。
(4) 人情小說：取材現實生活，反映世態人情。《金瓶梅》是其早期代表作品，曹雪芹的《紅樓夢》代表其最高成就。
(5) 諷刺小說：揭露社會現實，展示人情冷暖。代表作是吳敬梓的《儒林外史》。
(6) 公案小說：以案件爲依託，揭露昏官，歌頌清官。主要作品有《龍圖公案》（即《包公案》）等。
(7) 才子佳人小說：清初湧現的一批中篇婚戀小說，以青年男女一見鐘情，小人挑撥，經離亂而終至團圓爲模式，表達方式偏於公式化。代表作是《平山冷燕》《玉嬌梨》《好逑傳》等。

明清章回小說發展到高峰，大體以《金瓶梅》的出現爲標誌。《金瓶梅》雖取《水滸傳》中武松殺嫂故事作爲全書的引子，但主要內容是反映明中葉生活。這是第一部寫家庭生活的長篇小說，又是第一部由文人獨立創作的長篇，在小說史上具有里程碑的意義。

4. 關於四大名著

中國的四大名著是《三國演義》《水滸傳》《紅樓夢》《西遊記》。

歷史演義小說《三國演義》

《三國演義》是中國第一部長篇歷史小說。作者羅貫中，元末明初小說家、戲曲家。《三國演義》是由羅貫中根據民間傳說和說唱故事、吸取《三國誌》等歷史資料編寫而成的。

《三國演義》中心內容是描寫魏、蜀、吳三國之間的政治、軍事鬥爭。全書七十多萬字，結構宏偉，人物眾多，情節複雜，生動地反映了統治者之間在政治、軍事、外交等各方面的鬥爭。主要人物有曹操、劉備、諸葛亮、周瑜、關羽、張飛等。

在小說的人物塑造方面，諸葛亮作爲全書的主角，是一個智慧和忠貞的典型；曹操是全書最爲活躍的人物之一，是一個"奸雄"典型，既奸詐殘忍，又有雄才大略；關羽是"義勇"的化身，勇武超群，忠義凜然，但又"剛而自矜"，是個悲劇英雄。其他如劉備、張飛、周瑜、魯肅、司馬懿等，也都性格鮮明。

小說有高度藝術化的戰爭描寫，製造懸念技巧成熟，語言"文不甚深，言不甚俗"。

英雄傳奇小說《水滸傳》

《水滸傳》的作者是施耐庵，元末明初小説家。《水滸傳》講述的是宋江、魯智深等眾多好漢因爲種種不同原因而被迫在梁山落草爲寇、揭杆起義的故事。小説重點是描寫豪俠人物如武松、魯智深等不受社會和家庭約束的生活世界。

與《三國演義》相比，《水滸傳》的人物描寫藝術有了進步，細節描寫和個性化語言有所加强，具有生活化的特點。小説中人物形象鮮明，各具特色。比如宋江仗義疏財，忠義思想嚴重。林冲起初安於現狀，怯於反抗，因不斷被迫害而忍無可忍，殺死仇人，奔上梁山，成爲梁山義軍中立場堅定的著名英雄。魯智深坦蕩正直，嫉惡如仇，是俠義精神的表現者。武松是力和勇的化身，敢作敢當，辦事精細。李逵性格直樸粗魯，反抗性强，鬥争堅决。衆多性格各異的人物共同畫出了一幅英雄圖。

神魔小説《西遊記》

《西遊記》的作者是吴承恩，明代小説家。全書以孫悟空爲中心，講述了孫悟空與豬八戒、沙僧一起保護唐僧取經的故事。他們一路上歷盡千辛萬苦，戰勝各種各樣的妖魔鬼怪，經過八十一難，終成正果。小説歌頌了擺脱束縛、追求自由的鬥争精神。小説對中國的誌怪傳統既有繼承，又有超越。

小説的人物形象非常獨特，主人公同時具有神性、人性和動物性。小説中的孫悟空是主角，他本領大，個性意識强，樂觀幽默；豬八戒則是一個成功的喜劇形象，它引人發笑但並不令人厭惡。

人情小説《紅樓夢》

《紅樓夢》的作者是曹雪芹，清代小説家。它以賈寶玉、林黛玉和薛寶釵的愛情婚姻悲劇爲主綫，以賈府爲中心，通過對"賈、史、王、薛"四大家族榮衰的敘述，描寫了多樣的社會生活，展現了多姿多彩的世俗人情。人們稱《紅樓夢》是封建社會的百科全書。

《紅樓夢》代表了人情小説的最高成就。它具有宏大完美的藝術結構，精緻巧妙的細節描寫，含蓄生動、個性鮮明的語言。

小説不再是"大團圓"的俗套，而是震撼人心的愛情悲劇，開拓了愛情題材的描寫領域。自有《紅樓夢》以來，傳統的思想和寫法都打破了。《紅樓夢》成爲小説史上幾乎不可逾越的高峰。

第十九課《同步訓練》參考答案及相關提示

Section One

I. Multiple Choice (Listen to the dialogs)

答案：

1. D　　2. A　　3. A　　4. B　　5. D　　6. C
7. A　　8. C

聽力錄音文本：

1. (Woman) 對不起，我一時想不起來在哪兒見過你。
   (Man) (A) 一個小時很快就過去了。
   　　　(B) 哪裏，哪裏，您太客氣了。
   　　　(C) 難道你剛出發一個小時？
   　　　(D) 上次開會的時候，我們見過面。

2. (Woman) 下了課別忘了到大門口等我。
   (Man) (A) 放心吧，不見不散。
   　　　(B) 沒關係，你不用等我了。
   　　　(C) 那當然，今天我有課。
   　　　(D) 別著急，大門口沒有人。

3. (Woman) 我的電腦大概是中毒了，總死機。
   (Man) (A) 你殺殺毒吧！
   　　　(B) 送他去醫院吧！
   　　　(C) 給警察打電話吧！
   　　　(D) 去買點藥吧！

4. (Man) 你怎麼這兩天都吃得那麼少？
   (Woman) (A) 我對做飯不感興趣。
   　　　　(B) 我正減肥呢。
   　　　　(C) 我會改進的。
   　　　　(D) 今天的飯挺好吃的。

5. (Woman) 爲什麼婚禮上到處都是紅色的東西？
   (Man) 因爲紅色是幸福、吉祥的象徵。
   (Woman) (A) 那當然了。
   　　　　(B) 那還用說嗎？
   　　　　(C) 本來就是這樣嘛。
   　　　　(D) 怪不得呢。

6. (Woman) 今天這麼冷，還去打太極拳嗎？
   (Man) 冷點怕什麼，鍛煉身體嘛！
   (Woman) (A) 你打電話問問吧！
   　　　　(B) 天氣好得不得了。
   　　　　(C) 那我們一起去吧！
   　　　　(D) 不久前我才打過。

Unit 10 *Literature and Arts*
第十單元 文學與藝術

7. (Woman) 我決定大學畢業後就去西部工作。
   (Man) 這件事你和父母商量過嗎？
   (Woman) (A) 他們一直支持我。
   (B) 他們一直沒決定。
   (C) 他們一直沒商量。
   (D) 他們一直關心我。

8. (Woman) 我們下午在哪兒碰頭？
   (Man) (A) 車都碰壞了，別去了。
   (B) 日壇公園的碰碰車挺好玩的。
   (C) 在學校西門碰面吧。
   (D) 我碰到你的時候一定要請你吃飯。

II. Multiple Choice (Listen to the selections)
答案：

1. A	2. D	3. C	4. D	5. A	6. B
7. A	8. D	9. C	10. C	11. D	12. B
13. C	14. D	15. C			

聽力錄音文本：

Selection 1

(Narrator) Now you will listen twice to the following selection.

(Woman) 同學們好！歡迎大家來現代文學館參觀。本館是中國現代文學資料的中心，收集、整理並保存了魯迅、巴金、老舍等現當代著名作家的著作、書信、日記、錄音、照片等大量資料。館內設有四個展廳。二層、三層是固定展廳，"二十世紀文學大師風採展"設在一層，集中展出了大師們的照片、他們生前用過的一些物品，以及部分文學手稿，很多展品都是作家家屬捐贈的。

(Narrator) Now listen again.

(Narrator) Now answer the questions for this selection.

Selection 2

(Narrator) Now you will listen twice to a conversation between two students.
(Woman) 快來看，我買了一套四大名著。
(Man) 什麼"四大名著"？
(Woman) 就是中國最著名的四部古典小說啊！
(Man) 噢！是《紅樓夢》《三國演義》《西遊記》和……
(Woman) 和《水滸傳》。我特別想看《紅樓夢》，以前看過英文版的，今天終於買到中文版的了。
(Man) 太好了，可以把這本《三國演義》先借給我看看嗎？
(Woman) 當然啦，沒問題！
(Narrator) Now listen again.
(Narrator) Now answer the questions for this selection.

Lesson 19 "To Borrow Arrows with Thatched Boats"
第十九課 草船借箭

Selection 3

(Narrator) Now you will listen once to a voice message.

(Woman) 文文，我是張蘭。給你打電話是想告訴你一個好消息，你不是一直想買電影《花木蘭》的光盤嗎？今天我去書店的時候正好看到，就幫你買回來了。你什麼時候有空到我這裏來拿吧！老師佈置的作業我還沒寫完呢！你呢？好，祝你週末愉快！下週學校見！

(Narrator) Now answer the questions for this selection.

Selection 4

(Narrator) Now you will listen twice to a conversation between two students.

(Man) 週末有時間嗎？我想請你去看電影《神話》。

(Woman) 昨天我已經看過了。

(Man) 是嗎？怎麼樣？好看嗎？

(Woman) 不錯！你知道我最喜歡成龍的電影了。

(Man) 女主角是誰？

(Woman) 是金喜善。她是韓國著名的影星，可漂亮了！

(Man) 故事的內容有意思嗎？

(Woman) 還行，挺神奇的，值得一看。

(Man) 好，那我只能約別人去看了。

(Narrator) Now listen again.

(Narrator) Now answer the questions for this selection.

Selection 5

(Narrator) Now you will listen once to the following selection.

(Woman) 各位觀眾！剛才這個舞蹈的名字叫《千手觀音》，看得出這次精彩的表演深深地打動了在座每一位觀眾的心。可大家知道嗎？剛才表演的這21位舞蹈員全是聾啞人，在他們的世界裏沒有聲音，沒有音樂，他們完全是憑感覺來跳舞的。讓我們再次對他們的精彩表演表示感謝！（掌聲）

(Narrator) Now answer the questions for this selection.

III. Multiple Choice (Reading)

答案：

1. D	2. A	3. D	4. B	5. D	6. B
7. D	8. D	9. C	10. A	11. D	12. D
13. B	14. D	15. A	16. B	17. C	18. B
19. A	20. C	21. B	22. D	23. C	24. A

Unit 10 *Literature and Arts*
第十單元 文學與藝術

Section Two

I. Free Response (Writing)

1. Story Narration

The four pictures present a story. Imagine you are writing the story to a friend. Narrate a complete story as suggested by the pictures. Give your story a beginning, a middle, and an end.

寫作提示：

　　這四幅圖片説了這樣一個故事：一個同學想買一張音樂光盤，他去一家音像店詢問，可是這家音像店沒有。三天後，他來到了同一家音像店，可是仍然沒有他要找的光盤。有一天，這個同學路過校園裏的一個石桌，他驚喜地發現石桌上放著一張光盤，這張光盤正是他一直要找的。這張光盤是坐在石桌另一側的一個男生的，他倆很高興地湊在一起用手提電腦聽音樂。

　　這則看圖寫作考察的是對事件發展變化過程的完整敘述，要注意事件的發展變化情況，還要交代不同人物的行爲和心理。

(1) 交代事件的開始。

　　麥克最近喜歡上了……他到處尋找……他來到了……可是……

(2) 敘述事件的後續發展。

　　三天以後，麥克再次來到……仍然……

(3) 交待事情的新進展。

　　這一天，麥克……突然，他驚喜地發現……

(4) 交代事情的結果。

　　於是……麥克和……

2. Personal Letter

Imagine you received a letter from a friend. In the letter, he introduces a popular book and suggests you read it. He also hopes you can recommend him some good books. Write a reply in letter format. Introduce him to one good book or a few good books that were published in recent years and that you feel are worth reading. Explain clearly why you recommend them.

回信建議：
(1) 首先可以把你收到朋友來信時的欣喜心情表達出來，也可以對朋友的近況表示關切，對他給你推薦書表示感謝。你可以這樣開頭：

非常高興收到你的來信。我最近……不知道你……

(2) 對來信中提及的問題分別做出回應。
  ① 對朋友的建議的回應。可以這樣表述：

  你在信中提到的那本書我也剛聽說，但是還沒有來得及……我一定儘快找時間……

  ② 重點談談你給朋友推薦的書，包括書名、作者等方面的內容，並說明你推薦的理由。你可以這樣表達：

  最近我也讀了幾本很好的書，一本是××的……，這本書主要講的是……我覺得……所以非常值得一讀。此外，××的……也很有意思，如果你有時間，不妨找來翻一翻。

(3) 應該注意回信的格式。注意抬頭、問候語、祝福語、署名和日期等項內容。

3. E-Mail Response

   Read this e-mail from a friend and then type a response.

   發件人：王龍
   主　題：我最喜歡的文學形象

   《三國演義》是中國最有名的古典小說之一，我最近一直在看這本書，書中最讓我著迷的人物就數諸葛亮了。諸葛亮有超凡的智慧，經常是什麼事情還沒有發生，他就已經知道結果了。其實歷史上的諸葛亮並沒有這麼神奇，但是我還是非常喜歡書中這個人物形象，寧願相信他的故事都是真實的。你最喜歡的文學作品中的人物形象是誰呢？希望來信聊一聊。

   回信建議：
   (1) 你可以先簡單談談你對對方觀點的看法。比如你可以說：

   諸葛亮也是我所喜歡的人物之一，因為他除了有非凡的智慧，還……

   (2) 重點談你最喜歡的文學形象。比如：

   我最喜歡的文學作品人物是《水滸傳》中的武松。這個人既……又……既……又……他是我心中的偶像。

   (3) 結束部分可以比較隨意，有時甚至連祝福語等也可以換換花樣兒。比如：

   願你有像諸葛亮那樣的智慧。

4. Relay a Telephone Message

   Imagine you are sharing an apartment with some Chinese friends. You arrive home one day and listen to a message on the answering machine. The message is for one of your housemates. You will listen twice to the message. Then relay the message, including the important details, by typing an e-mail to your friend.

   (Boy) 蘭蘭，我是阿強，昨天下午的事情，是我不對，更不應該一個人先走開。你能原諒我嗎？你別生氣了，好不好？今天晚上我們一起去水灣餐廳吃飯，我五點半在學校南門等你。你回來以後，給我一個電話。如果你不回電話，我就在學校門口站著，一直等到你來。

轉述建議：

(1) 首先說明來電話的人是誰。你可以說：

> 你的男朋友阿強給你來電話了，他說……

(2) 其次，將電話中的主要信息轉述出來，不能遺漏。如約會的時間、地點。最好能夠把打電話的人說話時的語氣、情緒給轉述清楚。比如：

> 他希望你能原諒他，並約你一起到水灣餐廳吃飯。他五點半會在學校南門等你，他還說……

II. Free Response (Speaking)

1. Conversation

Everyone would have experienced some extent of bewilderment when applying for a university. You chat with your classmate about this.

(1) 問題一：你想申請哪個大學，決定了嗎？

回答建議：

初聽起來，這個問題可以用"決定了"或"還沒決定"簡單地回答，但實際上，這個問題還隱含著決定或沒有決定的原因，因此，如果要使你的回答顯得充分，可以重點說明你決定或尚未決定的原因。如：

> 差不多決定了吧。我一直比較喜歡……大學，因為這所學校……學費……所以我……

> 還沒有呢。我原來想……可是……所以到現在還沒有定下來。我打算……

(2) 問題二：你的老師對你的想法有什麼建議呢？

回答建議：

直接陳述你的老師對你的建議即可，也可以簡要說明老師給出這個建議的原因。如：

> 老師覺得……他說……因此，他建議……

> 我和老師交流我的想法時，他說……他希望……因為他認為我……所以，他建議……

(3) 問題三：如果你的意見和父母不一致，怎麼辦呢？

回答建議：

對這個問題的回答，首先可以根據你的實際情況，說明父母是否會同意，然後闡述原因，並說明自己的打算：

> 我的父母一向……所以我覺得他們多半會……如果……那我會／就……

(4) 問題四：如果不考慮現實條件，讓你自由選擇，你最希望上的大學以及專業是什麼？

回答建議：

這個問題與問題一類似，只不過問題回答的前提有所改變，因此回答的方式可以基本相同，但是原因的闡述應該有所不同。

> 要是那樣的話，我想我會……因為……

> 如果真的可以讓我……那我非常願意……但是……因此，這也許是不可能的。

(5) 問題五：你的大學學費怎麼解決呢？

回答建議：
根據你的實際打算有條理地做出回答。你可以採用列舉的方式，比如：
我想可以有幾種方式解決我的學費問題。一是……二是……三是……

(6) 問題六：其實我自己也沒想好應該申請什麼大學，你覺得申請大學要考慮哪些因素？
回答建議：
對於這個問題，你可以直接說明你的看法：
我覺得申請大學要考慮這樣幾個因素：第一……第二……第三……

2. Cultural Presentation

In your presentation, describe your favorite Chinese song or musical composition. Talk about its basic features and explain why you like it.
回答建議：
這是一個通過選擇特定文化產品進行文化表述的題目，重點要對具體文化產品的內容、特點、可能蘊涵的文化意義進行陳述。

首先，應該陳述你所選擇的中國歌曲或樂曲的曲目、作者及主要內容，如果可能的話，還應該陳述作品創作的年代，並在此基礎上陳述作品的時代背景。

其次，在上述內容的基礎上，進一步陳述作品的基本特點，包括歌曲或樂曲所表達的基本情緒情感、節奏或旋律的特點，以及作品所講述的故事或作品產生的背景等。在這段表述中，實際表達的是作品的文化含義。

最後，談談你喜愛這首歌曲或樂曲的原因，你可以從歌曲或樂曲的音樂特點、作品的特殊文化含義等方面進行陳述。

3. Event Plan

You are planning to compile your classmates' essays into a book. This book may be organized according to many different themes. In your presentation, first introduce the theme you have selected, then explain the pros and cons of different options. You should also describe in detail your selection criteria for the essays, including the required number of words, how the essay should be submitted, the submission deadline, etc.
回答建議：

(1) 首先，簡要說明你的基本想法。比如：
我打算……（時間）把大家上一個學期的……文章編成……

(2) 接下來，解釋你這麼做的主要原因。比如：
我這麼做，主要是想，第一……第二……第三……
我選擇這個主題，是因爲……

(3) 第三，說說你具體準備什麼時候開始，需要大家怎麼配合你。比如：
我準備下個月開始……請大家選擇一篇……最好把你所選的這篇文章根據文集的主題和編輯要求，將文章修改爲……字的……

(4) 徵求一下大家對編這本書的意見。如：
大家對我的計劃有什麼想法或者建議？請……

第二十課 Chinese Papercutting
中國剪紙

一、本課教學重點
(一) 讓學生理解並運用所學的詞語討論與中國藝術相關的內容；能夠就中國藝術的某個特點和自己熟悉的藝術形式做比較。
(二) 讓學生運用本課所學的功能項目，對某個工藝的操作過程進行具體說明。

二、本課的難點
(一) 詞語：注意"頓時—立刻"這組詞的辨析。
(二) 語言點：
1. 敘述的總分式是比較常見的敘述方法，可以運用在很多實用性文體中，如通知、計劃、調查報告等等。教學中要注意引導學生學習和掌握不同類型的總分式敘述方式。
2. 類後綴是半虛化的構詞語素，要讓學生儘量多地學習並熟悉類後綴以及相關詞語，通過對類後綴能產性的了解，進一步體會漢語詞內部語素之間的語義關係。
3. 排比是一種重要的修辭方式，理解起來比較容易，關鍵是要讓學生學會運用，要讓學生體會其對文章表達效果的增色作用，培養學生漢語語感。

三、有用的教學資源
1. 中國民間藝術網站（www.folkart.com.cn）。
2. 臺灣《漢聲》雜誌。
3. 中國國家新聞出版署主辦的《中國藝術》雜誌。

四、教學安排導引
針對不同學習內容，各教學模塊及其教學設計和參考課時索引見下表。

教學模塊		交際模式	可選用的教學活動設計		課時建議
新課學習	課文閱讀與理解	理解詮釋 人際互動	教學設計1 教學設計2	教學設計分爲必選和可選兩種，可選的活動以"可選"標明，其實施順序請老師根據本班學生實際情況自定。	5—7課時
	詞語講解與練習	理解詮釋 表達演示	教學設計3 教學設計4 (可選) 教學設計5		
	語言點講解與練習	人際互動 表達演示	教學設計6 教學設計7		
交際活動		人際互動 表達演示	教學設計8 教學設計9 (可選)		1課時
寫作訓練		表達演示	教學設計10) 教學設計11 (可選)		1課時
綜合考試訓練		綜合	教學設計12		1—2課時

注：寫作訓練活動可根據本班實際情況選做；綜合測試題應根據本班實際情況在課堂上選做或讓學生課外完成。

Lesson 20 Chinese Papercutting
第二十課 中國剪紙

五、具體教學活動設計的建議

教學模塊 1 → 新課學習

(一) 課文閱讀與理解

🗣 **教學設計1**

内容：主課文導入。

目的：引發學生對中國藝術特別是民間藝術的探究興趣，讓學生初步接觸新課的重點生詞，為課文的閱讀理解做鋪墊。

步驟：

第一步： 根據實際情況，展示一種或多種關於中國藝術（包括剪紙）的資料，包括圖片、VCD以及多媒體材料等。讓學生說說圖片中的藝術形式。

第二步： 提出問題。讓同學們思考以下幾個問題：
① 請對你的同伴說說你對剪紙的了解。
② 請向你的同伴介紹一下你知道的中國民間藝術形式。
③ 除了民間藝術，你最感興趣的中國藝術形式是什麼？和你的同伴交流一下看法。

第三步： 小組討論。教師進行巡視，參與學生的討論，在交流過程中教師要根據學生的討論熱點，提供相應的知識，鼓勵學生把句子說完整，把内容說得更加豐富。

第四步： 同學發言，談談自己對於剪紙以及中國藝術的瞭解。教師及時進行總結，在總結過程中儘量運用課文的生詞，還可以以板書的形式進行強調。

預期效果：通過圖片展示及小組討論等活動，逐步調動學生對於中國民間藝術的學習興趣；通過看圖猜詞以及在討論總結中給出生詞等方式，為學生學習新課詞語提供基本的輸入以及有效的語境提示。

🗣 **教學設計2**

内容：課文的聽與讀。

目的：
1. 讓學生理解課文内容，發展相應的閱讀策略，掌握本課新詞語在課文中的含義，並理解本課語言點的基本用法。
2. 通過與藝術課的貫連，讓學生體會中國藝術的魅力。

步驟：

第一步： 聽課文。教師讓學生看著課本，聽錄音了解課文大意，同時把下列問題寫在黑板上，請學生聽後回答：
① 剪紙是什麼樣的藝術形式？
② 常見的剪紙方法有哪些？
③ 庫淑蘭是一個什麼樣的藝術家？

第二步： 分段學習課文。
・總體教學建議
① 老師把閱讀問題寫在黑板上；
② 讓學生帶著問題分段閱讀；
③ 隨文講解課文的生詞和學生不懂的語言現象；
④ 分段討論老師提出的問題，分小組進行討論，鼓勵學生提問題。

Unit 10 Literature and Arts
第十單元 文學與藝術

・具體教學建議

建議教師在指導閱讀時將課文處理爲兩大部分：第一部分介紹了剪紙的總體特點以及製作方法，第二部分通過剪紙大師庫淑蘭的作品展現剪紙藝術的獨特魅力。

各部分具體問題
第一部分：課文第一部分"剪紙知識"。 第1、2自然段： ① 剪紙在哪些場合比較常見？ ② 怎樣用剪刀完成一個剪紙作品？ ③ 剪紙工藝中用刀刻的方法有什麼優勢？ 第3、4自然段： ① 南方剪紙和北方剪紙的主要區別是什麼？ ② 爲什麼說剪紙不僅僅是娛樂的玩意兒？
第二部分：課文第二部分"剪紙大師庫淑蘭"。 第5、6自然段： ① 作者爲什麼要介紹庫淑蘭的剪紙？ ② 哪些國家或地區收藏了庫淑蘭的剪紙？ 第7、8自然段： ① 庫淑蘭的作品與普通農村藝人的剪紙作品相比，有什麼顯著特點？ ② 庫淑蘭是怎樣進行剪紙創作的？ 第9自然段： ① 庫淑蘭的作品給你留下的總體印象是什麼？ ② 你覺得庫淑蘭的作品和你見過的哪些藝術作品的風格比較接近？ 第10、11自然段： ① 你覺得庫淑蘭的作品在國際藝術大展中引起轟動的主要原因可能是什麼？ ② 如果可能的話，你想學習製作剪紙嗎？爲什麼？

第三步： 討論。教師在課文提供的話題基礎上，提出下列問題，引導學生討論藝術創作過程。
① 你最崇拜的藝術家是怎樣進行藝術創作的，請你說一說他的故事。
② 你有過藝術創作的經歷嗎？在進行藝術創作時，你印象最深刻的狀態是什麼樣的？

組織要點：
1. 課文閱讀的重點首先是讓學生理解剪紙工藝的製作過程，並且能夠運用相關的表達式就剪紙或某個工藝的實用性操作步驟進行說明；其次是了解民間剪紙大師庫淑蘭作品創作的過程、特點及其影響力。
2. 課堂討論部分的要點是在課文提供的話題基礎上，聯繫學生熟悉和了解的藝術形式，激發學生的討論熱情，讓學生就各種藝術創作狀態或藝術家的創作體驗等展開討論，比如靈感產生瞬間的體驗，藝術家獨具個性的創作方式等。
3. "剪紙大師庫淑蘭"中的第9段涉及不少與藝術鑑賞有關的詞語及表達式，增加了學生學習的難度。可以使用文中插圖以及一些自備圖片形象地說明，從而降低學習難度。
4. 對整篇課文的學習，可以先理解課文大意，再分段閱讀、理解、討論。

(二) 詞語講解與練習

教學設計3

內容：新詞語的講解與學習。

目的：讓學生熟悉掌握詞的使用語境，爲練習中詞語的運用奠定基礎；了解合成詞中語素的構詞能力，複習及擴展新詞語；爲閱讀掃清障礙。

重點提示：

1. 教師在帶領學生精讀課文時，注意強調含有掌握詞"粘貼""修改""注重""玩意兒""頓時""體味"的句子，並且進行造句練習，讓學生熟悉重點詞使用的語境。
2. 對於"樸素—濃豔""粗放—簡練"這兩組意思相反的詞語，要注意進行比較，以強化學生對於生詞的記憶。
3. 對於"婚嫁""粘貼""修改""簡練""鮮明""注重""構圖""純真""掩埋""體味"這些詞語，儘量讓學生用構詞語素組成新詞，進行擴展新詞語的練習。比如可以做以下一些活動：
   ① 給出目標詞中兩個語素的基本意思，讓學生猜出整個詞的意思。
   ② 小組比賽。要求學生就生詞的某個重點語素或所有構成語素組成新詞語，組成新詞多、正確率高的小組獲勝。

組織要點：新詞語的學習活動和學生對課文的閱讀理解是同步進行的，教師在講解和組織活動時，要控制好時間，分清主次，掌握詞需要重點處理，非掌握詞可根據學生的興趣靈活處理。

教學設計4（可選）

內容：詞語聽寫。

目的：通過含有生詞的句子的聽寫練習，幫助學生鞏固對本課詞語的理解與使用。

步驟：學生兩兩一組，進行配對聽寫練習：一名學生讀詞語註釋表中的例句，另一名聽寫；然後互換。

組織要點：請提醒學生將聽寫句子的重點放在有下劃線標註的重點掌握詞上。

教學設計5

內容：選詞填空，調整語段中句子的順序。

目的：通過對本課掌握詞的實際運用，鞏固學生對詞語搭配的掌握，體會掌握詞使用的語境。

步驟：請參考學生用書中的詞語練習（VOCABULARY IN CONTEXT）。

擴展：這個練習還可以增加一個環節，讓同學根據完成的內容分組進行對話表演，以活躍課堂氣氛，調動學生練習的積極性。

(三) 語言點講解與練習

教學設計6

內容：組詞、造句，改寫及完成句子。

目的：通過實際運用掌握本課的重點句型；通過對類後綴的理解及相關擴展練習，加深對漢語構詞規律的認識。

Unit 10 *Literature and Arts*
第十單元 文學與藝術

步驟：請參考學生用書語言點練習（LANGUAGE CONNECTION）中的A、B、C。語言點的詳細講解請參照後文"六（二）"中的相關內容。

擴展：可鼓勵學生仿照練習中的句子，自己再說出一到兩組具有相似結構的句子；鼓勵並幫助學生回憶以前學過的含有前綴、後綴的詞語，加深對於這類詞語的記憶和理解。

教學設計7

內容：練習排比句，按照敘述的總分式進行成段表述。

目的：理解並學會運用本課重點介紹的修辭及敘述方式，訓練成段表述能力。

步驟：請參考學生用書語言點練習（LANGUAGE CONNECTION）中的D、E。句型和表達方式的詳細講解請參照後文"六（二）"中的相關內容。

組織要點：教師首先要讓學生充分體會排比句及總分式敘述的特點，然後儘量提供足夠的線索，開拓學生的思路，鼓勵學生理清表述內容，完成練習。

教學模塊 2 — 交際活動

教學設計8

內容：工藝操作過程描述。

目的：讓學生仔細觀察圖片，運用相關的詞語及有用的表達式，掌握如何完整說明實用性的操作過程，並就相關細節和同伴交流意見。

步驟：請參考學生用書交際練習（COMMUNICATION CORNER）的可選活動之一。

教學設計9（可選）

內容：工藝操作過程的開放性描述。

目的：鞏固學生對於實用性操作及其細節的解說和交流能力。

步驟：請參考學生用書交際練習（COMMUNICATION CORNER）的可選活動之二。

預期效果：這個活動要求學生選擇自己感興趣的工藝品，就其製作過程和同學進行經驗交流，這樣可以調動學生的積極性，讓學生在語言運用過程中鞏固與實用性操作相關的詞語，學習相應的表達式。

教學模塊 3 — 寫作訓練

教學設計10

內容：我是這樣製作紀念品的。

目的：在交際訓練基礎上進一步拓展，讓學生把紀念品的製作過程及操作步驟完整、清楚地記錄下來。

步驟：請參考學生用書中的寫作練習（WRITING TASK）。

重點提示：完整性是這個寫作訓練需要重點把握的問題。在學期結束的最後一課，學生應該有能力完整地表達一個事件的來龍去脈，而不僅僅是就這個話題交待一些相關的內容。要讓學生儘可能多地寫清楚為什麼製作紀念品、準備了哪些材料、具體怎麼操作、可能碰到什麼困難、怎麼解決難題、別人對其製作可能有什麼評價等等。

Lesson 20 *Chinese Papercutting*
第二十課 中國剪紙

🗣 **教學設計11（可選）**

內容： 我們的學校，我們的社區。

目的： 讓學生進一步掌握總分式敘述法。

步驟： 讓學生在語言點練習D的基礎上，寫一篇三百字以內的小作文。注意用分項敘述的內容支持總的觀點，總體描寫與分項敘述之間、各分項之間要銜接得當。

教學模塊 4 — 綜合考試訓練

🗣 **教學設計12**

內容： 綜合考試訓練。

目的：

1. 通過綜合考試訓練試題的自我檢測或隨堂選擇性檢測，使學生達到綜合性複習、並強化本課所學內容的目的。
2. 借助綜合訓練試題內容與課文內容的互補性，拓展學生對"中國藝術"主題相關內容的學習。

步驟： 請參考《同步訓練》相關內容。

訓練要點：

1. 完成聽力題（Rejoinders and Stimulus Types），複習、強化和評價學生對反問、推測語氣的理解。具體內容涉及京劇、足球、減肥、體檢以及中國的各種"吧"。通過這部分的訓練，可以加深學生對中國藝術以及當代文化生活的理解。
2. 完成閱讀題（Reading），拓展並且評價與本課話題相關內容的學習和理解，讓學生更多地接觸語言的各種實際應用，比如短文、通知、海報、新聞報導、電郵等。內容涉及伯牙子期的故事，黔驢技窮的故事，電影週的宣傳，學術講座的介紹，成長的啟示，錄音帶的製作以及商店和醫院較為常見的實用性標識等。
3. 完成寫作訓練中的看圖寫故事（Story Narration）、個人信件（Personal Letter）、回復電郵（E-Mail Response）和電話留言轉述（Relay Telephone Message），訓練學生完整敘述駕車出行的具體情景，表述對於藝術問題的理解，介紹學校開設的藝術課，以及自己對這些課程的選擇或看法。
4. 完成交際訓練中的對話（Conversation）、文化表述題（Cultural Presentation）和計劃表述題（Event Plan），訓練及評價學生對事件的表達能力和表述自己觀點的能力。這部分內容涉及文藝生活，某一種中國藝術形式，以及為一個孩子設計的英語學習計劃。

六、教學參考資料

（一）詞語講解及練習參考答案

本課的詞語註釋表中一共列出了37個詞語，其中專有名詞3個，要求學生掌握、理解並能正確使用的詞語7個，只要求學生大致理解其文中的含義及主要使用場合的詞語27個。此外，我們還對本課中的一些詞進行了詞義辨析，供教師參考。

1. <u>婚嫁</u>：【名，動】泛指男女婚事。
2. <u>粘貼</u>：【動】用膠水等使紙張或其他東西附在另一種東西上。
3. <u>修改</u>：【動】改正文章、計劃等裏面的錯誤、缺點。

Unit 10 *Literature and Arts*
第十單元 文學與藝術

4. 疊：【量】一層一層的樣子堆放在一起的東西。
5. 淳樸：【形】誠實樸實寬厚。
6. 粗放：【形】粗獷豪放不受約束；無所畏懼有氣勢。
7. 線條：【名】繪畫時畫的曲的、直的、粗的、細的線。
8. 簡練：【形】簡要；精煉。
9. 鮮明：【形】分明而確定，一點都不含糊。
10. 樸素：【形】樸實，不華麗；不加修飾。
11. 濃豔：【形】（色彩）濃重而豔麗。
12. 注重：【動】重視；看得很重要。
13. 寫實：【動】真實地描繪事物。
14. 消遣：【動】用自己感覺愉快的事來度過空閒的時間。
15. 玩意兒：【名】玩具；東西，事物。
16. 手藝：【名】手工操作的技能。
17. 品評：【動】評論高下。
18. 傑出：【形】（才能、成就）出眾。
19. 不計其數：無法計算數目，形容數量極多。
20. 脫穎而出：比喻才能完全顯露出來。
21. 構圖：【動】在美術創作中，對要表現的形象進行設計、安排，構成協調完整的畫面。
22. 飽滿：【形】充足；豐富。
23. 古樸：【形】樸素而有古代的風格。
24. 拼貼：【動】拼在一塊兒粘貼起來。
25. 烘托：【動】陪襯，使明顯突出。
26. 樂觀：【形】精神愉快，對事物的發展充滿信心。（跟"悲觀"相對）
27. 純真：【形】純潔真誠。
28. 心靈：【名】指內心、精神、思想等。
29. 心智：【名】心理，性情。
30. 頓時：【副】立刻；一下子。（用於敘述過去的事情）
31. 茫茫：【形】形容沒有邊際，看不清楚。
32. 掩埋：【動】用泥土等蓋在上面；埋藏。
33. 體味：【動】仔細體會。
34. 永恒：【形】永遠不變的。

專有名詞

35. 聯合國教科文組織：聯合國專門機構名，即聯合國教育、科學及文化組織的簡稱。總部設在法國巴黎。其宗旨是通過教育、科學和文化促進各國間合作，對和平和安全作出貢獻。
36. 關公：即關羽（160-219），字雲長。三國時期最著名的人物之一，軍事家、著名將領。被後人尊為"武聖"，各地都有紀念他的廟宇，叫關帝廟。
37. 黃土高原：中國四大高原之一，位於內蒙古高原以南，北起長城，南達秦嶺，面積約50萬平方公里，是世界上最大的黃土分布區，高原約60%的地面為黃土所覆蓋。

VOCABULARY IN CONTEXT 參考答案

A. 選詞填空。

粘貼　修改　注重　玩意兒　傑出　頓時　體味（動詞）

① 你最近都在畫什麼呢？
② 真棒！沒想到這樣一改，<u>頓時</u>感覺不一樣，簡直是一幅<u>傑出</u>的作品！
③ 那我改一改，電腦繪畫的優勢就是可以隨時<u>修改</u>。
④ 畫面色彩很特別，但是有太多的綠色，似乎和其他顏色的搭配不協調。
⑤ 都是畫一些小<u>玩意兒</u>。來看看這幅吧，你覺得色彩怎麼樣？
⑥ 現在感覺呢？
⑦ 是嗎？我要把這幅畫<u>粘貼</u>到我的博客（Blog）上，讓更多人欣賞！

B. 請將上面的句子重新排序，使其連接成一組對話。

①⑤④③⑥②⑦

（二）語言點講解及練習參考答案

本課一共有5個語言點和語文知識，在學生用書的"LANGUAGE CONNECTION"部分有簡單的講解。在這裏，我們又做了進一步的講解，同時對學生用書中的練習題也給出了參考答案，供教師們參考。

1. 敘述的總分式

這是比較常見的文章層次安排方法，開頭作總的概括，然後分別進行敘述。分別敘述的層次之間具有一定的並列關係。通知、通報、計劃、調查報告等說明性的實用文體經常採用這種敘述方法。

總分式敘述法的特點是先概括介紹所要講述的人、事物或事件的整體情況，然後再按照不同的內容分別進行具體描述。如課文的第一部分概括介紹了什麼是剪紙、剪紙的歷史和用途，這是總體的介紹。接下來分三段分別介紹剪紙的方法、剪紙的風格、剪紙在社會生活中的意義。課文第二部分對剪紙大師庫淑蘭的介紹也基本上採用了總分式的敘述方法。總分式敘述法一是要把握好分項內容的要點，再就是要注意分項之間銜接的方式。如：

　　古語説，"精誠所至，金石為開"，它極為精妙地表述了誠信在日常生活中的重大作用。

　　誠信是中華民族的一大美德，在古代，以誠信受到讚譽的人和事不勝枚舉……

　　誠信是增進情感的潤滑劑……

　　誠信不但體現在朋友之間，更體現在社會生活中的每一個角落。它是一種社會公德……

　　誠信體現著一種精神，不只在人與人之間，還體現在國家與國家之間，民族與民族之間……

上述這段文字是典型的總分式敘述法，第一句話總括了全文的主旨，即"精誠所至，金石為開"在社會生活中具有重要作用，然後分四段加以說明。總領內容與分項內容之間具有總體與部分的關係，分項的內容則相互獨立而又相互呼應，整個論述既有說服力，又有層次感。又如：

　　裝修設計中應該注意這樣一些原則：一是要保證房間內光線充足，空氣流通好；二是要注意房間與房間之間的隔音效果；三是要注意使用環保材料，儘量減少裝修所帶來的污染。

這段文字的總領句與分項內容之間邏輯關係清楚，分項敘述簡潔扼要，很多說明性文字常用這樣的總分式敘述法進行表述。

Unit 10 *Literature and Arts*
第十單元 文學與藝術

語言點練習參考答案

根據總分式敘述方式的要求，以"我們的學校""我們的社區"或"我的同學……"爲題，向同伴介紹相關內容。

答案範例：

我們的學校建於1945年，是一所著名的學校。我們的校園綠樹成蔭，鮮花盛開。校園前面聳立著一棟很高的教學樓。教學樓後面是實驗樓，我們很多化學課和生物課都在這裏上。學校新建的圖書館在實驗樓旁邊，裏面有大量的藏書。午飯後，許多同學都喜歡呆在圖書館看書。我們的足球場和籃球場在校園的右邊，這可是我課餘時間最愛去的地方。據說校園左邊還要修建一個游泳池，等建好以後我就可以天天游泳了。

2. "爲……所……"

   "但是並不爲人所知。"

   "爲……所……"就是"被……所……"的意思，是一種被動句型，"所"的後面是動詞，表示某種動作行爲，"爲"的後面是產生這一動作行爲的主體。"爲……所……"主要用於書面語。在古代漢語中，這種句式比較常見；在現代漢語中，這種句式使用範圍較小。

   古代漢語的例子，如：

   今不速往，恐爲操所先。（《資治通鑑·赤壁之戰》）

   （現在如果不迅速前往，恐怕被曹操搶先。）

   大月氏王已爲胡所殺，立其夫人爲王。（《漢書·張騫傳》）

   （大月氏國的國王已經被胡人殺害，大月氏人又立國王的夫人做大月氏王。）

   現代漢語的例子，如：

   這時，我們的隊伍已爲敵軍所包圍。

語言點練習參考答案

用"爲……所……"改寫下列句子。

① 大家都熟知這一段歷史。→這段歷史爲大家所熟知。
② 人們痛恨這種行爲。→這種行爲爲人們所痛恨。
③ 美麗的外表經常會欺騙我們。→我們經常會爲美麗的外表所欺騙。

3. "V₁+什麼+就+V₂+什麼"

   "她唱什麼就剪什麼，剪什麼就唱什麼。"

   這個結構表示關係一個共同的對象的兩個動作行爲，這兩個動作行爲之間常常具有順承或因果關係。它們共同關涉到的對象可以是明確的事物，也可以用具有泛指意義的代詞來表示，如上例的"什麼"。例如：

   你想到什麼就畫什麼，不要來煩我。

   你去看看商場裏有什麼，就買點什麼回來。

   又如：

   你做什麼我就吃什麼。

   這個遊樂園太棒了，想玩什麼就有什麼。

類似的結構還有"V+什麼+就+V+什麼"，這個句式的特點是對於動作行爲關係到的對象加以重複。常常用來表示無所謂的語氣。

　　　　別人讓我講什麼我就講什麼。
　　　　你喜歡幹什麼就幹什麼。

語言點練習參考答案

根據上述句式，用給出的詞語寫一句話。
① 有 → 我太餓了，只要有吃的就行，有什麼就吃什麼。
② 看見 → 你寫作文時要仔細考慮一下，不要看見什麼就寫什麼。
③ 知道 → 不要擔心，你知道什麼就說什麼。
④ 喜歡 → 你隨便看，喜歡什麼就給你買什麼。

4. 類後綴

"她善於用各種形象拼貼組合起來烘托主要人物形象，整體感、節奏感都很強。"
"庫淑蘭的剪紙構圖大膽、色彩鮮麗、人物形象飽滿，具有極強的吸引力。"

在漢語中，除了"第""阿""子""頭"等前綴和後綴外，還有一些與之近似的語素，稱爲類前綴和類後綴。呂叔湘指出，"漢語裏地道的詞綴不多，有不少語素差不多是前綴和後綴，然而只是還差點兒，只可以稱作類前綴和類後綴……加上個'類'字，是因爲它們在語義上沒有完全虛化，有時候還可以以詞根（即意義具體實在的構詞語素）的面貌出現。""類後綴"與"類前綴"的性質、特點一樣，其意義也處在虛化過程中。所不同的是它居於合成詞的第二或第三個音節，可以構成一定數量的雙音節或三音節詞。如：

　　化——綠化、現代化、信息化、年輕化；
　　吧——酒吧、網吧、水吧、氧吧、話吧；
　　感——美感、口感、性感、動感、時代感、成就感、危機感；
　　秀——時裝秀、脫口秀、髮型秀；
　　霸——面霸、車霸、考霸、影霸、浴霸、聲霸；
　　盲——文盲、法盲、舞盲、樂盲、電腦盲；
　　者——作者、筆者、愛好者、開發者、愛國者、志願者、消費者。

通過類前綴和類後綴造詞是當前創造新詞語的一個重要手段。

語言點練習參考答案

用給定的類後綴組詞。
① 性——理性、感性、重要性、對比性、技術性、專業性。
② 型——大型、微型、主動型、環保型、經濟型、舒適型。
③ 業——建築業、保險業、製造業、電信業、種植業、軟件業。
④ 界——科學界、醫學界、文學界、婦女界、企業界、服裝界。
⑤ 員——服務員、推銷員、輔導員、駕駛員、管理員、飛行員。

5. 排比

> "她的作品保持了民間美術的特點，形象古樸而又鮮明，畫面複雜而又明快，色彩對比強烈而又協調適度。"

排比就是把兩個或兩個以上意義相關、結構基本相同、字數基本相等、語氣（語調）一致的句子或句子成分排列在一起，用以加強語氣，表現更爲強烈的感情色彩。上面例句"形象……""畫面……""色彩……"三句就是排比句。又如：

每個柱頭上都雕著不同姿態的獅子。這裏的石刻獅子，有的母子相抱，有的交頭接耳，有的像傾聽水聲，千態萬狀，惟妙惟肖。（茅以升《中國石拱橋》）

爲了達到這個目的，他們講究亭臺軒榭的佈局，講究假山池沼的配合，講究花草樹木的映射，講究近景遠景的層次。（葉聖陶《蘇州園林》）

排比的運用能夠使文章具有節奏分明、語句流暢、一氣呵成的修辭效果，增強語言抑揚頓挫的節奏感和韻律美。

語言點練習參考答案

用排比完成下面的句子。
① 這是一個幸福的大家庭，<u>在這個大家庭裏，我們有理想，有追求；我們團結友愛，和睦相處；我們努力工作，大膽創新</u>。
② <u>看那雲彩有的像馬兒，有的像小狗，還有的像一棵大樹</u>，傍晚的景色漂亮極了。
③ 作爲一個成功的現代人，<u>遇到機會時，他能夠迅速把握；遇到挑戰時，他毫不後退；遇到艱難時，他能夠堅持到底</u>。

（三）功能項目說明

這一課要求學生掌握的功能項目是"說明"，建議重點介紹實用性操作說明。課文中的例句如：

傳統剪紙是由手工製作的，常見的方法有兩種：一種是用剪刀剪，剪完後再把幾張剪紙粘貼起來，最後再用剪刀對圖案進行修改加工；另一種是用刀刻，先把紙張折成數疊，並在紙上畫好圖案，然後用小刀在紙上刻。和用剪刀剪相比，用刀刻的一個優勢就是一次可以加工多份剪紙圖案。

這段文字首先對傳統剪紙的製作方法有一個總括性的說明，然後分別列舉製作的不同方式，並就其操作步驟進行具體說明。在進行實用性操作說明時，步驟解釋是非常重要的，常用的表達方式如：

首先……其次……然後……
第一步是……第二步是……最後……
先……再……

另外，對於操作過程的描述也非常重要，重要的句型有"把……""用……"等，如上例中的"把幾張剪紙粘貼起來""把紙張折成數疊"和"用小刀……""用剪子……"等。

本課學生用書中"COMMUNICATION CORNER"的練習"一步一步慢慢來"就是希望學生能夠運用這種功能說明自己感興趣的某種工藝的製作過程。

(四) 文化知識補充材料

根據正副課文的內容，我們補充了一些相關的文化背景知識，供老師們參考。由於篇幅的關係，其他更多的材料，我們放到網上，請老師們上網搜尋。

1. 中國民間藝術

剪紙

剪紙又稱剪花、窗花或刻紙，是一種有著悠久歷史的民間工藝。早期的剪紙大約跟道家的招魂祭靈有關，例如杜甫詩中就有"暖湯濯我足，剪紙招我魂"的明確記載。剪紙的題材很廣泛：有來源於實際生活的，有與吉慶寓意相關的，也有表現戲曲人物及傳說故事的。剪紙種類繁多，有黑白剪紙、套色剪紙、分色剪紙、刻金彩襯等形式。剪紙在中國的很多地方盛行，而且各地剪紙風格也有所不同：陝西的剪紙，粗獷奔放；河北的剪紙，善於點色；山西、山東的剪紙，淳樸厚重；廣東剪紙，善用金紙襯托；江蘇的剪紙，剪工精細；福建的剪紙，形態自然。剪紙藝術在民間經久不衰，是中國民間藝術中的瑰寶。

皮影戲

皮影戲起源於漢代以前，發展到現在已經有了很多種不同的流派。皮影戲表演內容豐富，演技細膩，演出簡便，深受老百姓的歡迎。皮影一般是用上好的驢皮或牛皮製成的。製作時首先把驢皮或牛皮放在水中浸泡，再通過特殊工藝，使其光亮透明，然後塗上顏色，並雕成人物、動物等側影，最後等皮影乾透後還要刷上桐油。皮影的頭部、四肢經過加工均可活動。演出時，以一塊白紗布作屏幕，皮影操作者站在屏幕下，將皮影緊貼屏幕，操作者用細長支條牽制皮影表演，從屏幕背後打出燈光，皮影的形象就清晰地顯現在屏幕上了，觀眾則坐在燈光對面方向觀看。操作者有時邊操作邊演唱，有時和演唱者默契配合。皮影戲的唱調、劇目、唱腔多同地方戲曲相互影響。皮影戲的傳統劇目有《哪吒鬧海》《古城會》《遊西湖》《豬八戒背媳婦》等。

泥塑

泥塑也是中國一種古老而常見的民間藝術。它以泥土爲原料，以手工捏製成形，有的無色，有的有色彩，其造型以人物、動物爲主。中國泥塑藝術可以上溯到距今4千至1萬年前的新石器時期，漢代以後它已發展成爲一種重要的藝術品種，宗教題材的佛像成爲其基本的表現對象。到了宋代，除了大型佛像外，小型泥塑玩具也發展起來，社會上有許多人專門從事泥人製作，把泥人作爲商品出售。元、明、清三個朝代，一直到民國時期，泥塑藝術品在社會上一直流傳不衰，尤其是小型泥塑，既可以觀賞陳設，又可以讓兒童玩耍，幾乎全國都有生產。天津"泥人張"的泥塑藝術在中國可謂家喻戶曉。

2. 中國民族器樂

古琴

古琴又稱"七弦琴"，是世界最古老的彈撥樂器之一，主要由弦與木質共鳴器發音，至今已有3000多年歷史。古琴發音渾厚深沉，餘音悠遠，具有濃厚的中國民族特色。古琴演奏技巧複雜，表現力豐富。古琴屬於典型的獨奏樂器，較少用於合奏。古時也常作爲文人吟唱時的伴奏樂器。

古琴藝術在中國音樂史、美學史、社會文化史、思想史等領域都具有廣泛影響，是中國古代精神文化表現在音樂方面的主要代表之一。2003年11月，中國古琴藝術入選第二批聯合國教科文組織"人類口述和非物質遺產代表作"名單。

二胡

二胡是中國民族樂器中使用最普遍的一種拉弦樂器，由琴筒、琴杆、琴軸、琴弦和琴弓幾部分構成。

在傳統的音樂體系中，二胡地位並不高，主要用來伴奏。在20世紀20年代，著名民族音樂家劉天華（1895—1932）致全力於民族器樂的研究、改進和創新。他借鑒西洋小提琴的一些技法，豐富二胡的表現力，把二胡提高到可供獨奏的地位，從而登入大雅之堂。他的《空山鳥語》《月夜》等都是二胡名曲，而民間音樂家阿炳的二胡獨奏曲《二泉映月》更是二十世紀中國民樂的精品。

二胡的音色優美、柔和、圓潤、厚實，具有溫婉細膩纏綿的抒情效果。其獨特的音色和極強的表現力，奠定了它在中國民族樂隊中的顯赫地位，成為中國民族樂隊中最重要的旋律樂器，其地位類似於西方管弦樂隊中的小提琴。

3. 昆曲及京劇

昆曲

昆曲發源於江蘇昆山，起源於元朝末年的昆山地區，至今已有六百多年的歷史。宋、元以來，中國戲曲有南、北之分，南曲在不同地方唱法也不一樣。元末，顧堅等人把流行於昆山一帶的南曲腔調加以整理和改進，稱之為"昆山腔"，這是昆曲的雛形。明朝嘉靖年間，傑出的戲曲音樂家魏良輔對昆山腔的聲律和唱法進行了改革創新，造就了一種細膩優雅，集南北曲優點於一體的"水磨調"，通稱昆曲。明末清初，昆曲已發展成為全國性劇種。至清朝乾隆年間，昆曲的發展進入了全盛時期，昆曲開始獨霸梨園，成為現今中國乃至世界現存最古老的具有悠久傳統的戲曲形態。

昆曲被稱為"百戲之祖，百戲之師"，許多地方劇種都受到過昆劇藝術多方面的哺育和滋養。2001年5月，中國的昆曲藝術入選聯合國教科文組織第一批"人類口述和非物質遺產代表作"名單。

京劇

京劇約於二百多年前的清朝中葉形成於北京。京劇展現了古代中國幾千年的文明積澱，它以其精湛的歌舞表演、唯美的服飾裝束、生動的故事情節，贏得了"國粹"的美稱。

京劇是中國傳統文化的綜合藝術體現，無論是表演、音樂、唱腔、鑼鼓、化妝、臉譜等各個方面，京劇都有其格律化和規範化的程式。京劇的劇本，多取材於"二十四史"或文人的創作，京劇劇本的文學意蘊和思想內涵也就成為反映傳統文化的一面鏡子。

京劇演員按照所演角色分為生、旦、淨、醜四大類型。京劇形成以來，湧現出了大批的優秀演員，形成了許多影響很大的流派。1927年北京《順天時報》評選出著名的"四大名旦"：梅蘭芳、程硯秋、尚小雲、荀慧生。

四大名旦之首是梅蘭芳（1894—1961），他對京劇旦角的唱腔、舞蹈、念白、音樂、服裝、化妝等各個方面都有發展，形成了獨特的藝術風格，被稱為"梅派"。梅蘭芳功底深厚，唱腔婉轉嫵媚，臺風優美，扮相極佳。他的代表作有《宇宙鋒》《貴妃醉酒》《霸王別姬》《穆桂英掛帥》等。他曾率京劇團多次赴日本、美國、蘇聯演出，受到了世界各國觀眾的普遍讚譽。

受到很多人喜歡的京劇臉譜是京劇男演員臉部的彩色化妝。這種臉部化妝主要用於淨（花臉）和醜（小醜）。它在形式、色彩和類型上有一定的格式。內行的觀眾從臉譜上就可以分辨出這個角色是英雄還是壞人、聰明還是愚蠢、受人愛戴還是使人厭惡，所以勾畫臉譜的目的就是用來強調人物的性格特點、相貌特徵以及身份地位的。不同的臉譜色彩，代表不同的人物性格，例如紅臉象徵忠義、耿直、有血性；黑臉既表現性格嚴肅、不苟言笑，又象徵威武有力、粗魯豪爽；白臉則表現奸詐多疑。

4. 書法藝術

書法是中國一門古老的、群衆基礎極廣的藝術。書法是構成藝術，它在潔白的紙面上，靠毛筆運動的靈活多變和水墨的豐富性形成有意味的黑白構成；書法也是一種表現性的藝術，書法家的筆是他手指的延伸，筆的疾厲、徐緩、飛動、頓挫，都受主觀的驅使，成爲他情感、情緒的發洩。書法能夠通過作品把書者個人的生活感受、學識、修養、個性等悄悄地折射出來，於是有"字如其人""書爲心畫"的説法；書法還是一種實用性的藝術，可以用於題辭、書寫牌匾。總的來説，書法是一種綜合性的、更傾向於表現主觀精神的藝術。

書法比較集中地體現了中國藝術的基本特徵。正像在西方美術中建築和雕塑統領著其他門類造型藝術一樣，書法和中國畫統領著中國美術的其他門類，被列爲中國美術之首。書法與傳統中國畫的關係是十分密切的。傳統的中國畫講究用筆從書法中來，"書畫同源"。中國古代雕塑中也蘊含著書法的特徵。中國古代雕塑的紋理即是線的組合，造型的裝飾性與書法中的篆隸保持著内在聯繫。中國古代建築從布局到主體的樑柱結構，都遵循對稱、均衡、主從關係等法則，園林建築中的含蓄、借景，以及亭、臺、樓、榭追求的空靈、飛動等都與書法的章法、節奏、氣韻密切相關。書法被視爲中國美術之魂。

5. 中國畫與西洋畫

中國畫與西洋畫相比較，其不同表現在以下五個方面：

第一，中國畫多用線條，而西洋畫線條則不顯著。所以西洋畫很像實物，而中國畫不像實物，一看就知道這是一幅畫。這可能是由於中國書畫同源，作畫同寫字一樣，隨意揮灑，披露胸懷。

第二，中國畫不注重透視法，西洋畫極注重透視法。透視法，就是在平面上表現立體物。西洋畫中的市街、房屋、家具、器物等，形體都很正確，和真的一樣。中國畫則不然，較少表現市街、房屋、家具、器物等立體相很顯著的東西，而多表現雲、山、樹、瀑布等遠望如天然平面物的東西。如描畫房屋器物，也不講究透視法，而是任意表現。因此常見中國畫的立幅，山水重重疊疊，好像是飛機中所看見的。這表現出中國人作畫同作詩一樣，想到哪裏，畫到哪裏，不受實物的拘束。

第三，中國人物畫不講解剖學，西洋人物畫很重解剖學。西洋畫表現人物必須描得同真的人體一樣。中國畫表現人物，目的只在突出人物的姿態和特點，不講人物各部的尺寸與比例。不求形似，而求神似。

第四，中國畫不重背景，西洋畫很重背景。中國畫的畫紙，留出空白餘地很多。例如畫梅花，常常是一支梅花懸掛空中，四週都是白紙。西洋畫則凡物必有背景，畫面全部填塗，不留空白。

第五，中國畫題材以自然爲主，西洋畫題材以人物爲主。唐代至今，中國畫多以山水爲題材。而西洋畫自希臘時代起，一直以人物爲主要題材，直到19世紀，才開始有風景畫。

6. 中國傳統建築

一般來説，中國傳統建築包括官式建築與民間建築兩大類。此外，還有一些不能簡單歸類的建築物，如歷代建造的佛塔、橋樑、城臺，城市中心的鼓樓、鐘樓、市樓等，也都屬於中國建築的範疇。

中國傳統建築不僅包括中國歷代遺留下來的具有重要文物與藝術價值的建築，也包括各個地區、各個民族歷史上建造的具有各自風格的建築。古代中國建築的歷史遺存，覆蓋了數千年的中國歷史，如漢代的石闕、石墓室，南北朝的石窟寺、磚構佛塔，唐代的磚石塔與木構佛殿等等。明清時代的遺存中，更是完整地保存了大量宮殿、園林、寺廟、陵寢與民居建築群，從中可以看出中國建築發展演化的歷史。同時，中國是一個多民族的國家，藏族的堡寨與喇嘛塔，維吾爾族的土坯建築，蒙古族的氈帳建築，西南少數民族的竹樓、木造吊腳樓，都是具有地方與民族特色的中國建築的一部分。

中國古代建築具有很高的藝術成就和獨特的審美特徵。就單體建築而言，古代中國建築在造型上講究比例協調與尺度適宜。柱子與樑額形成恰當的比例，使建築呈現一種低平舒展的感覺。

中國建築的藝術精粹，尤其體現在院落與組群的布局上。有別於西方建築強調單體的體量與造型，中國建築的單體變化較小，但庭院空間豐富多變。在一個大的組群中，往往由許多庭院組成，庭院又分主次，也就有了整體的內在和諧，從而造出"庭院深深深幾許"的詩畫空間和藝術效果。

中國建築還十分講究色彩與裝飾。北方官式建築，尤其是宮殿建築，在漢白玉臺基上，用紅牆、紅柱，上覆黃琉璃瓦頂，檐下用冷色調的青綠彩畫，正好造成紅牆與黃瓦之間的過渡，再襯以湛藍的天空，使建築物透出一種君臨天下的華貴高潔與雍容大度的藝術氛圍。而江南建築用白粉牆，灰瓦頂，赭色的柱子，襯以小池、假山、漏窗、修竹，如小家碧玉一般，別有一番典雅精緻的藝術效果。再如中國建築的彩畫、木雕、琉璃瓦飾、磚雕等，都是獨具特色的建築細節。

Lesson 20 Chinese Papercutting
第二十課 中國剪紙

第二十課《同步訓練》參考答案及相關提示

Section One

I. Multiple Choice (Listen to the dialogs)

答案：

1. A 2. B 3. A 4. D 5. C 6. A
7. B 8. C

聽力錄音文本：

1. (Woman) 叫他半天了，怎麼一點兒反應也沒有？
   (Man) (A) 你再大點兒聲。
   (B) 半天的時間也不是很長。
   (C) 你是我的朋友嗎？
   (D) 對不起，我剛聽到。
2. (Woman) 今天真是花錢買罪受。
   (Man) (A) 你別得意了。
   (B) 你別生氣了。
   (C) 你別高興了。
   (D) 你別浪費了。
3. (Man) 是哪位大夫給你看的病？
   (Woman) (A) 那位戴眼鏡的。
   (B) 我的病不嚴重。
   (C) 你得了什麼病？
   (D) 那位正等著大夫看病呢！
4. (Woman) 這事兒找他你肯定得碰釘子。
   (Man) (A) 你下次可別把自己弄傷了。
   (B) 他的手裏拿著一根釘子。
   (C) 你剛才碰哪兒了？
   (D) 可不找他，我找誰去？
5. (Woman) 你聽，有人敲門呢。
   (Man) (A) 我看他今天不會來了。
   (B) 我沒看見啊！
   (C) 我怎麼沒聽見？
   (D) 請大點兒聲！
6. (Woman) 聽說他快出國了。
   (Man) 你從哪兒聽的，我怎麼不知道？
   (Woman) (A) 他媽媽親口告訴我的。
   (B) 你一會兒要去哪兒？
   (C) 對不起，我不知道。
   (D) 謝謝你告訴我。

Unit 10 *Literature and Arts*
第十單元 文學與藝術

7. (Man) 要是再晚到五分鐘，火車就開了。
   (Woman) 多虧沒聽那個出租車司機的。
   (Man) (A) 那個司機說得很對。
   (B) 我們應該早一點出發。
   (C) 火車幾點鐘開？
   (D) 多虧那個司機的提醒了。

8. (Woman) 我一點兒睡意都沒有。
   (Man) 都這麼晚了，怎麼還不想睡覺？
   (Woman) (A) 我好不容易才睡著。
   (B) 你沒見過我的睡衣嗎？
   (C) 我咖啡喝多了。
   (D) 我最喜歡睡懶覺。

II. Multiple Choice (Listen to the selections)
答案：

1. A	2. B	3. A	4. D	5. A	6. C
7. C	8. B	9. A	10. C	11. D	12. B
13. A	14. C	15. C			

聽力錄音文本：

Selection 1

(Narrator) Now you will listen twice to the following selection.

(Woman) 我是一個足球迷，特別喜歡踢足球。但是爸爸媽媽不讓我踢球，因為他們總覺得踢球是男孩兒的運動。我覺得，無論是男孩兒還是女孩兒，都可以踢球，只要他自己喜歡。我的朋友中，踢球的女孩兒很多。週末我們常常一起去操場踢足球，有時還進行比賽，連很多男孩兒也不是我們的對手。獲勝的時候，我們都很驕傲。我相信以後爸爸媽媽的看法會慢慢改變的。

(Narrator) Now listen again.

(Narrator) Now answer the questions for this selection.

Selection 2

(Narrator) Now you will listen twice to a conversation between two people.

(Woman) 你在唱什麼呢？是京劇嗎？
(Man) 你再好好聽聽，這不是京劇，是漢劇！
(Woman) 漢劇是什麼？我怎麼好像沒聽說過？
(Man) 這是在我們湖北比較流行的戲劇，你這個北京人沒聽說過也不奇怪。
(Woman) 可你唱的這腔調我聽著怎麼覺得和京劇有點兒像啊？
(Man) 這也難怪。京劇在形成的過程中就吸收了秦腔、昆曲、漢劇等地方戲曲中的元素，比如有一種唱腔叫"二黃"，就是從漢劇中來的。
(Woman) 那你再給我唱兩段，讓我聽聽它們之間到底有什麼不同。

(Narrator) Now listen again.
(Narrator) Now answer the questions for this selection.

Lesson 20 *Chinese Papercutting*
第二十課 中國剪紙

Selection 3

(Narrator) Now you will listen twice to the following selection.

請各位注意，因爲人數太多，現在把我們檢查身體的時間重新安排一下：所有人員分爲男女兩組。明天上午8點到11點30分，是男職工的體檢時間。中午11點30分到下午1點休息。下午1點到5點是女職工的體檢時間。如果有事不能參加這次體檢，可以憑工作證自己到人民醫院去檢查身體，沒有時間限制。

(Narrator) Now listen again.

(Narrator) Now answer the questions for this selection.

Selection 4

(Narrator) Now you will listen once to the following selection.

(Woman 1) 李姐，你好啊！

(Woman 2) 小張，好久不見，你變化可真大。

(Woman 1) 是嗎？有什麼變化？

(Woman 2) 我覺得你比以前更苗條了，身材更好了。你有什麼好方法？是加強鍛煉嗎？還是吃了什麼藥？快點告訴我。

(Woman 1) 我也沒有什麼特別的方法，可能是我最近這段時間特別愛喝普洱茶的緣故吧！

(Woman 2) 這普洱茶那麼神奇嗎？

(Woman 1) 不太清楚，不過有的人倒是說常喝普洱茶，可以讓人越來越苗條。

(Woman 2) 那我回去也試試。

(Narrator) Now answer the questions for this selection.

Selection 5

(Narrator) Now you will listen twice to the following selection.

(Woman) 你知道嗎？英文的"Bar"在中文中翻譯成了"吧"，但它的使用比英文廣泛得多。近兩年中國城市的大街小巷裏出現了各種各樣的"吧"。比如網吧：那是年輕人上網的好地方。現在，來網吧的中老年人也越來越多了。酒吧：它是戀人們談情說愛的好地方，又是男人們工作之餘放鬆、交友的好場所；迪吧是年輕人跳舞、狂歡的地方；影吧：可以看到重放的老電影，感受時光的流逝和人事的變遷。朋友，如果你來中國，我建議你到各種"吧"裏看一看，可以更好地體會年輕人的生活。

(Narrator) Now listen again.

(Narrator) Now answer the questions for this selection.

III. Multiple Choice (Reading)
   答案：
   1. C   2. B   3. A   4. C   5. B   6. B
   7. D   8. B   9. B   10. B   11. A   12. B
   13. B   14. D   15. C   16. B   17. D   18. B
   19. C   20. D   21. B   22. C   23. C   24. C
   25. A

Unit 10 *Literature and Arts*
第十單元 文學與藝術

Section Two

I. Free Response (Writing)

1. Story Narration

The four pictures present a story. Imagine you are writing the story to a friend. Narrate a complete story as suggested by the pictures. Give your story a beginning, a middle, and an end.

寫作提示：

　　這組圖片表現了人們出行時對交通路線不熟悉的情景。在寫作的時候，要抓住事件的過程，組織語言材料。

(1) 首先要交待四幅圖片的因果關係，説清楚圖片中的人物爲什麽把車停下來，接下來他是怎麽做的，以及最後的結果怎麽樣。比如：

　　一個人開車去野外郊遊……他把車開到一個三岔路口，看到前方有兩條路……他只好把車停在路邊，查找地圖……於是，他開車過了三岔路口，向西北邊的那條路駛去。

(2) 要注意環境描寫以及細節描寫，以便更好地把畫面内容交待清楚。

(3) 在敘述的時候，要根據圖片儘可能描寫出人物的神態，比如圖片中的人物開始時非常困惑和著急，做出決定以後很高興，最後是滿臉輕鬆地上路。

2. Personal Letter

Imagine you received a letter from a pen pal. In the letter, he tells you about his passion for painting and how it helps him forget the worries of daily life. Write a reply in letter format. In your letter, tell him what you think about learning a particular art skill and how such a study may influence one's well-being.

回信建議：

　　這是一封交流看法的個人信件，以下内容可供回信參考：

(1) 問候語。

(2) 開始話題。對方的來信提到他對繪畫的熱愛，回信可以就此簡單回應幾句。比如：

　　你説你喜歡畫畫，真是太好了！我也是從小就迷上了畫畫……

(3) 在回信的主體部分，應該就某種藝術技能談談藝術學習對於個人身心發展的作用。比如：

在學習繪畫的過程中，我體會到了身心的快樂和滿足。

雕塑藝術需要想像力和創造力，它常常啓發我對於其他學科的學習。

我喜歡富有創意的設計和製作活動，在學習動漫製作的過程中，我找到了發揮創造力的機會。

由於在學習戲劇表演的過程中常常需要與人交流和合作，所以我變得更加開朗和自信了。

學習攝影讓我學會更好地表達自己對於這個世界的感受。

(4) 結束的祝福語可以寫"祝你的繪畫更上一層樓"等，然後署上名字和日期。

3. **E-Mail Response**

   Read this e-mail from a friend and then type a response.

   發件人：周豔

   主題：我的選修課

   我這個學期有一門選修課，是"東方舞蹈"。最近我剛學完印度舞，很難學，可是特別有意思。接下來還要學泰國舞。你們學校有哪些藝術類的選修課？你選修的是什麼課呢？聽說美國學校藝術類的選修課非常豐富，是這樣嗎？

   回信建議：

   這封電郵希望瞭解有關選修課的一些情況，所以回答要有針對性，要能夠提供對方需要的具體信息。

   (1) 首先可以告訴對方你們學校都有哪些藝術類選修課，比如：

   我們學校藝術類的選修課非常豐富，有……有……還有……

   (2) 接下來談談你自己選修的課程，可以簡單說明一下你選修這門課的理由：

   我這個學期選修的是……因爲……

   (3) 然後根據你瞭解的情況，簡要介紹一下美國中學或大學藝術類選修課的情況：

   美國中學/大學的藝術類選修課，最常見的是……以及……課。

   比起公立學校來，不少私立學校的藝術類選修課更爲豐富，比如我知道的……學校開設了……課，這些課程公立學校很少開設。

   在美國的中學/大學，選修……課的人數非常多，因爲大家都非常喜歡……也有不少人會選修……因爲……

   (4) 郵件結束部分應該表達你的良好祝願。可以是一般祝福，如：

   祝你學習進步！

   也可以具體一點，如：

   祝你的舞跳得越來越好！

4. **Relay a Telephone Message**

   Imagine you are sharing an apartment with some Chinese friends. You arrive home one day and listen to a message on the answering machine. The message is for one of your housemates. You will listen twice to the message. Then relay the message, including the important details, by typing an e-mail to your friend.

Unit 10 *Literature and Arts*
第十單元 文學與藝術

(Girl) 萍萍，我是姐姐，告訴你一個好消息，我剛剛看到電視上說友誼商城這個週末搞促銷活動，所有商品都是七折。你前一陣子說想買運動鞋，正好可以去看看。這樣吧，你星期五回家住，週六我們一起去友誼商城逛一逛吧。別忘了給我回電話。

轉述建議：

這個轉述題要求交代以下幾個信息：一是電話是誰打來的；二是打電話的目的，即友誼商城週末搞活動，所有商品七折，姐姐約萍萍一起去買打折的運動鞋；三是具體的安排，即姐姐讓萍萍週五回家住，週六一起去商城；最後是要讓萍萍給姐姐回電話。轉述時要注意人稱的轉換。

II. Free Response (Speaking)

1. Conversation

Your school has recently organized a performance to celebrate a festival. You chat with your Chinese cyber friend about it.

(1) 你們學校一般都有哪些演出？

回答建議：

對這一問的回答不能只是簡單地羅列名詞。你要儘可能用完20秒的回答時間，儘量回憶你們學校的文藝演出內容。如：

我們學校的演出非常豐富。一般來說，……節的時候，有……的演出，還有……演出，非常有意思。

(2) 你們是怎麼組織演出的呢？老師會指導你們嗎？

回答建議：

這一問要根據自己熟悉的活動進行回答。

① 文藝演出是自行組織的。如：

我們的演出都是同學自己組織的。比如……演出，就是同學自己組織的。在演出前幾天，我們每天都在課後進行排練……

② 文藝演出是由老師來指導的。如：

我們演出前的排練都是有老師指導的，大多數時候是學校的……老師，有的時候，我們也會請……來給我們的排練提建議。

(3) 給你印象最深的是哪一次演出？

回答建議：

對這一問的回答，你可以談演出本身如何精彩，演員表演如何出色，也可以談演出前的排練如何有趣。比如：

我印象中最難忘的演出是……這次演出的主題是……演出之前……表演的時候……

(4) 你覺得學校的演出都很有意思嗎？有哪些是你不喜歡的？

回答建議：

這一問是上一問的延伸，希望進一步瞭解你對於文藝活動的興趣取向。應該根據實際感受做出具體回答，比如談你印象不好的某一次演出；也可以泛泛而談，說說你喜歡或不喜歡哪些演出或文藝活動。比如：

我們學校的演出一般都是不錯的，比如……不過，有的演出我不是太喜歡，比如……這樣的演出……

(5) 你自己參加過哪些演出呢？

回答建議：
這一問要儘量結合自己的經歷進行回答。比如：

我曾經參加……演出，我演的是……我記得那時候……開始……後來……

(6) 如果讓你組織一次演出，你打算組織什麼樣的演出？
回答建議：
這一問希望你發揮想象，談談你心目中理想的校園文藝演出。你可以就演出內容來談，也可以在組織細節上多交代幾句，以充實你的回答。比如：

我覺得最有意思的演出是……如果我來組織的話，我希望……或者是……總之一定要……

2. Cultural Presentation

Give an introduction of ONE Chinese art form (such as papercutting, Peking opera, Chinese painting) that you admire or know about. In your presentation, describe the basic features of this art form and explain why you like it.

回答建議：
(1) 關於中國幾種重要的藝術形式的基本特點，請參考上文"六（三）補充文化知識材料"部分。
(2) 關於你喜歡這種藝術形式的理由，可以結合個人的體驗與感受，建議從一些具體細節或小故事談起，這樣可以使你的表述更加充實。

3. Event Plan

Your uncle's child will be coming to the United States from Hong Kong to live with you soon. This is the first time he is traveling to the United States. Your uncle hopes that you can help him with his English. You are to make two plans to help your cousin learn English and then allow him to select the one he is comfortable with. In your presentation, elaborate on what you intend to do and why, and include the advantages and disadvantages of each plan.

回答建議：
這個問題可以分四步進行表述。

(1) 計劃的內容。因為你不大瞭解叔叔孩子的情況，所以建議先做幾個計劃以供選擇。例如：

我做了兩個計劃，一個是……另一個計劃是……

(2) 說明不同計劃的利和弊。例如：

第一個計劃的好處是……但是……可能……

第二個計劃的好處是……但是……這樣做也許……

(3) 說明自己將怎麼做以及為什麼這麼做。例如：

不管他選擇哪個計劃，我都會……因為……

我建議用第一個教學計劃，這樣……可以……還可以……

(4) 最後，要說明這只是你自己的想法，表明願意聽取意見，對計劃進行修改。例如：

這只是我個人的想法，如果你有什麼其他要求，一定及時告訴我，我們可以一起修改……

Mid-Term Test
期中綜合訓練

Section One

I. Multiple Choice (Listen to the dialogs)

Note: In this part, you may NOT move back and forth among questions.

Directions: In this part, you will hear several short conversations or parts of conversations followed by four choices, designated (A), (B), (C), and (D). Choose the one that continues or completes the conversation in a logical and culturally appropriate manner. You will have 5 seconds to answer each question.

1.	(A)	(B)	(C)	(D)	9.	(A)	(B)	(C)	(D)
2.	(A)	(B)	(C)	(D)	10.	(A)	(B)	(C)	(D)
3.	(A)	(B)	(C)	(D)	11.	(A)	(B)	(C)	(D)
4.	(A)	(B)	(C)	(D)	12.	(A)	(B)	(C)	(D)
5.	(A)	(B)	(C)	(D)	13.	(A)	(B)	(C)	(D)
6.	(A)	(B)	(C)	(D)	14.	(A)	(B)	(C)	(D)
7.	(A)	(B)	(C)	(D)	15.	(A)	(B)	(C)	(D)
8.	(A)	(B)	(C)	(D)					

II. Multiple Choice (Listen to the selections)

Note: In this part, you may move back and forth only among the questions associated with the current listening selection.

Directions: In this part, you will listen to several selections in Chinese. For each selection, you will be told whether it will be played once or twice. You may take notes as you listen. After listening to each selection, you will see questions in English. For each question, choose the response that is best according to the selection. You will have 12 seconds to answer each question.

Selection 1

1. When was this speech most likely given?
    - (A) At the beginning of the party
    - (B) After the party
    - (C) Just as the party was about to end
    - (D) A day before the party

2. What does "找个借口（找個藉口）" mean?
    - (A) To find some good friends
    - (B) To find an excuse
    - (C) To find a proper time
    - (D) To find a proper place

3. Who prepared the food for the party?
    - (A) The speaker
    - (B) The speaker's father
    - (C) The speaker's mother
    - (D) The speaker's friends

4. What can the people who attend the party do?
    - (A) Watch videos
    - (B) Play cards
    - (C) Dance
    - (D) Play computer games

Selection 2

5. What is the purpose of this message?
    - (A) To find an actor
    - (B) To find a marriage partner
    - (C) To find a missing person
    - (D) To find an escaped convict

6. Which of the following fits the characteristics of the person being sought after?
    - (A) Has single eyelids
    - (B) Is a little bit heavyset
    - (C) Wears a blue sweater
    - (D) Wears black leather shoes

7. According to the message, what should be done if the person is found?
   (A) The radio station should be informed.
   (B) The person's family should be notified.
   (C) The police should be contacted.
   (D) The company should be warned.

Selection 3

8. According to the message, how can students borrow books from the library?
   (A) By producing a letter of recommendation
   (B) By showing the student identification card
   (C) By using the library card
   (D) By paying a deposit

9. What penalty will students face if their book is overdue?
   (A) They must buy a new book as compensation.
   (B) They must pay a fine of 10 cents.
   (C) They must forfeit their right to borrow books.
   (D) They must pay a fine depending on the number of days the book is overdue.

10. According to the message, which of the following statements is TRUE?
    (A) A student can borrow six books each time.
    (B) A student can keep the borrowed books for at most two months.
    (C) A deposit is required if one would like to reserve a book.
    (D) Books from the second floor cannot be borrowed out of the library.

Selection 4

11. According to the conversation, what can the old man do?
    (A) Climb mountains
    (B) Plant trees
    (C) Climb trees
    (D) Plant vegetables

12. What factors are said to account for the longevity of the people in Dujiangyan?
    (A) They enjoy a harmonious family life, are optimistic, and have good quality sleep.
    (B) They have a loving nature, take vitamins, and enjoy a harmonious family life.
    (C) They enjoy a harmonious family life, have good quality sleep, and eat a lot of vegetables.
    (D) They have a love for physical labor, are optimistic, and eat a lot of vegetables.

13. According to the woman, what can affect a person's life expectancy?
- **(A)** Diet
- **(B)** Body temperature
- **(C)** Hereditary factors
- **(D)** Environment

14. According to the conversation, which of the following statements is TRUE?
- **(A)** The man completely disagrees with the woman.
- **(B)** The man somewhat agrees with the woman.
- **(C)** The man knows the woman's opinion is supported by facts.
- **(D)** The man thinks the woman's opinion is absurd.

Selection 5

15. How many members are there in the "彝人制造（彝人製造）" group?
- **(A)** Two
- **(B)** Three
- **(C)** Four
- **(D)** Five

16. Why did the group call itself "彝人制造（彝人製造）"?
- **(A)** Its music originates from the Yi people.
- **(B)** It hopes to commemorate the Yi people.
- **(C)** Its sponsor is a person from the Yi.
- **(D)** Its members are Yi people.

17. What can be used to describe the early works of the "彝人制造（彝人製造）" group?
- **(A)** Folk music
- **(B)** Western music
- **(C)** R&B music
- **(D)** Hip-hop music

18. What types of songs can be found in their new album?
- **(A)** Songs of the Yi people
- **(B)** Western music
- **(C)** Songs in a variety of styles
- **(D)** R&B music

III. Multiple Choice (Reading)

Note: In this part, you may move back and forth among all the questions.

Directions: You will read several selections in Chinese. Each selection is accompanied by a number of questions in English. For each question, choose the response that is best according to the selection.

Read this notice.

[Simplified-character version]

国庆节放假通知

本校10月1日至7日放假，共7天。其中10月1日、2日、3日为法定假日；10月4日(星期四)、5日(星期五)两天的课分别调到9月29日(星期六)、30日(星期日)两个休息日来上；10月6日(星期六)、7日(星期日)照常休息。10月8日开始上课。

请各班老师把离开学校到外地的学生名单统计出来。国庆节期间，请大家注意安全。如果遇到突发情况或事件，要及时报告学校保卫部门。

祝大家过一个欢乐、祥和的国庆节！

汇英学校
2007年9月20日

[Traditional-character version]

國慶節放假通知

本校10月1日至7日放假，共7天。其中10月1日、2日、3日為法定假日；10月4日(星期四)、5日(星期五)兩天的課分別調到9月29日(星期六)、30日(星期日)兩個休息日來上；10月6日(星期六)、7日(星期日)照常休息。10月8日開始上課。

請各班老師把離開學校到外地的學生名單統計出來。國慶節期間，請大家注意安全。如果遇到突發情況或事件，要及時報告學校保衛部門。

祝大家過一個歡樂、祥和的國慶節！

匯英學校
2007年9月20日

1. According to the notice, which of the following statements is TRUE?
   (A) Classes on October 29 and 30 will be moved to October 6 and 7.
   (B) Classes on October 6 and 7 will be moved to September 29 and 30.
   (C) Classes on October 4 and 5 will be moved to September 29 and 30.
   (D) Classes on September 29 and 30 will be moved to October 4 and 5.

2. How many official days of holiday have been declared for the National Day?
   (A) 3 days
   (B) 5 days
   (C) 7 days
   (D) 10 days

3. What are teachers expected to do before the National Day?
   (A) Stay in contact with the security department
   (B) Contact the families of students who plan to go out of town
   (C) Compile a list of students' names
   (D) Compile a list of students who plan to go out of town

Read this information.

[Simplified-character version]

　　《汉语速成——90天汉语》是一本面向短期汉语学习者的汉语教材，既可以用于公司汉语培训，也可用于学校短期班教学。
　　本书采用英文讲解和注释，内容与日常生活密切相关，特别适合没有学过汉语的在华工作人员及其家属的需要。
　　全书共24课，第1课学习汉语拼音知识；第2至22课每课一个交际性话题；第23、24课为学习测试。学完本套教材，学习者可以掌握和购物、问路、会客等多种场景有关的交际用语，基本能够满足日常生活交流的需要。

购书热线：0086—10—82308888
通信地址：北京市海淀区重庆路
　　　　　15号（100281）

[Traditional-character version]

　　《漢語速成——90天漢語》是一本面向短期漢語學習者的漢語教材，既可以用於公司漢語培訓，也可用於學校短期班教學。
　　本書採用英文講解和注釋，內容與日常生活密切相關，特別適合沒有學過漢語的在華工作人員及其家屬的需要。
　　全書共24課，第1課學習漢語拼音知識；第2至22課每課一個交際性話題；第23、24課爲學習測試。學完本套教材，學習者可以掌握和購物、問路、會客等多種場景有關的交際用語，基本能夠滿足日常生活交流的需要。

購書熱線：0086—10—82308888
通信地址：北京市海淀區重慶路
　　　　　15號（100281）

4. Who are the target readers of the book?
   (A) Foreigners who work in Chinese companies outside of China and their family members
   (B) Foreign students who are studying Chinese in China
   (C) Students who study Chinese outside of China
   (D) Foreigners who work in China and their family members who have just started to learn Chinese

5. What is one of the characteristics of the book?
   (A) It offers value for money.
   (B) It comes with a multimedia kit.
   (C) Its contents center on language used in everyday communication.
   (D) It contains notes in many different languages.

6. How many communication topics are there in the book?
   (A) 24
   (B) 21
   (C) 20
   (D) 19

Read this graph.

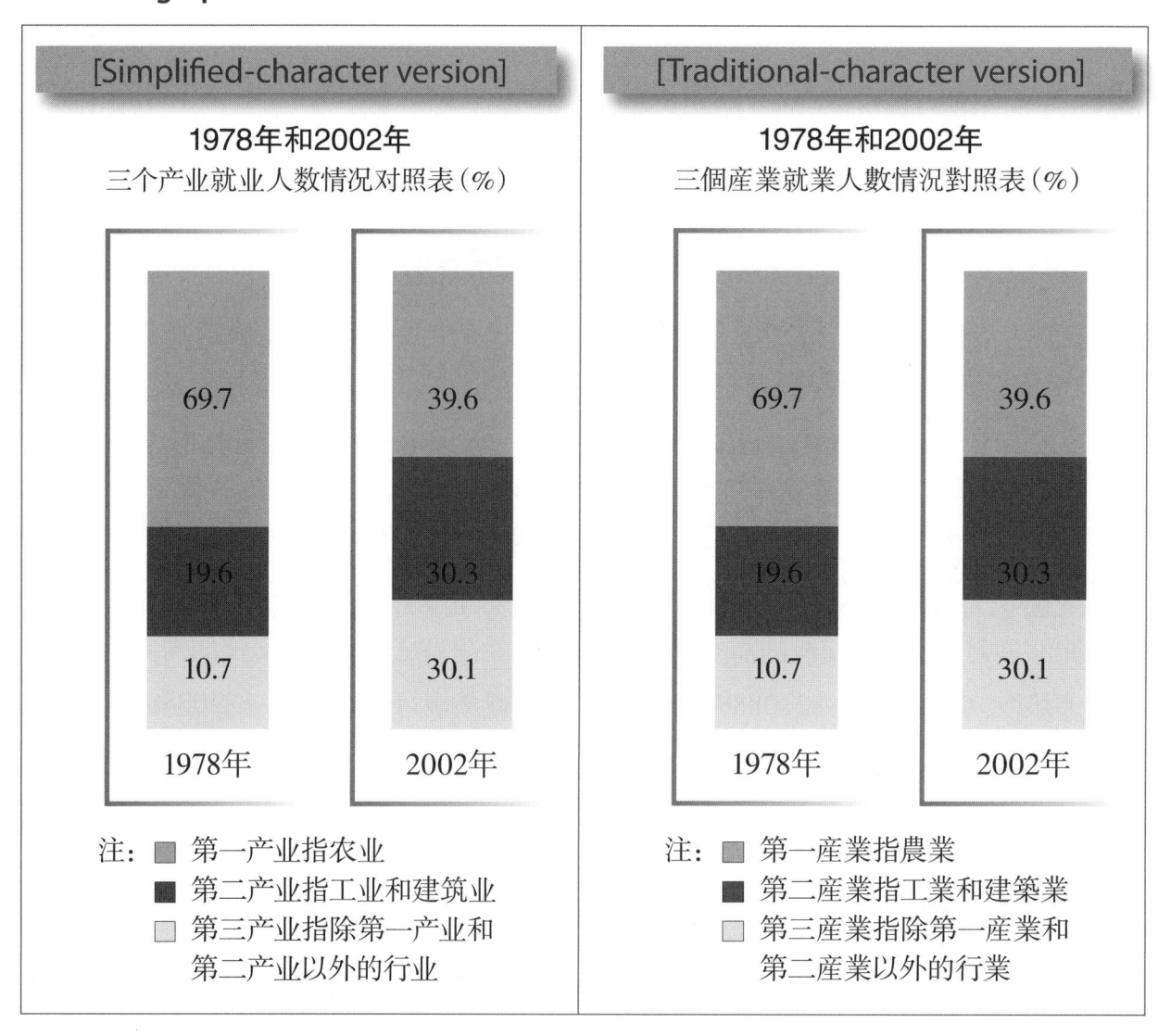

[Simplified-character version]

1978年和2002年
三个产业就业人数情况对照表（%）

	1978年	2002年
	69.7	39.6
	19.6	30.3
	10.7	30.1

注：■ 第一产业指农业
　　■ 第二产业指工业和建筑业
　　□ 第三产业指除第一产业和第二产业以外的行业

[Traditional-character version]

1978年和2002年
三個產業就業人數情況對照表（%）

	1978年	2002年
	69.7	39.6
	19.6	30.3
	10.7	30.1

註：■ 第一產業指農業
　　■ 第二產業指工業和建築業
　　□ 第三產業指除第一產業和第二產業以外的行業

7. Which industry employed the most number of people in 1978?
   (A) The first industry
   (B) The second industry
   (C) The third industry
   (D) The second and the third industry

8. Which industry has seen the greatest increase in the number of people employed since 1978?
   (A) The first industry
   (B) The second industry
   (C) The third industry
   (D) The second and the third industry

9. Which of the following does the third industry most likely represent?
   (A) Agriculture
   (B) Industry
   (C) Construction
   (D) Services

Read this passage.

[Simplified-character version]

　　从小喜欢自由的吴音自大学毕业后，怎么都适应不了公司严格的规章制度，于是，她变成一个自由职业者，在家工作。吴音每天的时间都由自己来安排，作息时间也完全根据自己的需要来决定。她不用为了明天的上班而中断夜间的精彩阅读，也不用在下班时间去挤地铁和公交，更不用陷入复杂的人际关系。吴音尽情享受着这样的生活和工作，非常开心。但是随着时间的推移，吴音明显感觉到自己情绪的变化。一个人的时候虽然很安静，但是也免不了寂寞，她有时候觉得自己已经被人遗忘了。她想跟人交流，但房间里空无一人，于是经常是几天不说话。她害怕长期这么下去，总有一天自己会失语。

[Traditional-character version]

　　從小喜歡自由的吳音自大學畢業後，怎麼都適應不了公司嚴格的規章制度，於是，她變成一個自由職業者，在家工作。吳音每天的時間都由自己來安排，作息時間也完全根據自己的需要來決定。她不用爲了明天的上班而中斷夜間的精彩閱讀，也不用在下班時間去擠地鐵和公交，更不用陷入複雜的人際關係。吳音盡情享受著這樣的生活和工作，非常開心。但是隨著時間的推移，吳音明顯感覺到自己情緒的變化。一個人的時候雖然很安靜，但是也免不了寂寞，她有時候覺得自己已經被人遺忘了。她想跟人交流，但房間裏空無一人，於是經常是幾天不說話。她害怕長期這麼下去，總有一天自己會失語。

10. How does Wu Yin arrange her working hours?
    (A) She goes to work and comes back home on time.
    (B) She goes to work at night.
    (C) She goes to work during the day.
    (D) She has no fixed working hours.

11. According to the passage, what kind of work is Wu Yin probably engaged in?
    (A) She is an editor.
    (B) She is a freelancer.
    (C) She is a personal tutor.
    (D) She is a secretary in a company.

12. How does Wu Yin feel about her present situation?
    (A) She is satisfied with it.
    (B) She used to be satisfied, but she is getting a little worried now.
    (C) She has always been worried about it.
    (D) She used to be worried, but she is getting more confident now.

13. What does "失语（失語）" mean?
    (A) To deteriorate in one's thinking
    (B) To lose opportunities to use a language
    (C) To lose the ability of using language
    (D) To have difficulty controlling one's emotions

Read this passage.

[Simplified-character version]

　　有个动画片叫《三个和尚》，说的是古时候有一座庙，庙里住着一个老和尚，他天天到山脚下去挑水喝，日子过得挺好。过了一年，庙里来了个小和尚，于是两人一起到山脚下去抬水喝。后来，庙里又来了一个胖和尚。胖和尚什么活都不干，老和尚、小和尚觉得这样太不公平，他们俩都想让胖和尚去挑水，而胖和尚想："挑水的事儿留给他们俩去做吧！"就这样，三个和尚都不愿去挑水，最后谁也喝不到水了。这真是："一个和尚挑水喝，两个和尚抬水喝，三个和尚没水喝。"

[Traditional-character version]

　　有個動畫片叫《三個和尚》，說的是古時候有一座廟，廟裏住著一個老和尚，他天天到山腳下去挑水喝，日子過得挺好。過了一年，廟裏來了個小和尚，於是兩人一起到山腳下去抬水喝。後來，廟裏又來了一個胖和尚。胖和尚什麼活都不幹，老和尚、小和尚覺得這樣太不公平，他們倆都想讓胖和尚去挑水，而胖和尚想："挑水的事兒留給他們倆去做吧！"就這樣，三個和尚都不願去挑水，最後誰也喝不到水了。這真是："一個和尚挑水喝，兩個和尚抬水喝，三個和尚沒水喝。"

14. What problem does the story address?
    (A) The problem caused by an age gap
    (B) The problem caused by unfairness
    (C) The problem caused by lack of resources
    (D) The problem caused by personality differences

15. Which of the following gives the correct order of the three monks who went to the temple?
    (A) The little monk, the fat monk, the old monk
    (B) The old monk, the fat monk, the little monk
    (C) The old monk, the little monk, the fat monk
    (D) The fat monk, the little monk, the old monk

16. Who carried buckets of water on the shoulder with a pole?
    (A) The old monk
    (B) The little monk
    (C) The fat monk
    (D) None of them

17. Who is the laziest monk?
    (A) The fat monk
    (B) The little monk
    (C) The old monk
    (D) All of them

Read this passage.

[Simplified-character version]

　　有位单身男士, 很喜欢读书看报。不久前, 他决定每天为自己订八瓶牛奶。有人问为什么, 他回答说:"报纸上介绍了很多喝牛奶的方法, 有的说早晨喝牛奶有营养, 有的说晚上喝有营养, 有的说空腹喝好, 有的说饭后喝好, 有的说放糖喝好, 有的说不放糖好, 还有的说生喝好, 有的又说一定要煮开了喝。到底怎么喝才最有营养, 谁也说不清楚。我只好多订几瓶, 每天按不同的方法各喝一瓶, 这样总有一瓶牛奶是最有营养的!"

[Traditional-character version]

　　有位單身男士, 很喜歡讀書看報。不久前, 他決定每天爲自己訂八瓶牛奶。有人問爲什麽, 他回答說:"報紙上介紹了很多喝牛奶的方法, 有的說早晨喝牛奶有營養, 有的說晚上喝有營養, 有的說空腹喝好, 有的說飯後喝好, 有的說放糖喝好, 有的說不放糖好, 還有的說生喝好, 有的又說一定要煮開了喝。到底怎麽喝才最有營養, 誰也說不清楚。我只好多訂幾瓶, 每天按不同的方法各喝一瓶, 這樣總有一瓶牛奶是最有營養的!"

18. Why did the man order eight bottles of milk?
    (A) He wanted everyone in his family to have one bottle.
    (B) He wanted to taste different flavors of milk.
    (C) He thought it would be cheaper to order more.
    (D) He wanted to drink the milk in different ways.

19. Which of the following descriptions best fits the man?
    (A) He pays too much attention to nutrition.
    (B) He believes everything in the newspaper.
    (C) He is a good thinker.
    (D) He is wasteful.

20. According to the passage, what does the man do?
    (A) He only drinks the most nutritious milk each day.
    (B) He drinks several bottles of milk every day.
    (C) He only drinks boiled milk.
    (D) He drinks milk according to the different ways mentioned in the newspaper each day.

21. According to the passage, which of the following statements is TRUE?
    (A) There has been a popular discussion in the newspaper on the effects milk could have on the human body.
    (B) The newspaper reported on the many different ways to drink milk.
    (C) Milk merchants have been organizing many promotional activities.
    (D) Milk merchants have been promoting many ways to drink milk.

Read this passage.

[Simplified-character version]

"上班族青春期"是指某些在职人员由于种种忧虑而表现出情绪低落的状况。"红英"网站最近作了一项调查，统计结果显示，绝大多数处于"上班族青春期"的人没有工作热情、不想上班，也有一些人对所有事情都神经过敏，考虑辞职创业，甚至对生活产生怀疑。至于出现这种情况的原因，受访者依次选择了"无法预测公司的发展前景、薪水低、工作量过大、对工作成果不满意"等选项。对于如何克服"上班族青春期"，受访者认为主要应该靠多参加体育锻炼、多与周围的人交流以及更加努力地工作等。

[Traditional-character version]

"上班族青春期"是指某些在職人員由於種種憂慮而表現出情緒低落的狀況。"紅英"網站最近作了一項調查，統計結果顯示，絕大多數處於"上班族青春期"的人沒有工作熱情、不想上班，也有一些人對所有事情都神經過敏，考慮辭職創業，甚至對生活產生懷疑。至於出現這種情況的原因，受訪者依次選擇了"無法預測公司的發展前景、薪水低、工作量過大、對工作成果不滿意"等選項。對於如何克服"上班族青春期"，受訪者認為主要應該靠多參加體育鍛煉、多與週圍的人交流以及更加努力地工作等。

22. What does "上班族青春期（上班族青春期）" refer to in the passage?
    (A) Problems in adolescents
    (B) Difficulties employees encounter with their colleagues
    (C) Worries employees have about their profession
    (D) A job-related illness experienced by adolescents

23. According to the passage, how were the results of the study most likely derived?
    (A) Through an Internet survey
    (B) Through individual interviews
    (C) Through telephone interviews
    (D) Through a newspaper survey

24. According to the study, what is the main issue in "上班族青春期（上班族青春期）"?
    (A) Over-sensitivity to everything
    (B) Anxiety over quitting one's job and starting one's own business
    (C) Doubt about one's life
    (D) Lack of enthusiasm for work

25. According to the passage, what is one way to cope with "上班族青春期（上班族青春期）"?

  (A) Get a salary increase and reduce one's workload

  (B) Participate in sporting activities and interact with people

  (C) Interact with people and quit one's job to set up one's own business

  (D) Work hard and get a salary increase

Read this passage.

[Simplified-character version]

　　白乐桑是一位著名的汉语教师，最近，他接受了一个记者的采访，在谈到汉语学习的感受时，他说："我不是说汉语不难，但是，在我们法国，如果你去找一个学汉语的中学生问问他'汉语怎么样'，绝大部分人都会说'有意思、独特'，几乎不会有人说'很难'。在法国的汉语教学界也很少有人议论汉语难不难的问题。"白乐桑对中国文学也很有研究，他很喜欢鲁迅的作品，他告诉记者："很早以前，当我还在中学教书的时候，就选了鲁迅的《孔乙己》给学生们看。直到现在，我的学生还能背出一些经典的句子，比如'孔乙己是站着喝酒而穿长衫的唯一的人'。"

[Traditional-character version]

　　白樂桑是一位著名的漢語教師，最近，他接受了一個記者的採訪，在談到漢語學習的感受時，他說："我不是說漢語不難，但是，在我們法國，如果你去找一個學漢語的中學生問問他'漢語怎麼樣'，幾乎不會有人說'很難'。絕大部分人都會說'有意思、獨特'，在法國的漢語教學界也很少有人議論漢語難不難的問題。"白樂桑對中國文學也很有研究，他很喜歡魯迅的作品，他告訴記者："很早以前，當我還在中學教書的時候，就選了魯迅的《孔乙己》給學生們看。直到現在，我的學生還能背出一些經典的句子，比如'孔乙己是站著喝酒而穿長衫的唯一的人'。"

26. What is Bai Lesang's nationality?

  (A) Chinese

  (B) American

  (C) Korean

  (D) French

27. Which of the following statements reflects is Bai Lesang's viewpoint?

  (A) French people think Chinese is difficult to master.

  (B) French people think Chinese is interesting.

  (C) French teachers think Chinese is difficult to teach.

  (D) Learning Chinese is popular in France.

28. Who is "孔乙己（孔乙己）"?

   (A) A Chinese language expert

   (B) A writer

   (C) A musician

   (D) A character in a novel

Read this passage.

[Simplified-character version]	[Traditional-character version]
上个世纪九十年代中期，华夏电视台播出《半边天》栏目。这个栏目主要通过演播室对话讲述女人的故事，从而维护女性权益，促进两性的相互沟通与理解。由于《半边天》播出以后效果非常好，两年后，其他电视台也相继推出了一些女性栏目。东南电视台的女性栏目不但有精彩的演播室对话，还增加了丰富的外景画面。他们的女性栏目比较注重女性的发展空间，对女性职业发展有很大帮助。	上個世紀九十年代中期，華夏電視臺播出《半邊天》欄目。這個欄目主要通過演播室對話講述女人的故事，從而維護女性權益，促進兩性的相互溝通與理解。由於《半邊天》播出以後效果非常好，兩年後，其他電視臺也相繼推出了一些女性欄目。東南電視臺的女性欄目不但有精彩的演播室對話，還增加了豐富的外景畫面。他們的女性欄目比較注重女性的發展空間，對女性職業發展有很大幫助。

29. What is a characteristic of the program《半边天》(《半邊天》)?

   (A) It is mainly a dialog in a studio.

   (B) It mainly discusses the two sexes.

   (C) It mainly helps women to find jobs.

   (D) It is mainly a monolog by a host.

30. What is the objective of the women's programs on Southeast TV station?

   (A) To promote communication between women and their families

   (B) To protect the rights of women

   (C) To promote communication between men and women

   (D) To expand the scope of development for women's careers

31. In which year did Southeast TV station most likely start women's programs?

   (A) About 1990

   (B) About 1992

   (C) About 1997

   (D) About 1999

Read this public sign.

[Simplified-character version]

节约水电，人人有责。

[Traditional-character version]

節約水電，人人有責。

32. What is the message in this public sign?
    (A) Everyone should protect the environment.
    (B) Wasting resources will lead to an increase in the prices of water and electricity.
    (C) Everyone should try to conserve resources.
    (D) Those who do not conserve resources will be punished.

33. What does "责（責）" mean in the sign?
    (A) Accusation
    (B) Responsibility
    (C) Request
    (D) Punishment

Read this public sign.

[Simplified-character version]

说好普通话，朋友遍天下。

[Traditional-character version]

說好普通話，朋友遍天下。

34. What is the main purpose of this slogan?
    (A) To encourage people to make more friends
    (B) To encourage people to learn Chinese
    (C) To encourage people to speak Putonghua
    (D) To encourage people to travel

35. What does "朋友遍天下（朋友遍天下）" mean here?
    (A) We can have friends everywhere.
    (B) We should visit friends whenever we have time.
    (C) We must make as many friends as possible.
    (D) We should have a common language with our friends.

Section Two

I. Free Response (Writing)

Note: In this part, you may NOT move back and forth among questions.

Directions: You will be asked to write in Chinese in a variety of ways. In each case, you will be asked to write for a specific purpose and to a specific person. You should write in as complete and as culturally appropriate a manner as possible, taking into account the purpose and the person described.

1. Story Narration

The four pictures present a story. Imagine you are writing the story to a friend. Narrate a complete story as suggested by the pictures. Give your story a beginning, a middle, and an end.

2. Personal Letter

Imagine you received a letter from a pen pal in Beijing. In the letter, he asks your opinion about a certain trend, phenomenon, or problem in the recent social and economic development of China. Write a reply in letter format. Share with your pen pal your personal thoughts about a social or economic problem of China you are familiar with or care about.

3. E-Mail Response

Read this e-mail from a friend and then type a response.

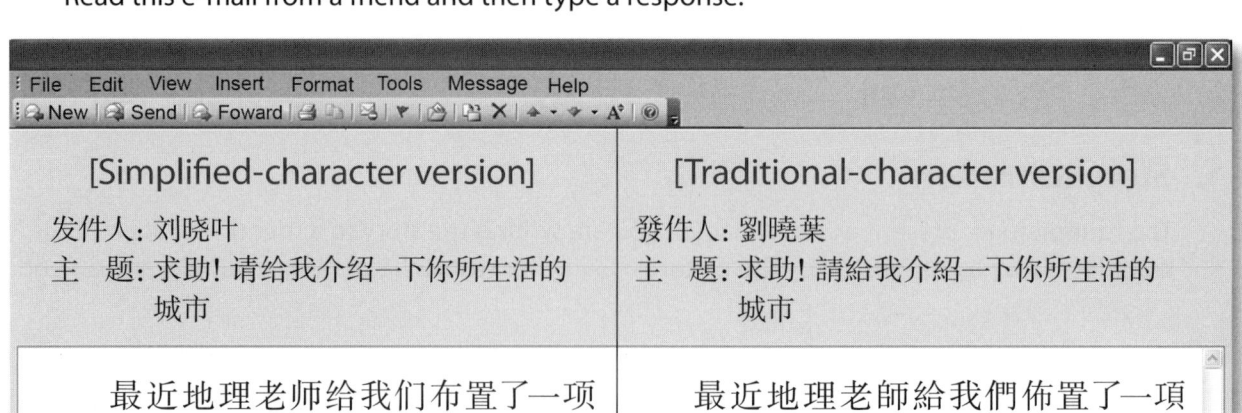

[Simplified-character version]

发件人：刘晓叶
主　题：求助! 请给我介绍一下你所生活的城市

　　最近地理老师给我们布置了一项作业：谈谈所关心的一座外国城市。我就想到了你这个朋友——你生活的城市当然就是我最关心的外国城市了! 我从网上、书上找了一些资料，但总觉得不够生动和真实，所以，我还想请你给我介绍一下你眼中的这个城市，请告诉我它的特色和特点。我想这将是最好的素材。

[Traditional-character version]

發件人：劉曉葉
主　題：求助! 請給我介紹一下你所生活的城市

　　最近地理老師給我們佈置了一項作業：談談所關心的一座外國城市。我就想到了你這個朋友——你生活的城市當然就是我最關心的外國城市了! 我從網上、書上找了一些資料，但總覺得不夠生動和真實，所以，我還想請你給我介紹一下你眼中的這個城市，請告訴我它的特色和特點。我想這將是最好的素材。

4. Relay a Telephone Message

Your sister's friend has just called. You will listen twice to the message. Then relay the message, including the important details, by typing a note to your sister.

II. Free Response (Speaking)

Note: In this part, you may NOT move back and forth among questions.

Directions: You will participate in a simulated conversation. Each time it is your turn to speak, you will have 20 seconds to record. You should respond as fully and as appropriately as possible.

1. Conversation

You are doing group work with one of your classmates during the sociology lesson. Your discussion topic is gender equality. You have a conversation with your classmate.

Directions: You will be asked to speak in Chinese on different topics in the following two questions. In each case, imagine you are making an oral presentation to your class or your family in Chinese. First, you will read and hear the topic for your presentation. You will have 4 minutes to prepare your presentation. Then you will have 2 minutes to record your presentation. Your presentation should be as complete as possible.

2. Cultural Presentation

In your presentation, talk about the similarities and differences between Chinese dragons and their Western counterparts. You may elaborate on their outward appearances, characteristics, the occasions when they appear, related cultural concepts, etc.

3. Event Plan

Imagine your vacation is just around the corner. In order to have an enriching vacation, you have come up with a study plan. Tell your friends or parents about your study plan. In the presentation, explain why you made such a plan and what it includes, such as what you will be studying, how you will be studying, how you have arranged your time, etc. Also, you should highlight the feasibility of the plan and its possible benefits.

Mid-Term Test — Answers
期中綜合訓練參考答案

期中綜合訓練參考答案

Section One

I. Multiple Choice (Listen to the dialogs)

答案：

1. C	2. B	3. B	4. C	5. A	6. D
7. B	8. D	9. B	10. D	11. B	12. B
13. A	14. C	15. C			

聽力錄音文本：

1. (Woman) 請問，看病應該去什麼地方掛號？
   (Man) (A) 看病去一層。
   (B) 我三號去醫院看病。
   (C) 對面一樓大廳。
   (D) 您要多大號的？

2. (Man) 你問的是什麼問題？
   (Woman) (A) 太難了吧？
   (B) 我想不起來了。
   (C) 誰知道呢。
   (D) 我不知道答案。

3. (Man) 你複習得怎麼樣了？
   (Woman) (A) 差點兒寫不出來了。
   (B) 我看差不多了。
   (C) 我看算了吧。
   (D) 差不多就定了吧。

4. (Woman) 我想喝水，最好是茶水。
   (Man) (A) 我也快餓死了。
   (B) 還有什麼好想的？
   (C) 我也快渴死了。
   (D) 還有什麼好吃的？

5. (Man) 我說了半天，你怎麼一句也聽不進去？
   (Woman) (A) 這件事我有自己的看法。
   (B) 你無論如何也得說兩句。
   (C) 這件事你過獎了。
   (D) 你無論如何也別進去。

6. (Woman) 對於這個問題，你有什麼看法？
   (Man) (A) 恐怕還沒有人說。
   (B) 我還有什麼好看的。
   (C) 的確應該再仔細看看。
   (D) 我還有什麼好說的。

7. (Woman) 你想說什麼就直說，別不好意思。
   (Man) (A) 請問，您想來點什麼？
   (B) 我沒什麼要說的。
   (C) 謝謝，我什麼都不需要。
   (D) 你一直在說什麼？

8. (Woman) 這件衣服不能再便宜了嗎？
   (Man) 不好意思，這已經是最低價了，要不你再到別家看看？
   (Woman) (A) 要不要別人家的？
   (B) 再好好看看嘛。
   (C) 別不好意思。
   (D) 再商量商量嘛。

9. (Woman) 快開會了，我們走吧。
   (Man) 我沒告訴你改時間了嗎？
   (Woman) (A) 再不走就來不及了。
   (B) 你什麼時候說的？
   (C) 時間還來得及。
   (D) 你想現在就走嗎？

10. (Woman) 這兒能上網嗎？
    (Man) 可以倒是可以，不過它這兒價錢不低。
    (Woman) (A) 平時都是怎麼收看的？
    (B) 怎麼跟你說價錢呢？
    (C) 網上怎麼說的？
    (D) 平時都是怎麼收費的？

11. (Man) 你能幫我個忙嗎？
    (Woman) 你說吧，只要我能做到的。
    (Man) (A) 謝謝，那就算了吧。
    (B) 借你的車用一下。
    (C) 哪裏，哪裏，應該的。
    (D) 我把車還給你。

12. (Man) 請大家注意，下車別忘了帶上自己的包。
    (Woman) 我的背包能放在車上嗎？
    (Man) (A) 祝你玩得開心。
    (B) 沒有貴重物品就可以。
    (C) 注意要準時回來。
    (D) 背包的款式還可以。

Mid-Term Test — Answers
期中綜合訓練參考答案

13. (Man) 你別老背後說人的壞話,這樣不好。
    (Woman) 我沒說什麼呀!
    (Man) (A) 還不承認!
          (B) 能說得清嗎?
          (C) 我聽不清楚!
          (D) 能不說嗎?

14. (Man) 你的作業什麼時候能做完?
    (Woman) 早著呢!
    (Man) (A) 你還不知道是什麼事嗎?
          (B) 原來早做完了。
          (C) 那你早幹嘛去了?
          (D) 什麼時候還不一定呢。

15. (Woman) 現在幾點了?我已經睡不著了。
    (Man) 天還沒亮呢。
    (Woman) (A) 說不定什麼時候睡呢。
            (B) 我們還是早點睡吧。
            (C) 我們還是起來吧。
            (D) 說不定什麼時候起呢。

II. Multiple Choice (Listen to the selections)

答案:

1. A	2. B	3. B	4. B	5. C	6. C
7. A	8. C	9. D	10. D	11. C	12. D
13. B	14. B	15. B	16. D	17. A	18. C

聽力錄音文本:

Selection 1

(Narrator) Now you will listen twice to the following selection.
(Girl) 謝謝大家給我的生日禮物!我真的非常喜歡。其實我們好長時間都沒有在一起玩了,所以我也是找個藉口和大家聚一聚。大家隨便一點兒,想吃什麼就吃什麼,想玩什麼就玩什麼。今天我爸爸做了很多好吃的,我們先吃飯。吃完飯後,想打牌的打牌,想唱歌的唱歌,大家玩得開心就好。來,我們先去吃飯吧!
(Narrator) Now listen again.
(Narrator) Now answer the questions for this selection.

Selection 2

(Narrator) Now you will listen twice to a voice message.
(Woman) 下面本臺將播送一條尋人啟事:王磊,男,1994年12月出生,安徽省明光市人,身高1.50米左右,體型偏瘦,圓臉,雙眼皮,2007年3月26日晚離家出走。出走時上身穿深藍色毛衣,內穿紅色T恤;下身穿咖啡色休閒褲;腳穿棕色皮鞋,手上戴著電子錶。如有知情者,請儘快與本臺聯繫,家人將感激不盡!

(Narrator)	Now listen again.
(Narrator)	Now answer the questions for this selection.

Selection 3

(Narrator)	Now you will listen once to a voice message.
(Woman)	現在向大家介紹一下我們學校圖書館的借閱規則： (1) 憑借書證借閱圖書，借書證只能本人使用，不得轉借他人。 (2) 每次可以在圖書館借書5冊，借期最長是1個月。過期還書每天每本需交一角錢的罰款。 (3) 二樓全部是閱覽室，裏面的圖書只能在館內閱讀，不能帶出圖書館。
(Narrator)	Now answer the questions for this selection.

Selection 4

(Narrator)	Now you will listen twice to a conversation between two students.
(Man)	最近我看了報導，在四川都江堰這個地方，百歲以上老人就有六十多人。有個一百多歲的老大爺，還能爬上樹去修剪樹枝呢！
(Woman)	你說他們為什麼能活這麼久呢？
(Man)	據說主要是因為熱愛勞動，家庭和睦，心情開朗。
(Woman)	他們飲食上有什麼講究嗎？
(Man)	就是多吃蔬菜，少吃肉。
(Woman)	我還聽說，人的壽命和體溫有關。要是人的體溫能下降一度，就會有更多的百歲老人。
(Man)	是這樣嗎？或許吧。
(Narrator)	Now listen again.
(Narrator)	Now answer the questions for this selection.

Selection 5

(Narrator)	Now you will listen twice to the following selection.
主持人：	觀眾朋友大家好！我是趙寧，我很高興邀請到"彝人製造"組合，他們最近推出了一些新歌。這位是哈布，坐在他左邊的是哈日，右邊的是木乃。
主持人：	你們都是彝族人嗎？
哈布：	是的。
主持人：	聽說你們又有了新作品？
哈布：	我們剛剛發行了第五張專輯。
記者：	恭喜你們！"彝人製造"的歌曲給人的印象是帶著濃濃的民族風情，在新的專輯裏，你們還是只唱民族歌曲嗎？
哈布：	不是，在第五張專輯裏我們有了很多突破，做了一些以前沒有做過的東西。比如帶有西方的R＆B特色、hip-hop特色的歌曲等。另外，我們還創作了有阿拉伯風格的歌曲。
主持人：	太好了！現在讓我們來聽聽新專輯中的主打歌。
(Narrator)	Now listen again.
(Narrator)	Now answer the questions for this selection.

Mid-Term Test — Answers
期中綜合訓練參考答案

III. Multiple Choice (Reading)

答案：

1. C	2. A	3. D	4. D	5. C	6. B
7. A	8. C	9. D	10. D	11. B	12. B
13. C	14. B	15. C	16. A	17. A	18. D
19. B	20. B	21. B	22. C	23. A	24. D
25. B	26. D	27. B	28. D	29. A	30. D
31. C	32. C	33. B	34. C	35. A	

Section Two

I. Free Response (Writing)

1. Story Narration

The four pictures present a story. Imagine you are writing the story to a friend. Narrate a complete story as suggested by the pictures. Give your story a beginning, a middle, and an end.

寫作提示：

這組圖片表現的是一次出遊活動中所發生的事情。在寫作的時候，要抓住事情發展的主要過程，運用恰當的聯接把事情敘述完整。

(1) 事情的開頭。比如：

這是……天氣……××、××、××和××來到……他們準備……於是，他們決定……××……(幹什麼)，××……××幫忙……大家都十分高興。

(2) 事情的主要經過和重要轉折。比如：

大家搭完帳篷，建好營地後，開始爬山。一路上，景色……大家心情特別愉快，說說笑笑，慢慢往上爬。這時，××提議說："……我們一起合張影吧！"大家紛紛響應。可是……發現……

(3) 事情的進展。比如：

經過商量，大家決定……於是，大家一起下山，回到了營地，跑進帳篷裏急忙……終於在……找到了相機。原來……

(4) 事情的結尾。比如：

大約過了……(時間)，他們又回到了那處景色秀麗的地方。……大家一起高興地在山坡上合影。

2. Personal Letter

   Imagine you received a letter from a pen pal in Beijing. In the letter, he asks your opinion about a certain trend, phenomenon, or problem in the recent social and economic development of China. Write a reply in letter format. Share with your pen pal your personal thoughts about a social or economic problem of China you are familiar with or care about.

   回信建議：

   這是一封交流看法的個人信件，以下內容可供回信參考：

   (1) 問候語。比如：

   你最近怎麼樣？一切都好吧！很高興又看到你的來信，知道你一切順利，我非常高興。

   (2) 可以用重複對方提議的方式開始話題。比如：

   你在信中提到，希望和我談談關於中國近些年來的社會發展問題，我很樂意就這個問題和你交換意見。我想這也是我和我的中文班同學平時比較願意談論的話題……

   (3) 在回信的主體部分，可以採取"總——分——總"的敘述方式，有條理地敘述你對這個問題的看法。比如：

   ① 先說總的意見或看法，比如：

   總的來說，我覺得中國近些年的社會發展……經濟發展速度……經濟水平……表現出一種……趨勢，我覺得這種趨勢可能反映了……並可能在不久的將來……

   ② 分領域或分部分列舉，可以在每部分的敘述後逐一表達自己的觀點，比如：

   從我所關心的……來看，中國近些年來在……方面……我聽說了一些有趣的事情看到過一組有趣的報導/聽說過一組特別有代表性的數據/……。還有，從……來看，……也顯得/表現出……對於這一現象，我認為……

   ③ 再次總結自己的基本態度或看法。比如：

   從這些現象和數據可以看出……我認為這是由於……它們體現出……所以，我說……并覺得……

   (4) 結束的祝福語可以提出進一步深入交流的建議，如：

   你提到的這個話題是一個很大的話題，我也希望聽聽你的想法。如果你有時間的話，下封信和我說說你的意見，怎麼樣？

   (5) 結尾別忘了署名和日期。

3. E-Mail Response

   Read this e-mail from a friend and then type a response.

   發件人：劉曉葉

   主　題：求助！請給我介紹一下你所生活的城市

   最近地理老師給我們佈置了一項作業：談談所關心的一座外國城市。我就想到了你這個朋友——你生活的城市當然就是我最關心的外國城市了！我從網上、書上找了一些資料，但總覺得不夠生動和真實，所以，我還想請你給我介紹一下你眼中的這個城市，請告訴我它的特色和特點。我想這將是最好的素材。

Mid-Term Test — Answers
期中綜合訓練參考答案

回信建議：

(1) 這封電郵希望瞭解的不是關於城市的一般性情況，因此介紹時不能泛泛而談，而應該有針對性，突出對方最需要瞭解的城市特色和特點。

(2) 在具體敘述的過程中，可以逐項列出，也可以就某一個特點進行多層面的說明。比如：

① 逐項列出：

我覺得我們這個城市有……個突出的特點。第一……也就是說……第二……這是指……第三……其中最突出的表現是……

② 就某個特點進行多層面說明：

應該說，……是我們這個城市最大的特點。之所以這樣說，主要有這樣幾方面的原因：第一……比如……第二……因此……第三……這也是為什麼人們……的原因。

③ 當然，你也可以兩種敘述方式相結合，重點突出兩至三個特點，並就每一個特點做不同層面的闡釋。敘述是否能展開，取決於你對城市的瞭解和態度。

(3) 郵件結束部分可以借機表達你作為城市"主人"的自豪之情和好客之意，如：

聽完我的介紹，你難道沒有動心嗎？不想到我這裏做客嗎？我保證給你安排一次難忘的旅行！快來吧！順祝：學習、生活順利，萬事如意！

4. **Relay a Telephone Message**

Your sister's friend has just called. You will listen twice to the message. Then relay the message, including the important details, by typing a note to your sister.

(Woman) 林娜，我是苗苗。現在通知你舞蹈隊的一項緊急任務：這週日的畢業生晚會上，我們將表演"遠飛的鴿子"。這週六下午我們將集中排練一次，請一點半準時到學校的舞蹈房集合。因為這是演出前的正式排練，所以別忘了穿上那套白色的演出服，一定不要遲到啊！如果有什麼問題，明天中午以前給我回個電話，我們再具體說吧。拜！

轉述建議：

轉述時首先要交待一下電話是誰打來的。轉述的核心部分是要說清楚對方打電話的目的，即"苗苗通知你有關舞蹈隊表演活動的事情"。相關的重要細節不能遺漏，它們包括：節目表演的場合和時間，節目的名稱，排練的時間，集合的時間，服裝要求等。最後，不要忘記："苗苗在電話中還說到，如果你有什麼問題，應該在明天中午以前給她回個電話，具體情況你們可以在電話裏再說。"

II. Free Response (Speaking)

1. **Conversation**

You are doing group work with one of your classmates during the sociology lesson. Your discussion topic is gender equality. You have a conversation with your classmate.

(1) 問題一：男女平等好像是個老話題了，你有什麼新的看法嗎？

回答建議：

對於這個問題，你應該從正面直接回答，說明你的看法。例如：

我覺得男女平等問題雖然是一個老問題，但也是一個沒有得到解決的問題，特別是……所以，我現在的看法是……

隨著時代的發展，關於男女平等問題的討論越來越深入，我的看法是……

男女平等問題實在是一個太老的話題了，我沒有什麼新的看法，但是……

我對男女平等這個問題很有興趣，我看過一本書，書上說……所以……

我認為在今天男女平等已經不是一個大問題了，因為……

(2) 問題二：你認爲男女真的可能實現完全平等嗎？爲什麽？
回答建議：
這題實際包含了兩個問題，因此要針對兩個問題做出回答，重點説明理由，如：
我認爲實現男女完全平等是有可能的，因爲……
我覺得還是有可能實現真正的男女平等的，因爲時代、社會……
實現真正的男女平等可不是那麽容易的事情，因爲這涉及人們的思想、社會制度等很多方面，不是……就……
我覺得不可能實現真正的男女平等，因爲傳統觀念……

(3) 問題三：你認爲男女平等對社會和個人都有哪些意義和價值呢？
回答建議：
這個問題需要從兩個方面來談，一個是社會方面，一個是個人方面，當然二者是有聯繫的。比如：
所謂男女平等就是性別平等。這對於一個社會來說是至關重要的……
在社會生活的各個方面，無論是在社會活動的公共領域，還是在家庭生活的私人領域，男性與女性都應該有平等的權利和義務。如果……
在社會生活中男女應該具有平等的機遇，在競爭和選擇面前才能是平等的……現代社會是一個法制社會，法律面前人人平等，否則……
在個人生活中，男女在人格上是平等的，如果不平等，就無法保證女性在兩性關係和家庭生活中應該擁有的權利和義務，進而……
我是女生，我認爲……

(4) 問題四：那你覺得在現今社會，哪些方面已經實現了男女平等，哪些方面還差得遠呢？
回答建議：
對於這個問題的回答，重點是舉例，要説出男女平等與不平等的各種表現。如：
在現今社會中，我認爲男女平等問題在獲得受教育的權利方面做得最好，其次……
我姐姐在一家公司工作，我聽她説……

(5) 問題五：你認爲沒有實現男女平等的那些方面，主要原因是什麽？
回答建議：
對這個問題，關鍵是説明原因。如：
我認爲沒有實現男女平等的根本原因是傳統的男尊女卑思想，這種思想……
我覺得原因是多方面的，最主要的是……

(6) 問題六：那你覺得怎樣才能更好地實現男女平等呢？
回答建議：
你可以從宏觀的方面説，也可以提出一些具體的措施。比如：
我覺得，實現男女平等還需要做大量的宣傳教育……
我想，要把法律規定的平等變成現實，還需要制定具體的政策，比如，公司在招聘新人時必須……
我認爲無論如何都不可能實現……現在只要多尊重一些……就行了。

Mid-Term Test — Answers
期中綜合訓練參考答案

2. Cultural Presentation

In your presentation, talk about the similarities and differences between Chinese dragons and their Western counterparts. You may elaborate on their outward appearances, characteristics, the occasions when they appear, related cultural concepts, etc.

回答建議：

這個問題主要在於比較，你可以這樣開始你的論述：

龍在漢英兩種語言中都具有一定的象徵意義。

然後，可以分三個層次來說明：

(1) 說明中國龍的形態、出現場合以及相關的文化含義。在中華文化中，龍是權威、力量、吉祥的象徵，古代皇帝常常自稱是龍子，現在在喜慶的節日裏，人們常常會舉行舞龍燈、賽龍船的活動，甚至把龍作爲整個中國的象徵。

(2) 說明西方龍的形態、出現場合以及相關的文化含義。在西方文化中"dragon"是"凶殘、邪惡、怪物"的意思，常常出現在……反映了……

(3) 在比較的基礎上，談談自己的看法。比如，你認爲中國人爲什麼會選擇龍作爲吉祥的象徵。

3. Event Plan

Imagine your vacation is just around the corner. In order to have an enriching vacation, you have come up with a study plan. Tell your friends or parents about your study plan. In the presentation, explain why you made such a plan and what it includes, such as what you will be studying, how you will be studying, how you have arranged your time, etc. Also, you should highlight the feasibility of the plan and its possible benefits.

回答建議：

在回答這個問題時，首先要交代是和誰進行交談，然後用恰當的口吻進行敘述。談話時可以分以下幾個部分：

(1) 說明制定假期讀書計劃的緣由。在這一部分重點突出你對假期讀書的強烈願望，說明爲什麼要集中時間讀書，比如假期的時間有多長，你特別想補充哪方面的知識，或曾經聽同學說過哪本好書，自己如何渴望閱讀等等；同時要說明讀完這本書還有什麼困難。這一部分要把理由說清楚，讓人感到有必要制定一個讀書計劃。

(2) 說明你的整個讀書計劃。在這一部分裏，你要具體說明計劃的方方面面。比如：讀什麼書，採用怎樣的方式讀書，用多少時間讀書等。每一項內容都要儘量表述清楚。

(3) 具體說明你對計劃的預期。在這一部分談談你準備在讀書之後做些什麼，比如：寫一個讀書報告；做一個PPT(電腦簡報)，開學以後向全班同學匯報；根據學到的知識，自己去做一個實驗或者調查等等。

(4) 最後，可以簡單徵求一下對方的意見。

End-of-Term Test
期末綜合訓練

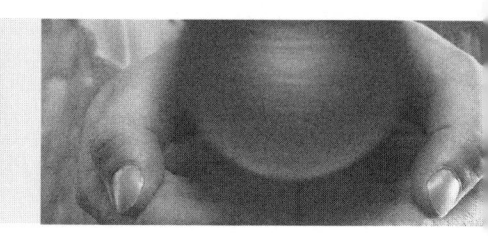

Section One

I. Multiple Choice (Listen to the dialogs)

Note: In this part, you may NOT move back and forth among questions.

Directions: In this part, you will hear several short conversations or parts of conversations followed by four choices, designated (A), (B), (C), and (D). Choose the one that continues or completes the conversation in a logical and culturally appropriate manner. You will have 5 seconds to answer each question.

1.	(A)	(B)	(C)	(D)	9.	(A)	(B)	(C)	(D)
2.	(A)	(B)	(C)	(D)	10.	(A)	(B)	(C)	(D)
3.	(A)	(B)	(C)	(D)	11.	(A)	(B)	(C)	(D)
4.	(A)	(B)	(C)	(D)	12.	(A)	(B)	(C)	(D)
5.	(A)	(B)	(C)	(D)	13.	(A)	(B)	(C)	(D)
6.	(A)	(B)	(C)	(D)	14.	(A)	(B)	(C)	(D)
7.	(A)	(B)	(C)	(D)	15.	(A)	(B)	(C)	(D)
8.	(A)	(B)	(C)	(D)					

II. Multiple Choice (Listen to the selections)

Note: In this part, you may move back and forth only among the questions associated with the current listening selection.

Directions: In this part, you will listen to several selections in Chinese. For each selection, you will be told whether it will be played once or twice. You may take notes as you listen. After listening to each selection, you will see questions in English. For each question, choose the response that is best according to the selection. You will have 12 seconds to answer each question.

End-of-Term Test
期末綜合訓練

Selection 1

1. When is the Tree Planting Day in China?
   - (A) Late March
   - (B) Every Friday in March
   - (C) Early March
   - (D) Every Sunday in March

2. Where will the activity for this year's Tree Planting Day be held?
   - (A) In the school compound
   - (B) In the South suburbs
   - (C) In the botanical garden
   - (D) In the East suburbs

3. What is the activity for this year's Tree Planting Day?
   - (A) Everyone will plant two saplings.
   - (B) The saplings will be watered and fertilized.
   - (C) The planting of the saplings will be promoted to the community.
   - (D) The saplings will be watered and pictures will be taken.

4. How will the students get to the activity site?
   - (A) Walk to the site together
   - (B) Make their own travel plans
   - (C) Ride a bike together
   - (D) Take a bus together

Selection 2

5. According to the conversation, which of the following statements is TRUE?
   - (A) The woman is suggesting that Xi'an has a longer history of being the capital than Beijing.
   - (B) The woman is not able to confirm if her information is accurate.
   - (C) The man thinks that Beijing was the capital of four dynasties.
   - (D) The man took an elective course in "The Famous Cities in Chinese History."

6. Beijing used to be the capital of _____.
   - (A) Western Zhou
   - (B) Han Dynasty
   - (C) Tang Dynasty
   - (D) Yuan Dynasty

7. According to the man, how long has Beijing been the capital city?
   (A) More than 300 years
   (B) More than 600 years
   (C) More than 800 years
   (D) More than 1,000 years

Selection 3

8. What kind of film is being described in the voice message?
   (A) A science fiction film
   (B) A comedy
   (C) A historical film
   (D) A cartoon

9. What is the film about?
   (A) It tells the story of human beings and dragons.
   (B) It tells the story of dinosaurs and dragons.
   (C) It tells the story of dinosaurs.
   (D) It tells the story of dragons.

10. How many times will the film be screened at the school's movie theater?
    (A) Twice
    (B) Three times
    (C) Four times
    (D) Five times

11. What is the purpose of Wang Yan's call?
    (A) She wants to invite Li Qiang to watch the film with her.
    (B) She wants to recommend the film to Li Qiang.
    (C) She wants to tell Li Qiang that the school's movie theater screened the film in the past.
    (D) She wants to make an appointment to meet Li Qiang in the evening.

Selection 4

12. What does the woman mean by "写信（寫信）"?
    (A) Writing an e-mail
    (B) Writing a letter
    (C) Sending a short message
    (D) Sending an express mail

13. What does the man think about writing letters?
    (A) It is too slow.
    (B) It is too troublesome.
    (C) It feels good.
    (D) It is a good tradition.

14. How does the woman usually contact her friends?
    (A) By sending letters
    (B) By sending short messages
    (C) By making telephone calls
    (D) By sending e-mails

15. According to the conversation, which of the following statements is TRUE?
    (A) The woman thinks that they should follow the current trend.
    (B) The man thinks that sending short messages is the current trend.
    (C) The woman is not comfortable with the act of writing a letter.
    (D) The man thinks that short messages cannot express the message clearly.

Selection 5

16. What is the main topic of this talk?
    (A) The wedding customs of the Uygur people
    (B) The wedding customs of the Dai people
    (C) The wedding customs of the Han people
    (D) The wedding customs of the Yi people

17. According to the talk, how many people will accompany the bridegroom to pick up the bride from her parents' home?
    (A) One elder and 12 companions
    (B) One elder and 13 companions
    (C) Two elders and 12 companions
    (D) Two elders and 13 companions

18. What will the procession of people from the groom's family carry with them?
    (A) Wine and food for the bride and the bridegroom
    (B) Wine and food for the bride's family and guests
    (C) Gifts for the bride
    (D) Gifts for the bride's family and guests

III. Multiple Choice (Reading)

Note: In this part, you may move back and forth among all the questions.

Directions: You will read several selections in Chinese. Each selection is accompanied by a number of questions in English. For each question, choose the response that is best according to the selection.

Read this passage.

[Simplified-character version]

　　一项调查表明，现在大城市很多孩子的零用钱偏高，这和家长的看法有很大关系。某些家长认为，"如今生活富裕了，不能让孩子再像自己当年那样清苦了"，"再穷不能穷孩子"。这些孩子往往是大手大脚花钱，要是手头没有钱，就向父母要，或者是想办法向亲友、同学借。当然也有很多家长，虽然经济条件不错，但是给孩子的零花钱并不多，他们更看重的是对孩子教育方面的投入。

[Traditional-character version]

　　一項調查表明，現在大城市很多孩子的零用錢偏高，這和家長的看法有很大關係。某些家長認爲，"如今生活富裕了，不能讓孩子再像自己當年那樣清苦了"，"再窮不能窮孩子"。這些孩子往往是大手大腳花錢，要是手頭沒有錢，就向父母要，或者是想辦法向親友、同學借。當然也有很多家長，雖然經濟條件不錯，但是給孩子的零花錢並不多，他們更看重的是對孩子教育方面的投入。

1. Which of the following factors is most closely linked to the increase in children's pocket money?
   (A) Parents' income
   (B) Parents' attitude
   (C) Children's mentality
   (D) Friends' influence

2. Why are some parents supportive of their children's high expenditures?
   (A) They want their children to be respected by others.
   (B) They do not want their children to suffer like they used to.
   (C) They are worried that others may look down on them.
   (D) They are worried that their children cannot endure hardships.

3. Why do some children borrow money?
   (A) They spend too extravagantly.
   (B) Their parents do not give them money.
   (C) They are too poor and are not given enough pocket money.
   (D) They want to attract others' attention.

4. Why do some parents give their children so little pocket money?
   (A) Their incomes are low.
   (B) Their children have bad spending habits.
   (C) They think they should spend the money on other areas.
   (D) They want their children to be thrifty.

Read this story.

[Simplified-character version]	[Traditional-character version]
有一个叫卫特的德国人，他学习了一些中文，就去中国旅行。有一天他遇到了一位中国老人，两个人就聊了起来。 老人："您贵姓？" 卫特："我姓卫。" 老人："卫什么？" 卫特："为什么？姓卫还需要问为什么吗？" 老人哈哈大笑。	有一個叫衛特的德國人，他學習了一些中文，就去中國旅行。有一天他遇到了一位中國老人，兩個人就聊了起來。 老人："您貴姓？" 衛特："我姓衛。" 老人："衛什麼？" 衛特："爲什麼？姓衛還需要問爲什麼嗎？" 老人哈哈大笑。

5. What did the elderly man mean when he asked "卫什么（衛什麼）"?
   (A) He wanted to know why Witt was in China.
   (B) He wanted to know how Witt got his name.
   (C) He wanted to know Witt's full name.
   (D) He wanted to greet Witt.

6. Why did Witt ask "为什么（爲什麼）"?
   (A) He did not pay attention to the elderly man's question.
   (B) He did not hear clearly what the elderly man said to him.
   (C) He did not understand what the elderly man meant.
   (D) He did not know how to answer the elderly man's question.

7. What interesting phenomenon does the story reflect?
   (A) The same word may have different meanings.
   (B) The same word may have different pronunciations.
   (C) Different words may have the same pronunciation.
   (D) Different words may have the same meaning.

Read this passage.

[Simplified-character version]	[Traditional-character version]
一年内可以发生多少次月食呢？对地球而言，一年内最多发生三次，可有时一次也不发生，而日食每年最多可发生五次，最少也要发生两次。这么看来，每年发生日食的次数比月食多，可是为什么人们看到月食的机会总是比日食多呢？这是由于日食带的范围小，地球上只有局部地区可以看到；对于某一确定地点而言，平均每3年左右才可以看到一次日偏食，300多年才可以看到一次日全食。而月食一旦发生，处于夜晚的半个地球上的人都可以看到。也就是说，对某一地区而言，看到月食的机会平均是发生月食次数的一半。	一年內可以發生多少次月蝕呢？對地球而言，一年內最多發生三次，可有時一次也不發生，而日蝕每年最多可發生五次，最少也要發生兩次。這麼看來，每年發生日蝕的次數比月蝕多，可是為什麼人們看到月蝕的機會總是比日蝕多呢？這是由於日蝕帶的範圍小，地球上只有局部地區可以看到；對於某一確定地點而言，平均每3年左右才可以看到一次日偏蝕，300多年才可以看到一次日全蝕。而月蝕一旦發生，處於夜晚的半個地球上的人都可以看到。也就是說，對某一地區而言，看到月蝕的機會平均是發生月蝕次數的一半。

8. According to the passage, how often does the lunar eclipse occur?
    - (A) At most once a year
    - (B) At most three times a year
    - (C) At most five times a year
    - (D) At most 10 times a year

9. According to the passage, which of the following statements is TRUE?
    - (A) The solar eclipse does not occur often.
    - (B) The lunar eclipse occurs often.
    - (C) The solar eclipse is seldom seen in the Southern Hemisphere.
    - (D) The lunar eclipse can be seen over a broader region than the solar eclipse.

End-of-Term Test
期末綜合訓練

Read this passage.

[Simplified-character version]

　　早就听说江南景色秀丽，这次趁着五一假期，我独自一人去了苏州和杭州，在那儿痛痛快快地度过了五一长假。现在回想起来，给我印象最深的是那里的一些传统建筑。它们的特点是实现了庭院和园林的完美结合。比如，很多院落里都有一个水池，水池旁一般会有四面敞开或一面开放的建筑，这是主人用来招待客人的地方，主人和客人常常在这里读诗、品茶、欣赏乐曲。坐在这里，不难想像当年的人们高雅、舒适的生活。

[Traditional-character version]

　　早就聽說江南景色秀麗，這次趁著五一假期，我獨自一人去了蘇州和杭州，在那兒痛痛快快地度過了五一長假。現在回想起來，給我印象最深的是那裏的一些傳統建築。它們的特點是實現了庭院和園林的完美結合。比如，很多院落裏都有一個水池，水池旁一般會有四面敞開或一面開放的建築，這是主人用來招待客人的地方，主人和客人常常在這裏讀詩、品茶、欣賞樂曲。坐在這裏，不難想像當年的人們高雅、舒適的生活。

10. What was the writer's main reason for traveling to Suzhou and Hangzhou?
    (A) Some friends invited him.
    (B) He had some free time.
    (C) Fewer tourists frequent those areas.
    (D) He could afford to spend less money there.

11. Which of the following statements about the traditional architecture in Suzhou and Hangzhou is TRUE?
    (A) It is the representation of architecture in ancient China.
    (B) It serves both residential and entertainment purposes.
    (C) It embodies both Chinese and Western styles.
    (D) It is simple and unsophisticated.

12. Which of the following statements can be inferred from the passage?
    (A) The writer has been yearning to live in Suzhou and Hangzhou since he was young.
    (B) People in ancient Suzhou and Hangzhou were highly civilized.
    (C) The courtyards' owners led a relaxed and comfortable life.
    (D) Suzhou and Hangzhou were the most prosperous cities in ancient China.

Read this story.

[Simplified-character version]

　　汉武帝是中国最伟大的皇帝之一，生活在两千多年以前。他心爱的女人李夫人生病去世以后，汉武帝十分忧伤，想念李夫人到了吃不下饭的地步。有一天，一个叫李少翁的人在路上遇到了几个小孩，小孩正拿着布娃娃玩耍。在阳光下，地上布娃娃的影子就像真的一样。李少翁看了以后，灵机一动，就用布剪成了李夫人的影像，涂上色彩，并在用布做成的"李夫人"的"手脚"处装上木杆。到了晚上，李少翁把汉武帝请来。他拉起白色的幕布，点上蜡烛，在幕布和蜡烛之间操纵"李夫人"，让"她"活动的影像投射到幕布上。坐在幕布的另一侧观看的汉武帝看了以后，觉得自己又见到了李夫人！据说，这就是皮影戏的由来。

[Traditional-character version]

　　漢武帝是中國最偉大的皇帝之一，生活在兩千多年以前。他心愛的女人李夫人生病去世以後，漢武帝十分憂傷，想念李夫人到了吃不下飯的地步。有一天，一個叫李少翁的人在路上遇到了幾個小孩，小孩正拿著布娃娃玩耍。在陽光下，地上布娃娃的影子就像真的一樣。李少翁看了以後，靈機一動，就用布剪成了李夫人的影像，塗上色彩，並在用布做成的"李夫人"的"手腳"處裝上木桿。到了晚上，李少翁把漢武帝請來。他拉起白色的幕布，點上蠟燭，在幕布和蠟燭之間操縱"李夫人"，讓"她"活動的影像投射到幕布上。坐在幕布的另一側觀看的漢武帝看了以後，覺得自己又見到了李夫人！據說，這就是皮影戲的由來。

13. How did Li Shaoweng invent shadow play?
    (A) He invented it after studying puppetry for a long time.
    (B) He was inspired by children playing dolls.
    (C) He was inspired by Madam Li's image.
    (D) He was commanded by the emperor to do so.

14. Which of the following was NOT used in shadow play when it was first introduced?
    (A) Candles
    (B) Puppets
    (C) Cloth background
    (D) Oil lamps

15. According to the passage, which of the following statements is TRUE?
    (A) The "Madam Li" in the shadow play could talk and move.
    (B) The stories told through shadow play are generally touching.
    (C) The audience can see the puppet figures during the shadow play.
    (D) The image of "Madam Li" in the shadow play was like the actual person.

End-of-Term Test

Read this passage.

[Simplified-character version]

"说曹操，曹操到"，原来我不知道这句话是什么意思，我的朋友告诉我说："就是谈到某个人时某个人正好出现了。""那曹操又是什么意思呢？"我又问。他告诉我："曹操是中国汉朝末年一个很有名的人物，他不仅聪明能干，很有谋略，而且还是个诗人呢！至于为什么是曹操，而不是别人，我听说这主要是因为有一次皇帝遇到了危险，需要马上找人解救，有人提到了曹操，而这时曹操派来救援的人正好赶到，于是皇帝得救了。"

[Traditional-character version]

"說曹操，曹操到"，原來我不知道這句話是什麼意思，我的朋友告訴我說："就是談到某個人時某個人正好出現了。""那曹操又是什麼意思呢？"我又問。他告訴我："曹操是中國漢朝末年一個很有名的人物，他不僅聰明能幹，很有謀略，而且還是個詩人呢！至於爲什麼是曹操，而不是別人，我聽說這主要是因爲有一次皇帝遇到了危險，需要馬上找人解救，有人提到了曹操，而這時曹操派來救援的人正好趕到，於是皇帝得救了。"

16. What does "说曹操，曹操到（說曹操，曹操到）" mean?
    (A) You mention someone and you hope the person shows up.
    (B) You do not mention someone but he shows up unexpectedly.
    (C) You mention someone but he does not show up.
    (D) You mention someone and he shows up at that very moment.

17. According to the passage, who was Cao Cao?
    (A) He was the emperor.
    (B) He was a man in danger.
    (C) He was a man who wrote poems.
    (D) He was a well-known person in the early Han Dynasty.

18. Why does the proverb mention the name "Cao Cao"?
    (A) The proverb was created by Cao Cao.
    (B) Cao Cao is a famous person.
    (C) The proverb wants to show that Cao Cao is never late.
    (D) Cao Cao was involved in such an incident.

Read this passage.

[Simplified-character version]

　　《诗经》是中国第一部诗歌总集，是儒家学派的重要经典，它编成于两千多年前的春秋时代，收录了春秋中叶以前的305首诗歌。这些诗歌在古代是可以用来唱的，只可惜到了现在只留下了歌词，也就是诗了。《诗经》分为"风""雅""颂"三大类，《风》大都是民歌，《雅》有些是宴会上唱的歌，《颂》多是在祭祀祖先时用的。《诗经》中每首诗的句子大多由四个字组成，因而显得很整齐。

[Traditional-character version]

　　《詩經》是中國第一部詩歌總集，是儒家學派的重要經典，它編成於兩千多年前的春秋時代，收錄了春秋中葉以前的305首詩歌。這些詩歌在古代是可以用來唱的，只可惜到了現在只留下了歌詞，也就是詩了。《詩經》分爲"風""雅""頌"三大類，《風》大都是民歌，《雅》有些是宴會上唱的歌，《頌》多是在祭祀祖先時用的。《詩經》中每首詩的句子大多由四個字組成，因而顯得很整齊。

19. According to the passage, which of the following statements is TRUE?
    (A) The sentence patterns in《诗经》(《詩經》) are well-organized.
    (B) Every line in《诗经》(《詩經》) is made up of four characters.
    (C) 《诗经》(《詩經》) was composed before 2,000 B.C.
    (D) 《诗经》(《詩經》) was composed by poets.

20. Which of the following statements about the poems in《诗经》(《詩經》) is TRUE?
    (A) Only a small portion of them has been passed down.
    (B) All of them were written by singers.
    (C) They could be sung in the past.
    (D) They were very popular in the past.

21. What is the biggest difference between《雅》(《雅》) and《颂》(《頌》)?
    (A) They were sung at different times of the day.
    (B) They were sung by different people.
    (C) They were sung on different occasions.
    (D) They were sung in different eras.

22. According to the passage, what does《风》(《風》) in《诗经》(《詩經》) record?
    (A) Folk music
    (B) Banquet music
    (C) Worship music
    (D) National music

Read this notice.

[Simplified-character version]

　　我儿子快两岁了，需要看管，家中还有一位老人也需要照顾，所以打算请一位保姆帮忙。要求：女性，身体健康，年龄在30岁到45岁之间。勤劳、诚实，能吃苦、会做饭，性格开朗。必须有带孩子的经验，最好会说普通话。月工资1000元，吃住全包。

联系电话：13366923317
联系人：张女士

[Traditional-character version]

　　我兒子快兩歲了，需要看管，家中還有一位老人也需要照顧，所以打算請一位保姆幫忙。要求：女性，身體健康，年齡在30歲到45歲之間。勤勞、誠實，能吃苦、會做飯，性格開朗。必須有帶孩子的經驗，最好會說普通話。月工資1000元，吃住全包。

聯繫電話：13366923317
聯繫人：張女士

23. Who most likely released this notice?
    (A) A nanny
    (B) An agency
    (C) A woman
    (D) An elderly person

24. Who does the nanny have to take care of?
    (A) Two elderly people
    (B) Two elder people and a child
    (C) An elderly person and a child
    (D) An elderly person, a child and a youngster

25. Which of the following statements about the requirements of the nanny is TRUE?
    (A) She must be between 20 and 40 years old, diligent and honest.
    (B) She must be cheerful and need not be able to cook.
    (C) She must be able to live with the employer and preferably have experience taking care of children.
    (D) She must be hardworking and preferably be able to speak Putonghua.

26. What will the nanny be entitled to?

  (A) 1,000 *yuan* per month, excluding lunch
  (B) Free meals and lodging, and 1,000 *yuan* per month
  (C) Free meals and lodging, a salary, and a variable bonus
  (D) 1,000 *yuan* per month and a bonus

Read this passage.

[Simplified-character version]	[Traditional-character version]
在西藏旅游，了解当地的风俗习惯与禁忌是很重要的。藏族人的礼仪很多。献"哈达"是最普通的礼节，无论婚丧节庆、拜会师长、瞻仰佛像，都要献"哈达"。在那里，人们见面称呼时，不能直接叫对方的名字，而要在名字前或后加上表示尊敬的称呼，如在日喀则地区，男性名字前加"阿吉"；在拉萨地区，名字后一般要加"啦"字，以表示尊敬和亲切。由于宗教信仰关系，藏族人禁吃驴肉、马肉和狗肉，有些地方也不吃鱼肉，一般也反对捕杀野生动物。	在西藏旅遊，瞭解當地的風俗習慣與禁忌是很重要的。藏族人的禮儀很多。獻"哈達"是最普通的禮節，無論婚喪節慶、拜會師長、瞻仰佛像，都要獻"哈達"。在那裏，人們見面稱呼時，不能直接叫對方的名字，而要在名字前或後加上表示尊敬的稱呼，如在日喀則地區，男性名字前加"阿吉"；在拉薩地區，名字後一般要加"啦"字，以表示尊敬和親切。由於宗教信仰關係，藏族人禁吃驢肉、馬肉和狗肉，有些地方也不吃魚肉，一般也反對捕殺野生動物。

27. According to the passage, on what occasions is the "hada" presented by the Tibetan people?

  (A) When they visit their best friend
  (B) When they have a family dinner
  (C) When students attend classes in school
  (D) When they pay homage to Buddha in a temple

28. According to the passage, which of the following statements is TRUE?

  (A) Tibetan people are forbidden to eat mutton.
  (B) The honorific titles used in Tibet differ from area to area.
  (C) All Tibetan people put "Ah Ji" before a person's name to show respect.
  (D) Presenting the "hada" is a special rite that is rarely performed.

End-of-Term Test
期末綜合訓練

29. Why do some Tibetan people NOT eat fish?
   (A) They believe that natural resources are very important.
   (B) They do not like the taste of fish.
   (C) They are religious.
   (D) They are vegetarian.

Read this passage.

[Simplified-character version]

中国的方言很多，即使在同一个省，不同地区人们的方言也不同，有时甚至到了无法交流的地步，但有一个很奇怪的现象是，四川、广东、福建等省的距离很远，但部分地区的方言和风俗习惯却是一样的。我们把这些位于不同的省却具有相同方言和风俗习惯的人称作"客家人"。从"客家人"名字中的"客"来看，他们原来不是本地人。据书籍上的记载，很久以前，他们都是黄河流域的汉族人，后来从唐宋时期开始，由于天灾和战乱等原因，他们大量向南迁移，先在广东和福建相邻的地方住下来，后来又向其他省市及海外迁移。现在已有上千万客家人分布在世界70多个国家和地区。人们常说："海外有华人的地方就有客家人。"

[Traditional-character version]

中國的方言很多，即使在同一個省，不同地區人們的方言也不同，有時甚至到了無法交流的地步，但有一個很奇怪的現象是，四川、廣東、福建等省的距離很遠，但部分地區的方言和風俗習慣卻是一樣的。我們把這些位於不同的省卻具有相同方言和風俗習慣的人稱作"客家人"。從"客家人"名字中的"客"來看，他們原來不是本地人。據書籍上的記載，很久以前，他們都是黃河流域的漢族人，後來從唐宋時期開始，由於天災和戰亂等原因，他們大量向南遷移，先在廣東和福建相鄰的地方住下來，後來又向其他省市及海外遷移。現在已有上千萬客家人分佈在世界70多個國家和地區。人們常說："海外有華人的地方就有客家人。"

30. According to the passage, which of the following statements about Sichuan and Guangdong is TRUE?
   (A) They are located near to each other.
   (B) They share the same dialect.
   (C) Their forefathers used to be close relatives.
   (D) They share some similar customs.

31. According to the passage, which of the following statements about the Hakka is TRUE?
   (A) They are an ethnic minority group in China.
   (B) They came into existence recently.
   (C) They have now settled in different parts of the world.
   (D) They are guests living temporarily in South China.

32. What can be inferred from the name "客家人（客家人）"?
    (A) They are a very hospitable people.
    (B) They like to keep their guests at home.
    (C) They did not have their origin in South China.
    (D) They have always been locals in Guangdong.

33. According to the passage, which of the following statements is TRUE?
    (A) The Hakka are people who moved to South China during the Han Dynasty.
    (B) The Hakka dialect shares some similarities with the Hokkien dialect.
    (C) The Hakka are very good at running businesses.
    (D) The Hakka traditions and customs are less observed today.

Read this public sign.

[Simplified-character version]

可回收　　不可回收

[Traditional-character version]

可回收　　不可回收

34. Where would this sign most likely appear?
    (A) On an office table
    (B) On a trash can
    (C) On a bus
    (D) At an airport's entrance

35. What does this sign aim to remind people to distinguish?
    (A) Things that can and cannot be recycled
    (B) Things that can and cannot be retrieved
    (C) Things that can and cannot be taken home
    (D) Things that may and may not be confiscated

End-of-Term Test
期末綜合訓練

Section Two

I. Free Response (Writing)

Note: In this part, you may NOT move back and forth among questions.

Directions: You will be asked to write in Chinese in a variety of ways. In each case, you will be asked to write for a specific purpose and to a specific person. You should write in as complete and as culturally appropriate a manner as possible, taking into account the purpose and the person described.

1. Story Narration

The four pictures present a story. Imagine you are writing the story to a friend. Narrate a complete story as suggested by the pictures. Give your story a beginning, a middle, and an end.

2. Personal Letter

Imagine you want to find a part-time job during the vacation. You call a work agency for help. The agency requests that you provide them with a a personal résumé. Write a reply in letter format. In the letter, include your résumé, your requirements for the part-time job, how they can contact you, and any other information you think necessary.

3. E-Mail Response

Read this e-mail from your teacher and then type a response.

[Simplified-character version]

发件人: 张老师
主 题: 你进步了吗?

亲爱的同学们, 时间过得真快, 一转眼, 我们这个学期的中文课就要结束了。回顾一个学期的学习, 我们接触了汉语、中国文化乃至人类文明的许多重要话题。还记得我们的单元主题吗? 它们是: 人类与自然、民族与社会、语言与汉字、名人与历史、文学与艺术。通过这些单元的学习, 你们有什么样的收获? 请你们给我回一封邮件, 这也是本学期的最后一次作文。

[Traditional-character version]

發件人: 張老師
主 題: 你進步了嗎?

親愛的同學們, 時間過得真快, 一轉眼, 我們這個學期的中文課就要結束了。回顧一個學期的學習, 我們接觸了漢語、中國文化乃至人類文明的許多重要話題。還記得我們的單元主題嗎? 它們是: 人類與社會、語言與漢字、名人與歷史、文學與藝術。通過這些單元的學習, 你們有什麼樣的收穫? 請你們給我回一封郵件, 這也是本學期的最後一次作文。

4. Relay a Telephone Message

Imagine you are Xiao Xiao's sibling. You arrive home one day and listen to a message on the answering machine. The message is for your mother. You will listen twice to the message. Then relay the message, including the important details, by typing an e-mail to your mother.

End-of-Term Test
期末綜合訓練

II. Free Response (Speaking)

Note: In this part, you may NOT move back and forth among questions.

Directions: You will participate in a simulated conversation. Each time it is your turn to speak, you will have 20 seconds to record. You should respond as fully and as appropriately as possible.

1. Conversation

Imagine you are traveling in China during the vacation. The travel is about to end and you are returning home soon. Before you return, you have a conversation with the Chinese friend who received you.

Directions: You will be asked to speak in Chinese on different topics in the following two questions. In each case, imagine you are making an oral presentation to your class or your family in Chinese. First, you will read and hear the topic for your presentation. You will have 4 minutes to prepare your presentation. Then you will have 2 minutes to record your presentation. Your presentation should be as complete as possible.

2. Cultural Presentation

Choose ONE aspect of family relationships in the traditional or modern Chinese family. You may talk about how parents educate their children, how children show filial piety to their parents, etc. In your presentation, describe this relationship and share your understanding or views about it.

3. Event Plan

Your Chinese teacher hopes that you can make a plan for next semester's Chinese study. Besides classroom study, your plan should also include extra-curricular activities. In your presentation, describe your plan and explain clearly your reasons for the different activities planned.

期末綜合訓練參考答案

Section One

I. Multiple Choice (Listen to the dialogs)

答案：

1. C	2. B	3. A	4. B	5. B	6. A
7. B	8. A	9. B	10. B	11. A	12. A
13. C	14. B	15. D			

聽力錄音文本：

1. (Woman) 您多找了我五塊錢。
   (Man) (A) 是嗎？我再給你五塊吧！
   (B) 是嗎？下次我給你少算點吧！
   (C) 謝謝你，我都沒算清楚。
   (D) 對不起，我忘了給您了。

2. (Woman) 最近不知什麼原因，他看起來總是不開心。
   (Man) (A) 你應該去醫院看看！
   (B) 有的時候他就是這樣，過幾天就好了。
   (C) 你說吧，我反正不會告訴別人。
   (D) 我也不知道什麼原因，最近不太舒服。

3. (Woman) 今天怎麼回來得這麼晚？
   (Man) (A) 路上堵車堵得厲害。
   (B) 我在路上搭了別人的便車。
   (C) 我壓根兒就不知道，對不起。
   (D) 別生氣了，我明兒一定給你買。

4. (Woman) 去操場運動運動吧，都坐了一天了！
   (Man) (A) 操場正在修整，他們進不去。
   (B) 我正想去呢，都坐得腰酸背疼了。
   (C) 我一直沒做出這道題。
   (D) 走了一天，累死了。

5. (Woman) 能給我推薦一下北京的日本飯館嗎？
   (Man) (A) 這些日本電影我說不上是哪一部好。
   (B) 松子餐廳很不錯。
   (C) 我餓死了，趕緊去那兒吃飯吧。
   (D) 我對東京的飯店不熟。

6. (Woman) 這首歌很有節奏感！
   (Man) (A) 是啊，我一聽就想跳舞。
   (B) 好吧，我來唱一首歌。
   (C) 是的，特別慢，我都要睡著了。
   (D) 是的，這是一首節奏緩慢的鄉村音樂。

7. (Woman) 老師，有個地方我還是不明白，您能再解釋一次嗎？
   (Man) (A) 今天的課就到這裏，我們明天見。
         (B) 好，沒問題，你哪兒不明白？
         (C) 好，沒問題，這種解釋很好。
         (D) 這個地方很特別，你慢慢看。

8. (Woman) 北京的發展真是突飛猛進！
   (Man) (A) 是呀，我三年前去過的地方都變了！
         (B) 對，北京特別大，從東邊到西邊很遠。
         (C) 沒錯，北京城的歷史很長。
         (D) 你認不出他們了吧？

9. (Woman) 我想在宿舍開通網絡，應該怎麼辦理？
   (Man) (A) 在二樓有一個網吧。
         (B) 你到辦公室登記一下就行。
         (C) 上網三塊錢一個小時，不算貴。
         (D) 你到辦公室去接個電話。

10. (Woman) 奇怪，你的手機早上一直打不通。
    (Man) (A) 你的手機通話時間很長。
          (B) 我的手機沒電了。
          (C) 我的手機樣式是最新的。
          (D) 你的手機特別漂亮！

11. (Woman) 你聽的這首歌叫什麼名字？很好聽。
    (Man) 周杰倫的《七里香》。
    (Woman) (A) 我也想去買一張他的CD。
            (B) 我早就知道它的名字了。
            (C) 你聽過這首歌嗎？
            (D) 你不知道這首歌的名字呀？

12. (Woman) 隊長，我的大腿受傷了，不能參加最近的訓練。
    (Man) 好，你先養傷，估計什麼時候可以參加訓練？
    (Woman) (A) 醫生建議休息一個月。
            (B) 我明天回家休養。
            (C) 我是一號受的傷。
            (D) 受傷的第二天我才去醫院的。

13. (Woman) 對不起，沒座位了，我給您一個號，您稍等一會兒，可以嗎？
    (Man) 我前面還有幾個人？
    (Woman) (A) 已經輪到您了。
            (B) 那好吧，謝謝您的光臨。
            (C) 您是八號，還有七位。
            (D) 您的後面還有十位呢。

14. (Woman) 您父親現在身體怎麼樣了？
    (Man) 他半年前就已經離開我們了。
    (Woman) (A) 那他去什麼地方了？
    (B) 對不起，我一直不知道這個消息。
    (C) 對不起，他最近工作特別忙。
    (D) 他什麼時候回來呢？

15. (Man) 我一聽就知道小張是個南方人？
    (Woman) 你從哪兒聽出來的？
    (Man) (A) 她長得就像個南方人。
    (B) 她是從上海來的。
    (C) 我聽不到她的聲音。
    (D)她有些發音不標準。

II. Multiple Choice (Listen to the selections)
答案：

1. C	2. B	3. B	4. D	5. A	6. D
7. C	8. A	9. C	10. B	11. B	12. B
13. A	14. C	15. B	16. D	17. A	18. B

聽力錄音文本：

Selection 1

(Narrator) Now you will listen twice to the following selection.

(Woman) 同學們好，這個週日三月十二號是我們國家的植樹節。去年我們去南郊植樹，每人都種了兩棵小樹。今年我們要去給那些小樹苗澆水、施肥。想參加的同學必須在三月十號星期五之前到我這兒報名。因為學校準備包車去，所以事先需要確定人數。我希望大家像去年一樣積極參加這次活動。

(Narrator) Now listen again.

(Narrator) Now answer the questions for this selection.

Selection 2

(Narrator) Now you will listen twice to a conversation between two students.
(Woman) 這個學期的選修課你選了什麼課？
(Man) 我選了中國歷史。
(Woman) 那我要考考你。中國歷史上哪個城市做首都的時間最長？
(Man) 北京。
(Woman) 你肯定嗎？
(Man) 對呀，元明清三個朝代的首都都在北京。沒錯，我記得很清楚。
(Woman) 回答錯誤！你算算，它一共有多少年？
(Man) 八百多年。
(Woman) 那你算算西安！

End-of-Term Test — Answers
期末綜合訓練參考答案

(Man)	西周、漢、唐……我算不清楚了，我得回去看看書。
(Woman)	行，明天我們再討論。
(Narrator)	Now listen again.
(Narrator)	Now answer the questions for this selection.

Selection 3

(Narrator)	Now you will listen once to a voice message.
(Woman)	李強，你好！我是王豔。我前兩天看了一部非常棒的科幻大片，片子拍得特別驚險，特別刺激，我都嚇出了一身冷汗來。你一定要去看一看！這部電影從今天開始，每晚七點，在學校電影院連放三天，你別錯過了。對了，忘了告訴你這部電影說的是和恐龍有關的故事。片名嘛，暫時保密，你看了就知道了。
(Narrator)	Now answer the questions for this selection.

Selection 4

(Narrator)	Now you will listen twice to a conversation between two students.
(Woman)	你現在還常常給別人寫信嗎？
(Man)	你說的是電子郵件還是傳統的信？
(Woman)	我說的是通過郵局寄的信。
(Man)	現在誰還寫那種信，多慢呀！
(Woman)	我也覺得有點麻煩，寫完了還得去寄。不過我覺得寫信的感覺挺好的。
(Man)	那你平時怎麼跟朋友聯繫？打電話還是發短信？
(Woman)	我喜歡打電話，雖然短信便宜，可說半天也說不清楚。
(Man)	可是現在發短信是潮流，你怎麼總是不緊跟潮流呢？
(Woman)	緊跟潮流不一定是最好的選擇，自己喜歡才是最重要的。
(Narrator)	Now listen again.
(Narrator)	Now answer the questions for this selection.

Selection 5

(Narrator)	Now you will listen twice to the following selection.
(Woman)	同學們好！今天我們繼續談談中國各民族的婚俗。上節課我們說到維吾爾族，今天我們看看彝族的情況。在舉行婚禮的那一天，新郎由一個長輩帶領，至少八個親戚朋友陪同去把新娘接回來。陪同的人數必須是雙數，這樣才吉利。每個陪同去接新娘的人必須挑一副擔子。擔子裏要有酒和菜，這些酒和菜要夠女方所有的親朋好友好好地吃一頓。新郎把新娘接回家，婚禮就正式開始了。
(Narrator)	Now listen again.
(Narrator)	Now answer the questions for this selection.

III. Multiple Choice (Reading)

答案：

1. B	2. B	3. A	4. C	5. C	6. C
7. C	8. B	9. D	10. B	11. B	12. C
13. B	14. D	15. D	16. D	17. C	18. D
19. A	20. C	21. C	22. A	23. C	24. C
25. D	26. B	27. D	28. B	29. C	30. D
31. C	32. C	33. B	34. B	35. A	

Section Two

I. Free Response (Writing)

1. Story Narration

The four pictures present a story. Imagine you are writing the story to a friend. Narrate a complete story as suggested by the pictures. Give your story a beginning, a middle, and an end.

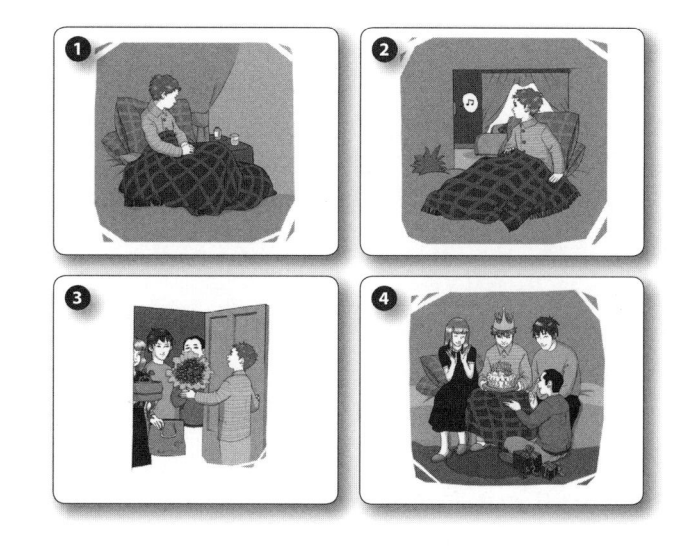

寫作提示：

這則看圖寫作要講述這樣一個故事：一個同學獨自一人臥病在床，就在他感到無聊的時候，他的同學拿著蛋糕、鮮花、蠟燭來看他。原來他忘記了今天是他的生日。大家圍坐在一起，生病的同學坐在床上吹蠟燭，大家都十分開心。

跟每一課的看圖寫作一樣，這則看圖寫作考察的也是對一個事件的完整敘述，因此你需要將事件發生的過程及場景交代清楚。下面的表達可供參考。

……生病了。他一個人躺在床上，感到十分無聊。他多麼希望……啊。

就在這時，從門外傳來了敲門聲。……馬上起來開門，看見……他們一起喊"生日快樂"！

原來今天是……的生日。……高興地請他們進了房間……有的同學……有的同學……

大家圍在一起，唱起了生日快樂歌，……坐在床上……臉上……他們高興極了。

End-of-Term Test — Answers
期末綜合訓練參考答案

2. **Personal Letter**

Imagine you want to find a part-time job during the vacation. You called a work agency for help. The agency requests that you provide them with a personal résumé. Write a reply in letter format. In the letter, include your résumé, your requirements for the part-time job, how they can contact you, and any other information you think necessary.

回信建議：

這是一封介紹個人情況的信件，除了要提供個人簡歷外，還要說明你的要求以及聯繫方法等等。下面的建議可供參考：

(1) 個人簡歷應儘量簡潔明了。除了說明你的學習經歷，還要介紹你的工作經歷以及學習、工作業績。

(2) 說明你的兼職要求，包括工作時間、報酬等方面的內容。如：

我希望星期六和星期天下午工作……個小時，每個小時的報酬不低於……

(3) 說明聯繫方式。如：

我的聯繫方式是：電話……e-mail……

3. **E-Mail Response**

Read this e-mail from your teacher and then type a response.

發件人：張老師

主　題：你進步了嗎？

親愛的同學們，時間過得真快，一轉眼，我們這個學期的中文課就要結束了。回顧一個學期的學習，我們接觸了漢語、中國文化乃至人類文明的許多重要話題。還記得我們的單元主題嗎？它們是：人類與自然、民族與社會、語言與漢字、名人與歷史、文學與藝術。通過這些單元的學習，你們有什麼樣的收穫？請你們給我回一封郵件，這也是本學期的最後一次作文。

寫作提示：

這封郵件要求你對一個學期的漢語學習進行總結，你可以從以下幾個方面進行寫作：

(1) 對老師一個學期的辛苦工作表示感謝。

感謝老師一個學期的辛苦工作，讓我們學到了很多新知識。

(2) 談你的學習收穫。

通過這個學期的學習，我有很大的收穫。

首先，我對中國的瞭解比以前增多了。比如，以前我只知道……現在……

其次，我覺得語言的學習一定要跟文化知識的學習相結合。老師說過，如果對一個民族的文化一無所知，那麼他也不可能真正理解這個民族的語言，現在我覺得，老師的話是很有道理的……

(3) 結束部分。

總之，這個學期的學習對我來說是很重要的，我希望……

4. **Relay a Telephone Message**

Imagine you are Xiao Xiao's sibling. You arrive home one day and listen to a message on the answering machine. The message is for your mother. You will listen twice to the message. Then relay the message, including the important details, by typing a note to your mother.

(Girl) 媽媽，我是曉曉。我們下個學期的選修課主要是計算機以及一些外語類課程，我打算選計算機課和一門外語課。外語課有西班牙語、法語、漢語、日語和意大利語，聽說如果選修法語課就有可能去一趟歐洲，挺有吸引力的。選修漢語也不錯，因為附近有中國城，練習的機會很多。所以我還沒有打定主意，想聽聽您的意見。

轉述建議：
(1) 首先說明留言的人是誰：
　　　媽媽：曉曉有一個電話留言，她說……
(2) 說明留言的具體內容，包括選修課的種類、曉曉的打算以及選修不同課程的利弊。
(3) 說明曉曉留言的目的：
　　　她還沒有確定選什麼外語課，希望聽聽您的意見。

II. Free Response (Speaking)

1. Conversation

Imagine you are traveling in China during the vacation. The travel is about to end and you are returning home soon. Before you return, you have a conversation with the Chinese friend who received you.

(1) 問題一：時間過得真快，很快你就要回國了。
回答建議：
　　這不是一個問題，只是開始談話時的一個引子，但你需要對此做出回應。你回應的內容最好圍繞這次中國旅行：
　　　是啊，我來中國已經……天了。非常感謝您對我的幫助，這次旅行我非常開心。希望您有機會也到我的國家去。

(2) 問題二：這次旅行，你印象最深的是什麼？
回答建議：
　　對這個問題，你可以直接回答。如果你沒去過中國，你也可以回答說你對中國很感興趣。
　　　我覺得……很有趣……
　　　這次旅行，給我印象最深的是少數民族的待客習俗。我以前只是在書上看到過這方面的內容，現在親身感受到了，真是非常有意思。

(3) 問題三：接下來的這幾天，你還有需要辦的事情嗎？比如還有什麼想買的，我可以陪你去買。
回答建議：
　　這個問題你也要直接回答。
　　　我想買一點兒工藝品，但我不知道在什麼地方買。我的一些朋友很喜歡中國的剪紙，他們讓我帶一些回去。

(4) 問題四：如果其他方面需要幫忙的，你也不要客氣，一定要告訴我。

End-of-Term Test — Answers
期末綜合訓練參考答案

回答建議：
這個問題和第三個問題類似，你可以說明你需要幫忙的事情：

> 我很想來中國的大學學習漢語，但我不知道去哪個大學好，所以我很想瞭解一下這方面的信息。

> 沒有什麼事了。這些天一直麻煩您，真覺得不好意思……

(5) 問題五：你回國以後，能不能幫我搜集一下你的同學課餘時間最喜歡談論的話題，我們的老師正在編教材，需要這方面的資料。

回答建議：
這個問題是需要你幫一個忙，你若可以做到，就直接回答；如果你覺得有困難，就說明具體原因。

> 當然可以。我們喜歡談論的話題很多，回去以後我幫您搜集一下……

> 這可能有些困難，因爲我們都已經畢業了，很難在一起聊天，不過我可以……

(6) 問題六：歡迎你下次再來中國。我們保持聯繫，可能明年我也會去一趟美國。

回答建議：
這個問題裏有兩個內容需要你做出回應。一是"歡迎你下次再來中國"，二是你的朋友明年要去美國。你可以說：

> 謝謝，我以後還會來的。你去美國的時候，一定給我打電話，我可以帶你到一些地方看看……

> 我會再來的。你明年會去美國嗎？那太好了……

2. Cultural Presentation

Choose ONE aspect of family relationships in the traditional or modern Chinese family. You may talk about how parents educate their children, how children show filial piety to their parents, etc. In your presentation, describe this relationship and share your understanding or views about it.

回答建議：

(1) 選擇一個你熟悉的話題，這個話題必須是關於中國家庭關係的，可以是傳統的，也可以是現代的。你可以這樣開始你的表述：

> 我來談一談中國家庭……

(2) 對你所選定的家庭關係的現象進行描述。如：

> 重視教育是中國人的傳統，因此中國家庭的父母一般都在對子女的教育方面付出很多精力。一般來說，父母會督促孩子的學習，讓孩子閱讀很多課外讀物，或者讓孩子報名參加一些學習班。很多中國的父母，在孩子很小的時候就讓他們背誦唐詩，或學習外語，所以很多中國孩子的功課都比較好。

(3) 說明你對這種家庭關係的看法。

> 我覺得重視教育是很好的事情，因爲只有重視教育，人的素質才會提高，國家才會發展。但是我也覺得，如果給小孩子太多的壓力，反而會讓小孩子失去對學習的興趣，這樣……

3. Event Plan

Your Chinese teacher hopes that you can make a plan for next semester's Chinese study. Besides classroom study, your plan should also include extra-curricular activities. In your presentation, describe your plan and explain clearly your reasons for the different activities planned.

回答建議：

(1) 先說明你的課堂學習計劃。

　　對我來說，課堂學習很重要。在課堂上，我會……

(2) 然後說明課外學習計劃，如：

　　關於課外學習，首先我想找一個朋友，幫我練習漢語口語……

　　其次我對歷史感興趣，我想利用課外時間讀一些中文的歷史故事……

　　還有，我們很快就要參加AP中文考試了，我想做一些跟AP中文考試相關的練習……

(3) 說明不同計劃的利弊。如：

　　很多人跟我說，看中文電影對學習漢語很有幫助，所以我也打算有計劃地看一些中文電影。但是看中文電影需要花很多時間，而且我們下一階段的學習也會很緊張，所以我覺得這個想法可能不太合適……

　　我還計劃……不過……